U0688173

开放型经济背景下
中国自贸区建设与发展研究

左显兰 ◎ 著

中国原子能出版社
China Atomic Energy Press

图书在版编目（CIP）数据

开放型经济背景下中国自贸区建设与发展研究 / 左显兰著.
—— 北京：中国原子能出版社，2021.4（2023.1重印）
　　ISBN 978-7-5221-1234-3

　　Ⅰ.①开… Ⅱ.①左… Ⅲ.①自由贸易区－经济发展
－研究－中国 Ⅳ.①F752

中国版本图书馆CIP数据核字(2021)第029418号

内容简介

　　本书属于区域经济与国际贸易类专著，本书立足开放型经济大背景，讲述了中国自贸区建设与发展的相关内容。本书从开放型经济与自贸区建设的相关理论为着手点，依据中国自贸区建设的具体实践，研究分析了中国自贸区发展战略，并从自贸区外资管理、自贸区金融领域改革、自贸区物流发展、自贸区文化贸易建设与自贸区海关制度的创新方面阐述了中国自贸区发展的相关内容，力图为中国自贸区建设提供新的思路。本书适合学习国际经济与贸易的学生和人员以及研究区域经济的人员阅读与参考。

开放型经济背景下中国自贸区建设与发展研究

出版发行	中国原子能出版社（北京市海淀区阜成路43号　　100048）
策划编辑	高树超
责任编辑	高树超
装帧设计	河北优盛文化传播有限公司
责任校对	冯莲凤
责任印制	赵　明
印　　刷	河北宝昌佳彩印刷有限公司
开　　本	710 mm×1000 mm　1/16
印　　张	14.25
字　　数	252千字
版　　次	2021年4月第1版　　2023年1月第2次印刷
书　　号	ISBN 978-7-5221-1234-3
定　　价	78.00元

前　言

中国开放型经济历经 40 多年的洗礼，已经再次站到了新的历史起跑线上。随着世界经济的调整和转型，国际贸易投资规则的重构，自贸区成为我国开放型经济的重要平台。2000 年后，国际间产业分工从原来的基于各国资源禀赋状况和比较优势的水平分工，逐渐演变到以跨国企业为中心，基于价值链的生产环节的垂直分工，在国与国之间或者地区与地区之间形成新的全球产业链格局，这使中国自贸区成为中国经济转型的新契机。习近平指出："加快实施自由贸易区战略，是我国积极参与国际经贸规则制定、争取全球经济治理制度性权力的重要平台，我们不能当旁观者、跟随者，而是要做参与者、引领者，善于通过自由贸易区建设增强我国国际竞争力，在国际规则制定中发出更多的中国声音、注入更多中国元素，维护和拓展我国发展利益。"党的十九大报告中明确提出："推动形成全面开放新格局。拓展对外贸易，培育贸易新业态新模式，推进贸易强国建设。"

建立中国自由贸易试验区是党中央、国务院做出的重大决策，是深入贯彻党的十九大精神，在新形势下推进改革开放的重大举措。中国自由贸易试验区肩负着我国在新时代加快政府职能转变、积极探索管理模式创新、促进贸易和投资便利化，为全面深化改革和扩大开放探索新途径、积累新经验的重要使命，是国家的战略需要。加快实施自由贸易试验区战略，是中国新一轮对外开放的重要内容。本书正是在这一背景下应运而生的。

本书立足"开放型经济"这一背景，结合开放型经济与中国自由贸易试验区发展的理论，依据当前中国自贸区建设的具体实践，研究分析了中国自贸区的发展战略，从贸易发展、外资利用、金融改革、物流发展、文化贸易和海关制度创新等方面论述了当前中国自贸区的发展与创新，力图为中国自贸区建设提供新的思路。本书框架科学合理，论述有理有据，适合研究和学习与贸易相关方面的人员阅读和参考。

本书在写作过程中得到了很多同事的支持和帮助，收益颇丰，在此向有关人员致以诚挚的谢意。笔者因写作水平和条件的限制，在写作过程中难免有不足和疏漏之处，敬请广大读者和专家批评指正。

目 录

第一章　开放型经济概述

第一节　开放型经济相关理论

一、中外关于开放型经济内涵的研究

（一）国外经济学关于开放型经济内涵的研究

1．"开放经济"思想的由来与发展

将开放经济作为一个专门范畴来研究最初始于西方经济学家。早在18世纪中叶，随着资本主义农场取代小农经济，大量的破产农民为资本主义工厂手工业的发展提供了充足的廉价劳动力，随着殖民主义的不断扩张，资本主义不断膨胀的国内外市场均要求资本主义经济进一步迅速发展，此时的时代背景迫切需要打破早期重商主义所制定的保护国内市场的原则，从而释放资本主义工厂手工业的规模发展。于是，1776年，亚当·斯密适时出版了《国民财富的性质和原因的研究》（以下简称《国富论》）一书。《国富论》对市场经济的根源、基础、功能和运行机制进行了透彻的分析和论证，并提出了经济自由主义观点，反对重商主义限制，主张国际贸易自由，提出了著名的"绝对优势成本论"，即各国按照其绝对优势安排专业生产并实行自由市场经济，会使各国劳动生产率提高以及交易双方的物质财富增加。同时，亚当·斯密主张经济自由但并非主张无政府主义，按斯密的看法，国家应该扮演的是保护公民安全、自由地从事经济活动的"守夜人"的角色，即"第一，保护社会不受其他独立社会的侵犯；第二，保护社会中个人不受其他任何人的侵害和压迫；第三，建设和维持某些公共事业和公共设施"①。因此，亚当·斯密的市场经济自由论与依据"绝对优势"的国际贸易自由论开启了"开放经济"的发展思潮，奠定了开放经济理论的基础。

继亚当·斯密之后，随着资本主义自由经济的大发展，开始于18世纪60年代

---

① 亚当·斯密.国民财富的性质和原因的研究[M].北京：商务印书馆，1972:27-28.

的产业革命，于 18 世纪末 19 世纪初大规模展开，资本主义机器大生产代替工厂手工业，资本主义经济得到了空前发展。在亚当·斯密"绝对优势成本论"基础上，大卫·李嘉图于 1817 年出版的《政治经济学及赋税原理》一书中提出了比较成本论，拓展了亚当·斯密的绝对优势理论，认为即使各国各个行业都不具备绝对优势，也能够通过国际贸易取得贸易利益，各国只要根据相对比较优势进行生产、国际分工和交换，双方都能获得更多的经济利益①。无论是绝对成本论还是比较成本论，都给予了重商主义以严厉的抨击，促使了贸易分工的形成，体现了开放经济的思想，因为根据亚当·斯密和大卫·李嘉图的模型，只有实现经济开放才能利用自身绝对或比较优势参与到国际分工中，从而获得更多的经济利益。

1919 年，赫克歇尔发表了《实力的作用》一文，论述了各国产生比较成本的差异来源于两个方面，一是国家间的要素禀赋不同，二是不同产品在生产过程中所使用的要素比例不同，即要素密集性不同。俄林在其老师赫克歇尔的论述观点上，于 1993 年出版了《区际贸易和国际贸易》一书，该书对国际贸易理论做出了开创性研究，提出了著名的资源禀赋学说，即 H—O 原理。该理论认为，各国禀赋不同即生产要素的供给情况不同是导致国际贸易产生的原因，因此利月生产要素禀赋情况来解释国际分工，认为各国应趋向于集中生产并出口该国相对丰裕和便宜的要素密集型商品，同时进口该国相对稀缺和昂贵的要素密集型商品。该理论被视为现代国际贸易分工理论的基石，体现了开放经济的思想。

1912 年，美籍奥地利经济学家熊彼特在《经济发展理论》一书中首次提出创新的概念。熊彼特这一理论的提出，极大地增强了国家和地区的对外开放，加强了合作的意识。随后，西方学术界以熊彼特的创新定义为出发点，进行了更加深入的研究和探讨。在索洛、伊诺思、库兹涅茨、厄特巴克、弗里曼、曼斯菲尔德和门斯等学者研究的基础上，形成并发展了技术创新理论。该理论认为，区域通过"开放"这一新的手段和方法，能够获得在封闭条件下无法获取的经济效果，故而可以把"开放"看成一种创新。

李嘉图的比较成本论和赫克歇尔、俄林的生产要素禀赋理论都强调比较优势，对经济发展水平不同的国家间的不同产品的国际分工和贸易给予了有效的指导和促进。然而，20 世纪 70 年代以来，由于消费者需求的多样化发展，现实中要素禀赋相似的发达国家之间的相同或相似产品的贸易往来越来越多，促使了产业内贸易理论的产

---

① 李嘉图 . 政治经济学及赋税原理 [M]. 丰俊功，译 . 北京：光明日报出版社，2009:35-89.

生。1975 年，格鲁贝尔和劳埃德出版了《产业内贸易：差别化产品国际贸易的理论与度量》一书，将贸易有关的费用引入 H-O 模型，解释了部分产业内的贸易现象。20 世纪 70 年代末到 20 世纪 80 年代初，迪克西特、斯蒂格利茨、克鲁格曼、布兰德等著名学者建立了多种模型，丰富和完善了产业内贸易理论。产业内贸易理论指出，一国实行开放经济，进行国家间产业内贸易，能够为一国带来比产业间贸易更大的动态利益。一是通过产业内专业化分工能够使产品的生命周期延长；二是产业内贸易能够更好地激发企业的产品创新，促进水平差异产品、技术差异产品以及垂直差异产品的产生；三是产业内贸易更加有利于产业调整，这种调整往往发生在同一地区或同一企业，调整起来比较容易；四是产业内分工所带来的收入再分配的影响小于产业间分工，有利于社会稳定。

随着经济全球化和国际贸易的发展，20 世纪 90 年代以后，国际分工出现了新模式——产品内贸易。产品内贸易以跨国公司为主体，实现同一产品生产线上的国际分工，出现了"零散化生产""外包""转包"等范畴。昂特和科尔斯特维斯基出版的《零散化：世界经济中新的生产模式》一书对 20 世纪 90 年代产生的产品内贸易理论的零散研究进行了系统整理。21 世纪以后，以格罗斯曼和赫尔普曼为代表研究"全球生产组织"和"外包"现象，解释了全球范围内产品内分工经济现象的实质原因以及对世界贸易模式的影响。

总的来说，从亚当·斯密的市场经济自由论与依据"绝对优势"的国际贸易自由论开启了"开放经济"的发展思潮以来，研究"开放经济"的理论主要表现在国际分工和国际贸易理论的发展上。经济学中的国际分工理论大概经历了产业间分工理论（inter-industry specialization theory）、产业内分工理论（intra-industry specialization theory）和产品内分工理论（intra-product specialization theory）三个阶段。国际贸易理论经历了传统的绝对优势理论（absolute advantage trade theory）、比较优势理论（comparative advantage trage theory）、新贸易理论（the new trade theory）和产品内分工贸易理论（intra-product trade theory）四个阶段。

2. "开放程度"与"开放经济"

随着"经济全球化"与"开放经济"理论的研究发展，西方学者对一国贸易开放和资本开放程度的度量进行了深入的研究，以"开放程度"指标来判断一国经济是否为"开放经济"，国外研究主要集中在贸易开放度和资本开放度的度量上。

一是通过对外贸易依存度指标及其修正来反映开放程度。对外贸易依存度指标最普遍的计算方法是用一国的进出口总额与该的国民生产总值或国内生产总值作比值，由于该方法计算简单而且便于进行时间序列分析，被各国广泛使用。但是，由于这种计算方法没有考虑一国产业结构的构成，如果一国产业结构中不可贸易的产品产量所占比重较高，就无疑会造成对外贸易依存度偏低，不能真实地反映实际的贸易依存度。因此，后来学者对其进行了修正，主要方法有两种：一种是使用进出口总额与工业增加值或工农业增加值进行对比形成的比值来作为贸易依存度的度量，这种方法为国际经济组织如世界银行等所广泛采用；另一种方法是先分别计算出货物贸易与工农业增加值的比值以及服务贸易与第三产业的比值，再将两个比值按照一定的权数进行加权平均，这种方法虽然能够全面反映贸易依存度情况，但实践操作性较差，一般很少采用。

二是萨克斯－瓦诺法。萨克斯－瓦诺法用五个反映开放水平的指标来度量一国的贸易开放度，分别是进口非关税措施比率是否超过 40%；平均关税税率是否超过 40%；黑市外汇汇率是否超出官方汇率 20% 以上；国家是否实行计划经济体制；国家外贸企业中是否有国家垄断企业。一个国家只要符合上述五个条件中的任何一条就认为这个国家属于贸易不开放国家；反之，如果一个国家对于这五个条件均符合，那么这个国家就是贸易开放型国家。

三是艾德沃尔德法。通过对利率平价法进行修正，利用半开放经济家的利率决定模型来解决没有市场化利率下一国资本开放度度量的问题。

四是爱德华兹法。爱德华兹法使用一国资本流入和流出总量占该国国内生产总值的比重来表示开放经济规模，用一国中央银行国内资产的变动和其净国外资产的变动差额来判断一国资本流动情况，使用一国储蓄和投资的相关性高低来判断资本流动程度，以及使用一国汇率和利率的平价关系是否成立来判断一国的资本开放度。

3.“开放线济”内涵的代表性表述

D. 格林沃尔德（1973）在其主编的《现代经济词典》中首次给出了开放经济的专业词条解释，认为开放经济指的是国家和地区之间贸易往来无限制的一种经济模式，在这种经济模式下任何个人都可以与其他地区的任一个人发生自由贸易关系。戴维·皮尔斯（1983）在其主编的《现代经济学词典》（修订版）中，认为开放型经济的内涵等同于国际贸易，从事国际贸易的地区或国家经济形式即为开放型经济，且经济的开放程度可由贸易开放度来衡量。英国经济学家伊特韦尔联合美国著名经济学家米尔盖特和纽曼以及 12 名当时在世的诺贝尔经济学奖获得者，共同编著了西方最具权威性的经济学辞典——《新帕尔格雷夫经济学大辞典》，其对开放经济的解释进行了扩展，认为开放经济除了包含国际贸易还应包含国际金融。

　　诺贝尔奖获得者普里戈金（1984）在《从混沌到有序》一书中，基于耗散结构理论和非平衡学研究，认为封闭和平衡是不会有发展的，只有开放和非平衡是系统发展的必要前提，开放是一种从无序走向有序的耗散结构，开放系统是与外界环境相互作用，不断交换物质、能量和信息的系统，具有与封闭系统相对立的良性结构。

　　曼昆（1997）的定义："开放经济是一个与世界其他经济自由交易的经济。"并认为，"开放经济与其他经济的交易通过两个方面展开：在国际商品市场上购买并出售商品和劳务；在世界金融市场上购买并出售股票和债券等资本资产。"也就是说，开放经济就是商品、劳务和资本的国际流动。保罗·萨缪尔森（2001）认为，开放经济就是从事国际贸易的经济，一国开放程度的指标可使用一国国际贸易开放度来衡量，即进口或出口所占一国国内生产总值的比重。杰弗里·萨克斯（2004）指出："开放经济，说到底就是商品和某种生产要素可以在国际上流动的经济，而开放的程度则取决于一国的经济在多大程度上参与国际市场、依赖国际市场。"

　　从西方经济学对开放型经济的内涵研究来看，西方经济学中的开放型经济已经是一个规范的概念，"开放经济"与"开放程度"是两种概念。"开放经济"指的是与封闭经济相对立，以一国参与国际分工和国际贸易为主要内容，以商品、劳务和资本等要素的跨界流动为主要形式，以获取经济利益为主要目的，本国经济与外国经济存在着密切关系的国家经济发展形势。"开放程度"指的是一国各领域对外开放的比例或比重，开放的程度取决于一国的经济在多大程度上参与国际市场和依赖国际市场，开放程度是区分开放经济和封闭经济的标准，但却很难确定以多少开放度为开放经济的标准。开放型经济一般总要经历由初步开放到半开放再到全面开放的过程，一国如果发展开放经济，其经济开放程度一般随着时间的推移会呈现出不断提高的发展趋势。因此，西方的开放经济按开放程度的不断发展可分为三个层次：一是参与国际贸易的经济；二是国际贸易不受限制的经济；三是国际贸易和国际金融经济。

（二）中国关于开放型经济内涵的研究

1.中国"开放经济"的由来和发展

　　我国古代就有对外开放的实践，表现为经济上的对外贸易，然而我国古汉语中将对外开放的概念解释为"交通"，因此古汉语中的"开放"不是经济学范畴。

　　"开放"作为一个专门的科学范畴、一种治国主张或建国方略，在中国是由孙中山首先提出来的。1912年，孙中山在"北京迎宾答礼会的演说"中指出，必须"改变闭关主义而为开放主义"。所谓开放主义是指："凡是我们中国应兴事业，我们无资本，即借外国资本；我们无人才，即用外国人才；我们方法不好，即用外国方法。"

孙中山的开放主义强调学习外国之长处来弥补国内发展之短处，通过学习和借鉴来发展独立自主的自行开放的开放主义，即三民主义的开放主义，在当时中国的特殊时代背景下具有很高的先进性和进步性。

继孙中山之后，毛泽东在1956年的《论十大关系》中明确提出和深刻论述了"向外国学习"的口号。1980年12月，邓小平在中央工作会议上的讲话中第一次将"开放"明确地表述为"对外开放"，认为"要继续在独立自主、自力更生的前提下，执行一系列已定的对外开放的经济政策，并总结经验，加以改进。"邓小平同志依据对国情和国际形势的科学判断，认为现在的世界是开放的世界，中国的发展离不开世界，中国的开放不应该是某一领域、某一方面的开放，而应是多层次、多领域、全方位的开放。他明确指出："开放是对世界上所有国家开放，是对各种类型的国家开放。"①邓小平非常重视发展对外贸易、利用外资和引进技术，并且认为中国的对外开放应该在经济、科技、政治、文化等多领域实行开放。邓小平提出"学习、引进和吸收国外的先进科学技术，尤其是高科技，只有这样才能加速我国经济建设并迎头赶上世界新科技革命。其次是政治领域"。"吸收我们可以从世界各国吸收的进步因素，成为世界上最好的制度。""经济上实行对外开放的方针是正确的，要长期坚持，对外文化交流也要长期发展。"

随着中国改革开放的深入发展，中国共产党第十四届中央委员会在《中共中央关于建立社会主义市场经济体制若干问题的决定》中，首次提到"发展开放型经济，使国内经济与国际经济实现互接互补"的理论表述；党的十七大报告中强调"开放型经济进入新阶段"，要"提高开放型经济水平"，构建"内外联动、互利共赢、安全高效的开放型经济体系"；党的十八大进一步提出要"全面提高开放型经济水平""必须实行更加积极主动的开放战略，完善互利共赢、多元平衡、安全高效的开放型经济体系。"2014年，在《关于2014年深化经济体制改革重点任务的意见》中提出了通过深化改革构建我国开放型经济新体系，即"以改革开放的相互促进，推动要素有序流动、资源高效配置、市场深度融合、产业转型升级，打造符合国际投资贸易规则、内外资企业公平竞争的营商环境，加快培育国际竞争新优势。"党的十九大提出了"推动形成全面开放新格局。中国开放的大门不会关闭，只会越开越大。"

2.中国学者关于"开放型经济"内涵的认识

中国学者关于开放型经济的内涵也做了积极的探索和研究，形成了很多独具特色

---

① 邓小平.邓小平文选：第3卷[M].北京：人民出版社，1993:237.

的见解。赵瑞彰（1989）指出，开放型经济是由开放经济的控制分系统、开放经济的信息分系统、开放经济的研究分系统以及开放经济的执行分系统构成的，具有多元层次性的大系统，并且系统内各相关要素相互作用、关系复杂，只有处理好相关子系统和分系统之间的关系才能保证开放经济系统稳定、有序运转。周小川（1992）从市场经济配置资源的角度，认为开放型经济是与封闭型经济完全不同的一种经济形态，其主要内容是市场经济和货币可兑换，并认为社会主义市场经济具备开放型经济的主要内容，应该可称之为开放型经济。马伯钧（1997）梳理了"开放经济"概念在中国和西方的历史由来和发展，提出"开放"作为一个专门的科学范畴在中国是由孙中山先生首先提出来的，主要指的是利用外国的资本和人才，不断拓展现代社会的开放外延和内涵，并且出现了开放的哲学化解释。陈飞翔认为开放型经济的定义应从开放程度角度来看，开放经济表现为一国经济开放程度高，国内经济与国际互接互补。[①]

关白（2000）认为，为适应"入世"新变化，中国开放型经济除了建立符合市场经济运行规律的社会主义市场经济体制外，还应该在联合对外的战略高度上积极推进企业"走出去"，使国内经济和国际市场全面联系在一起。张幼文（2001）研究了WTO规则下市场经济的体制模式，认为中国20世纪70年代末的对外开放是体制外的政策性开放，而真正的开放型经济本质特征应该是制度性开放。郑吉昌从生产要素角度认为，开放型经济就是各种要素按照市场规律自由跨界流动并实现资源优化配置的一种经济模式，开放型经济的目标模式应具有生产与消费国际化、贸易与投资自由化、经济体制市场化和国际化这三个特征，并认为一国开放型经济发展必然要经历封闭经济—半开放经济—开放型经济这样的原轨、转轨到接轨的历史发展阶段过程。[②]曾志兰（2003）从经济制度和经济政策创新角度认为，开放型经济是开放制度上的创新、开放空间上的突破、开放形式和对外合作方式上的突破，市场经济是开放型经济的基本制度特征，社会主义市场经济是开放型经济。

薛荣久认为内外联动、互利共赢和安全高效三者之间的有机结合和良性互动是构成中国开放型经济体系的核心内涵与功能。[③]刘新智、刘志彬（2008）分析了已有的开放型经济的内涵观点，从经济形态角度出发，认为开放型经济与封闭型经济相比具有充分运用市场机制、强调全面开放、开放与发展相协调并具有形成有效的内部运

---

① 陈飞翔. 对外开放中的经济利益关系变动与协调 [J]. 财贸经济，1999（4）:15-21.

② 郑吉昌. 经济全球化背景下中国开放型经济的发展 [J]. 技术经济与管理研究，2003（5）:9-11.

③ 薛荣久. 我国"开放型经济体系"探究 [J]. 国际贸易，2007（12）:10-14.

行机制和较强的自主创新与自我发展能力的基本特征。蔡爱军等（2011）通过对开放型经济的内涵进行综述，指出开放型经济是以开放为前提，强调整体开放与全面开放，各国的全面开放会形成全球化经济的有机组成平台，该平台以市场经济规律来优化以及配置资源，并以科学发展观为指导，形成开放与发展相协调的国家之间、国家地区之间以及地区之间的全面开放。

王玉华、赵平（2012）认为中国开放型经济发展大系统应包含经济、制度变革和技术创新三个子系统，该系统包含资源、劳动力、社会制度以及资本、技术等多项要素。黎峰（2012）从要素禀赋理论角度出发，认为开放型经济就是各国根据要素禀赋优势从事国际生产和国际分工的经济发展模式，开放型经济随着世界全球的深入发展更加强调各种要素的跨境自由流动，以此达到资源的最优配置和最高效率。马桂婵（2012）指出开放型经济的内涵除了包含一般意义上的国际分工和要素自由流动的内容外，还应包含经济制度性质，因此认为开放型经济具有经济制度开放层面上的根本特征。

3. "开放经济"与"开放程度"的研究

国内对开放型经济的研究起步较晚，对开放型经济的评价方面，也主要集中在经济开放度的衡量上。李翀（1998）认为，应该从国际贸易、国际金融和国际投资三个层面设计指标度量一国的对外开放程度。在国际贸易方面，应该选用进出口总额占国内生产总值的比率来表示对外开放程度；在国际金融方面，应该选用对外资产和债务总额占国内生产总值的比重指标来衡量对外合作开放程度；在国际投资方面，应该选用对外直接投资和外来直接投资总额占国内生产总值的比重来反映资本流动情况，并分别以0.4、0.3和0.3的权重进行加权求和来得出一国的总体经济开放度。施晓苏（2001）通过分析认为，一国经济规模和经济发展阶段是决定外贸依存度的主要因素，除此之外，一国的经济发展目标、外贸政策和政府行为也是影响外贸依存度高低的重要因素，并通过对外贸依存度的国际比较，得出中国的真实外贸依存度并不高的结论。刘朝明（2001）认为，除体制和政策等无法定量的非指标性因素外，可将一国对外开放的指标设计为反映国际商品贸易、国际投资、国际金融和国际服务贸易四个层面上，并提出了主观赋权法和客观赋权法两类加权评价方法。包群（2003）选用贸易依存度、实际关税率、黑市交易费用、道格拉斯指数和修正后的贸易依存度5种指标来度量贸易开放度，并采用相关分析、回归分析、冲击反映模型进行了测算，并最终发现采用不同指标、不同方法造成的经验结果不一致，比较来看，外贸依存度指标能够较好地描述中国贸易开放度对经济增长的影响。李建军（2003）认为国际收支中包含多项反映一国经济开放程度的指标，直接使用单项自主性交易项目的借方余额和贷方余额占 GDP 的比重就可以很好地刻画经济开放度，同时免去了多指标间赋权的问题。

胡立法（2004）通过对 Dollars 指数和对外贸易依存度指数进行修正，运用回归分析方法对中国贸易开放度进行了重新估计，结论是中国实际贸易开放度呈现不正常偏高的特点。徐朝晖（2005）从市场开放、国际旅游、要素流动和信息流动四个层面构建了包含 9 个具体的开放型经济综合指标的体系，并采用加权算术法对中国各地区的经济开放度进行了计算。刘朝（2012）选取外资依存度、内资依存度、内贸依存度、外贸依存度、对内旅游开放度、对外旅游开放度、产业开放度、对外经济合作程度 8 项指标对重庆内陆经济开放度进行了综合评价研究，结果发现重庆的内陆开放水平在内陆省市中名列前茅，沿海地区凭借其对外开放的领先使其综合评价成绩依旧领先内陆。

近年来，随着经济的发展，中国学者们由对中国经济开放度研究的关注逐渐转向对中国开放型经济发展的综合指标建立与评估方面。周敬文（1990）在对外向型经济含义与特征分析基础上，提出了应构建两类指标体系，分别是描述型基本指标体系和评价分析型指标体系，前者反映外向型经济发展中的生产活动、劳务活动、商品流通、资本往来和官方储备，后者反映外向型经济发展中的产品生产外向度、劳务外向度、贸易和投资外向度，可用相对指标形式来表示。中国北京市统计局（1992）构建了基于国民经济外向型程度、国民经济对外依赖程度、国民经济外向承受能力三个层面共计 14 个具体指标的综合指标体系来反映中国的外向型经济发展程度，同时指出了指标数据的来源渠道。周长城、谢颖（2008）梳理了国际经济社会综合指标体系的发展趋势，提出了在新的发展观下，随着国际上对社会指标体系重视度的增强，衡量中国经济发展的指标体系应该从更高的视野角度去设置，这样才具有进行广泛比较和分析的意义。

随着党的十八大提出"构建开放型经济新体制"以来，我国学者们对中国开放型经济发展评价的研究开始丰富起来。刘晓玲（2013）在《开放型经济发展质量与效益评价指标体系的构建》一文中构建了反映开放型经济发展质量和效益的评价指标体系，但研究范围较狭窄，基本是基于开放型经济狭义内涵上的评价指标的设计。王晓亮（2013）等构建了以开放基础、开放规模、开放结构和开放效益为反映开放型经济发展程度的四大内容，选取了包含 24 个具体指标的区域开放型经济发展水平评价指标体系，并对 7 个省市进行了评价，结果显示上海开放型经济发展水平最高，广东、江苏、北京、浙江、福建次之，山东最差。刘耀彬等（2013）构建了开放型经济下贸易、环境与城市化协调发展指标体系，并对长三角 16 个城市采用情景分析法进行了政策模拟和比较，提出了协调发展的路径。

党的十九大强调要以"一带一路"建设为重点，坚持引进来和走出去并重，形成陆海内外联动、东西双向互济的开放格局。加快优化对外开放区域布局，是实现全面开放的重要内涵，是加快建立开放型经济新体制的基本要求。郭周明、张晓磊（2018）在《高质量开放型经济发展的内涵与关键任务》中就高质量开放型经济进行了论述，其发展模式就是要彻底改变过去主要依靠扩大低端要素投入规模、盲目扩张产能、追求货物出口量和引进外资规模持续高增长的"粗放式"发展模式，转而追求提升出口货物附加值，提高引进外资项目的技术、经济、环保和社会效益标准，并逐步解决过去以"高增速"为导向的开放型经济发展模式所累积的产能过剩、效益低下、资源浪费、环境污染、杠杆过高、竞争力不足等问题，以实现开放型经济发展模式的良性、可持续循环和竞争力提升。除了上述论述外，关于开放型经济的论述还有很多，介于篇幅有限，在此就不再论述了。

二、开放型经济的内涵及基本特征

（一）开放型经济内涵的界定

综合国内外文献对开放型经济内涵的认识，本研究认为"开放型经济"是指在市场经济主导下，以商品、资本、劳务、技术等要素的自由跨界流动为主要内容，以参与经济全球化和国际分工为主要形式的一种经济形态。

开放型经济内涵的表述有四层含义，一是开放型经济是与封闭型经济相对应的一种经济形态，两者之间有质的差别；二是在开放型经济中，商品、资本、劳务、技术等要素可以自由跨界流动，其流动性呈现不断增强趋势，最终趋于和直至达到完全无限制；三是参与国际分工，在全球范围内配置优化资源，生产效率不断提高；四是在开放型经济中，政府基本按照市场经济的机制和规则进行管理活动，政府职能和市场机制不断协调发展。

（二）开放型经济的基本特征

开放型经济是与封闭型经济相对应的一种经济形态，开放型经济有其独特的优良特性。

1.开放性

开放性是开放型经济最基本的特征，也是与封闭型经济相区别的最本质的因素。

开放型经济的主要特征表现为商品、资本、劳务、技术等要素的自由跨界流动，这种系统内资源与系统外资源的交换与配置能够有效地提高本系统内资源的使用效率，使系统内外环境形成良性互动，从而促进系统内经济的快速发展。

2. 动态性

一个开放系统的发展必然具有动态性。随着经济全球化的不断深入、国际分工形式的不断演化，新的国际产业转移方式与全球价值链分工模式，促使每个参与国际分工与经济全球化的国家不断思考其开放型经济的发展方式与参与方式。

3. 高效性

开放型经济通过市场机制配置资源的方式，能够在公平、公开、安全的环境下使优势资源流向产生更高价值的领域或企业，使人力资源和物力资源都能够得到最有效的优化配置，从而提高整个宏观经济的发展效率。

4. 相对性

虽然开放型经济崇尚经济自由，但任何经济自由都有其相对性，世界上没有任何一个国家实行的是完全的经济自由，即使经济自由论之父——亚当·斯密在其著作中也提出了政府应当作为发展自由经济的"守夜人"，特别是在19世纪中叶发达资本主义国家普遍发生经济危机后，发达国家更加注重经济发展中国家制度的作用。因此，开放型经济中的"开放"一词有其相对性，"开放"不等于"放任"。

5. 渐进性

"渐进性"是指在发展开放型经济的道路上，一国的开放程度一般是渐进的。在西方经济学中，开放经济可分为三个层次：一是参与国际贸易的经济；二是国际贸易不受限制的经济；三是国际贸易和国际金融经济。从中可以看出，渐进性是开放型经济的基本特征，一国的开放型经济总是随着参与经济全球化和国际分工的不断深入而从低水平的开放到半开放最终到全面开放这样一个过程。

6. 区位性

开放型经济中的"开放"是不同主体或不同区域间的经济开放，往往要受到区域间的地理位置、交通、经济制度、文化等的影响。一般来说，一国在发展开放型经济的初期，都会将地理位置上相邻的国家作为经济贸易往来的首选国。

三、开放型经济的类型

（一）按开放主体不同来划分

按开放主体不同，开放型经济可分为国家开放型经济和区域开放型经济。国家开放型经济是指以一国经济为开放主体，国内与国外资源进行跨界自由流通，国内经济与外部经济实现互利共赢与安全高效分经济体制模式。区域开放型经济以某一区域或地区为开放主体，该区域或地区与外部其他区域或地区进行自由贸易和其他合作，从而实现区域开放型经济的快速发展。一般来说，国家层面的开放型经济可以由国内众多区域的开放型经济组成，如我国的开放型经济是由 31 个省、市、自治区的开放型经济共同组成的。

（二）按开放程度不同来划分

按开放程度不同，开放型经济可分为低水平开放型经济、半开放型经济、高水平开放型经济和全面开放型经济。一国的开放型经济发展道路一般都要经历低水平形态的开放型经济—半开放型经济—高水平开放型经济—全面开放型经济这样的发展过程，因此开放型经济是与封闭型经济相对应的一种经济形态，开放型经济的发展程度具有渐进性。实践表明，开放型经济不能一蹴而就，不是"是"与"否"的问题，更多地表现为一种发展过程。

（三）按包含的具体内容不同来划分

按包含的具体内容不同，开放型经济可分为狭义上的开放型经济和广义上的开放型经济。狭义上的开放型经济包含国际贸易和国际金融，具体指一国的商品贸易、服务贸易、外商投资和对外投资等内容。广义上的开放型经济不仅包含国际贸易和国际金融这样的具体的对外事务，还包括开放型经济中的社会发展与资源生态环境的发展。由于客观事物之间总是存在着这样或那样的相互关系，或促进或制约，如果说一国发展国际贸易与国际金融所带来的经济效益是发展开放型经济的直接效益，那么开放经济中的社会发展与资源生态环境发展应是开放型经济发展的间接效益，所以广义上的开放型经济内容可以是经济、社会与资源环境的综合。

四、"开放型经济"与"外向型经济"的区别

"开放型经济"是指在市场经济主导下，以商品、资本、劳务、技术等要素的自由跨界流动为主要内容，以参与经济全球化和国际分工为主要形式的一种经济形态。开放型经济的内涵包括四层含义：一是开放型经济是与封闭型经济相对应的一种经济形态，两者之间有质的差别；二是在开放型经济中，商品、资本、劳务、技术等要素可以自由跨界流动，其流动性呈现不断增强趋势，最终趋于融和直至达到完全无限制；三是参与国际分工，在全球范围内配置优化资源，生产效率不断提高；四是在开放型经济中，政府基本按照市场经济的机制和规则进行管理活动，政府职能和市场机

制不断协调。

在我国开放型经济发展历程中，曾出现多种描述开放型经济的词汇，如"涉外经济""出口导向型经济""外向型经济""开放经济"等，这里我们有必要对这些词汇进行梳理和规范。

"开放经济"与"开放型经济"有一字之区别，但实质内容相同，正如西方经济学中只有"the open economy"一词来描述开放经济或开放型经济一样，我们认为"开放型经济"即"开放经济"，两者可通用。

"涉外经济"指的是利用外部资源发展本国经济的形式，如商品贸易、跨国投资、技术贸易等涉外经济活动。"涉外经济"的用词是不科学的，其反映的就是开放型经济的内容。

"出口导向型经济"与"外向型经济"是等同的。"外向型经济"与"开放型经济"虽然有很多相似的方面，但两者之间是有鲜明区别的。"外向型经济"是与"内向型经济"相对应的，以出口导向为主要目标的经济发展模式或国家发展战略。"外向型经济"的概念最早是由二战后美国经济学家贝拉·巴拉萨提出来的。贝拉·巴拉萨按照经济开放程度将一些发展中国家划分为"外向型经济"和"内向型经济"两类，认为"外向型经济"是一国给予初级产品和制造业的国内销售和出口以同样的激励政策，通过促进初级产品和制造业的国外出口来提升整体销售量，而"内向型经济"则只偏重于激励国内销售和制造业。国内学者也普遍认为，一个国家或地区的外向型经济是指以出口导向为目标，对出口贸易采取一定的促进政策如出口退税等来促进出口发展的一种经济体制。

"外向型经济"与"开放型经济"的相似之处在于，两者都重视充分利用外部各种资源，积极从事经济全球化和国际分工合作，面向国际市场，发挥比较优势，通过与外部经济的联系与合作来促进本国经济的快速发展。然而，"外向型经济"与"开放型经济"的鲜明区别在于：①两者经济发展的核心内容与手段不同。"外向型经济"发展的核心内容是出口，即出口导向型，以出口退税或出口补贴等经济政策手段来获得大量外汇收入以及促进国内出口贸易型企业的发展，出口产品产值在国内生产总值中占有较大份额；"开放型经济"发展的核心内容是立足经济全球化与国际分工，既发展出口又发展进口，一般以减少关税和非关税壁垒以及促进资本自由流动为发展手段来提高资源的利用效率，从而更好地发挥自身的比较优势并促进经济的可持续发展。②两者实现经济发展的道路不同。"外向型经济"的发展在于通过国际市场有效促进出口并一定程度上限制进口来发展本国经济，而"开放型经济"的发展在于通过加大各种资源的跨界自由流动程度，以对外的全面开放来带动本国经济的发展；③两者在经济发展中所处的阶段不同。"外向型经济"一般是经济发展走向"开放"过程中的初期到中期阶段，经济发展经历了进口—进口替代—出口导向这样的发展历程，"外向型经济"可以视为"开放型经济"发展过程中的阶段性特征，"开放型经济"也可以认为是经济开放的高级阶段。

因此，"外向型经济"与"开放型经济"既有紧密联系也有鲜明区别，我国经济开放的过程中也经历了进口—进口替代—出口导向—全面开放的发展历程，"外向型经济"是我国"开放型经济"发展过程中的必经阶段，为我国全面的开放型经济的发展奠定了良好的经济基础，未来我国"开放型经济"发展将在更高层面、更广范围、更深程度上实现快速、可持续发展。

五、发展开放型经济的意义

从 1978 年改革开放到现在，我国发展开放型经济已有 40 余年，从沿海开放到内陆开放，再到全面开放，我国开放型经济发展带动了中国经济的腾飞。改革开放以来我国在经济方面取得了很多巨大的成就，这与大力发展开放型经济有直接的关系，坚定不移地促进开放型经济发展对我国经济与社会发展具有重大的现实意义。

（一）开放型经济发展带来的正面效应

1. 实际收入大幅增加

开放型经济发展最直接的影响是实际收入的大幅增加。一是一国通过国际分工与贸易，获得比较优势利益，增加了国民收入；二是一国通过吸引外资投入国内生产建设与经济发展，带动本国经济增长，从而使国民实际收入增加；三是一国通过对外直接投资从外部环境获取直接收益并促进国内经济发展。在中国开放型经济发展的 40 年多里，外贸与外资是拉动中国经济增长的核心力量，中国对外直接投资近年来发展迅猛，对我国经济增长的拉动效应正在逐步显现。

2. 资源得到优化配置，劳动生产率不断提高

一方面，开放型经济通过市场开放范围的扩大，促使劳动分工范围的扩大与生产要素资源的高效配置，提高了劳动生产率；另一方面，开放型经济通过引进国外先进技术，提高了劳动生产率并增加了国内资本积累。改革开放以来，我国大力发展开放型经济，促使我国劳动生产率快速增长。

3. 促进专业化分工，发挥产业规模经济效益

在开展对外贸易的同时，每个国家可以进行专业化生产，生产较少的品种或各国

生产自己独特的差异化产品，每一种产品都能扩大生产规模，为世界市场生产，发挥规模经济效益。改革开放40余年来，我国立足国际市场的目标，依靠历史传统产业、当地优势资源、政府规划等方式发展起了一批具有较强竞争力的产业集群，同时产业配套方面不断提升，如我国的电子信息产业、光伏产业、高铁产业等。

4.满足了生产与消费需求，促进了消费结构的多元化发展

开放型经济发展视出口与进口有同等重要的地位，崇尚经济自由，主张进出口平衡发展，因为进口国外商品能够更好地满足本国国内的生产与消费需求，并有利于开放型经济的拓展与促进本国消费结构的多元化发展。在我国开放型经济发展历程中，进口国外的先进设备、材料等生产资源对我国的经济发展起到了巨大的促进作用，我国已成为第二大进口国，经济高速发展中的资源短缺问题仍然是我国未来实现经济可持续发展的障碍，因此进一步提高开放型经济水平，在全球范围内实现资源拓展，对满足生产与消费需求以及促进消费结构的多元化发展具有重要意义。

5.输入了新的思想和新的消费偏好，促进经济"知识率"的提高

开放型经济的发展是全面的、动态的，开放型经济通过商品、资本、技术、劳动力等要素的自由跨界流动，无论是通过贸易还是投资形式，抑或是经济全球化的其他方式，都会将一国的消费者纳入全球范围内，从而使消费者获得新的思想和新的消费偏好，促进经济"知识率"的提高，从而进一步促进产业内分工与产品内分工向纵深发展，引领开放型经济的循环发展。

6.促进了市场经济体制的建立和完善

公平、公正、自由的市场经济体制是发展开放型经济的内在要求。由以改革促开放到以开放来促改革的开放型经济的不断发展，我国社会主义市场经济体制逐步发育、成长并发展起来。我国于20世纪末已初步建立起社会主义市场经济体制，并在21世纪开放型经济发展新形势下不断完善，使社会主义市场经济体制能与国际接轨，真正发挥经济发展中"守夜人"的角色。

（二）开放型经济发展带来的负面影响

1.开放型经济快速发展带来的资源短缺与环境问题

改革开放以来，我国以外贸和外资为主要内容、粗放型发展模式的开放型经济增长方式已难以为继，能源短缺与环境责任问题日益加剧。中国能源生产总量由1985年的85 546万吨标准煤增加至2018年的377 000万吨标准煤，能源消耗总量由1985年的76 682万吨标准煤增加至2018年的464 000万吨标准煤。中国从1992年开始，其能源消费量超过能源生产量，且缺口呈现不断拉大的态势。中国每年从

国外大量进口石油、铁、铜等大宗矿产资源，其对外贸易依存度已处于高位。近年来，中国环境问题也日益突出，1985—2018 年，我国的工业废水排放量维持在 200 亿～250 亿吨之间，工业废气排放量和工业固体废物排放量呈现持续上升趋势，且近年来工业废气和固体废物排放量增长速度提升较快，所造成的环境污染问题日益严重，对我国开放型经济的可持续发展提出了更高的要求。

2. 要素比例变化与我国特殊的开放模式所造成的区域经济和居民收入的差距拉大

要素比例变化理论认为，一国比较优势会随着一国要素比例的变化而发生变化，并影响国际分工与该国的贸易结构，影响贸易利益与经济利益的分配。我国改革开放通过实施非均衡的对外开放区域发展政策取得了巨大成功，也带来了新时期我国区域经济发展不平衡的严峻问题，导致我国东西部地区经济发展差距和城乡居民收入差距不断拉大，不利于我国社会稳定以及经济的可持续发展。

（三）坚定不移地发展开放型经济，构建开放型经济新体制

任何事物的发展都有其两面性，重要的是孰轻孰重的问题。我国开放型经济的发展已有 40 余年，中国开放型经济发展在带来巨大收益的同时，也产生了一些负面效应，但总的来说其收益大于损失，并且中国开放型经济快速发展带来的资源短缺与环境问题以及收入分配问题在发达国家工业化发展过程中都有出现。实践证明，只有坚定不移地发展开放型经济，不断提高开放型经济水平，才能改善和消除这些问题，在经济全球化和国际分工不断深入的发展前景下获取"开放"收益和促进经济、社会可持续发展。

党的"十七大"曾指出："当今世界正在发生广泛而深刻的变化，当代中国正在发生广泛而深刻的变革。机遇前所未有，挑战也前所未有，但机遇大于挑战。我国要坚持对外开放的经济政策，把'引进来'和'走出去'更好地结合起来，扩大开放领域，优化开放结构，提高开放质量，完善内外联动、互利共赢、安全高效的开放型经济体系，形成经济全球化条件下参与国际经济合作和竞争新优势。"党的十八届三中全会《中共中央关于全面深化改革的若干重大问题的决定》（以下简称《决定》）提出构建开放型经济新体制。《决定》指出，要"适应经济全球化新形势，必须推动对内对外开放相互促进、引进来和走出去更好结合，促进国际国内要素有序自由流动、资源高效配置、市场深度融合，加快培育参与和引领国际经济合作竞争新优势，以开放促改革"。

第二节　中国开放型经济发展与特征

一、中国开放型经济政策的探索阶段（1978—1991 年）

（一）主要内容

中国从 20 世纪 70 年代末迈开了对外开放的步伐，从封闭型经济逐步转向对外开放。1978—1991 年这一时期可以视为中国开放型经济发展的第一阶段。此阶段，中国的开放型经济发展是通过特殊政策推动下的"摸着石头过河"式的实验探索型发展阶段。

1978 年 12 月，中国共产党第十一届三中全会决定改革现行经济体制并实行对外开放战略，强调将工作重点全面转移到社会主义现代化建设上来，从而拉开了中国对外开放的序幕。

1979 年 3 月，国务院发出《关于成立进出口领导党小组的通知》。同年 7 月，成立中华人民共和国进出口管理委员会。

1979 年 7 月，中共中央、国务院批准在广东的深圳市、珠海市试办出口特区，其区域内对外经济活动实行特殊政策和灵活管理。

1980 年 8 月，第五届全国人民代表大会常务委员会第十五次会议一致通过《广东省经济特区条例》，批准在广东省的深圳、珠海、汕头和福建省的厦门试办经济特区。经济特区的优惠政策主要有赋予经济特区内较大的管理权限、投资审批权限，赋予企业可根据市场经济自主安排生产、定价、招工等经营自主权，特区内企业实行优惠税率，出口产品免征或减征关税和增值税，特区内经批准进口用于特区建设和生产使用的各项原材料和产品均免征关税，鼓励外资兴办合资企业、合作企业和独资企业，鼓励开展补偿贸易、租赁设备以及购买股票或债券等，赋予对外往来人员较大的灵活性等。

1981 年 6 月，财政部发出《关于中外合资经营企业所得税若干问题的通知》。

1982 年 3 月，第五届全国人民代表大会常务委员会第二十二次会议决定将进出口管理委员会、对外贸易部、对外经济联络部和外国投资委员会合并，成立对外经济贸易部。

1983 年 9 月，中共中央、国务院发出《关于加强利用外资工作的指示》。

1984 年 1 月，国务院发布《中华人民共和国进口货物许可证制度暂行条例》。同年 5 月，中央政府决定在经济特区成功经验的指导下进一步开放天津、上海、大连、秦皇岛、烟台、青岛、南通、连云港、宁波、广州等 14 个沿海城市。沿海开放城市的优惠政策主要包括税收优惠政策和扩大沿海开放城市开展对外经济活动的自主权政策。

1984 年 10 月，国务院批准建立大连经济技术开发区并实行特殊的优惠政策，这是我国第一个国家级经济技术开发区。

1985 年 2 月，中共中央、国务院批准《长江、珠江三角洲和闽南厦漳泉三角地区座谈会纪要》，决定将珠江三角洲、长江三角洲以及闽南厦门、漳州、泉州三角地区的 51 个市、县开辟为沿海经济开放区，将我国东部沿海由北向南 1.8 万千米长的沿海岸线边缘地区连接成对外开放前沿地带。国家从 1985 年起给这些开放地区以地区自主权的扩大、外商投资税收优惠和简化外商出入境手续等方面的特殊优惠政策。

1986 年 10 月，国务院发布《关于鼓励外商投资的规定》（简称《规定》），《规定》共二十二条，鼓励外国投资者在中国境内举办中外合资经营企业、中外合作经营企业和外资企业，内容包括改善投资环境、保障企业自主权、按国家产业政策给予税收优惠等措施。

1987 年 2 月，中央政府决定对外贸专业公司开始实行出口承包经营责任制。1987 年 10 月 25 日，党的十三大报告中明确提出："为了更好地扩大对外贸易，必须按照有利于促进外贸企业自负盈亏、放开经营、工贸结合、推行代理制的方向，坚决地有步骤地改革外贸体制。"

1988 年 3 月，中共中央决定扩展北方沿海的辽东半岛、山东半岛和其他沿海的一些市和县为沿海经济开放区。同年 4 月，第七届全国人民代表大会第一次会议通过了《中华人民共和国中外合作经营企业法》《全国人民代表大会关于设立海南省的决定》和《全国人民代表大会关于建立海南经济特区的决议》。

1990 年 4 月，中共中央决定在上海浦东实行经济技术开发区和经济特区的一些优惠政策，促进上海市加快浦东地区的开发，显现出改革开放的进一步扩展。

1991 年 3 月，国务院发布《国务院关于批准国家高新技术产业开发区和有关政策规定的通知》，继 1988 年批准北京市新技术产业开发试验区之后，此次又批准了武汉东湖新技术开发区、上海漕河泾新兴技术开发区、大连市高新技术产业园区、南京浦口高新技术外向型开发区、深圳科技工业园、厦门火炬高技术产业开发区、海南国际科技工业园等 21 个高新技术产业开发区为国家级高新技术产业开发区。同年，国务院决定开放 4 个北方口岸，分别是满洲里、丹东、绥芬河和珲春，同时批准在深圳市福田港、上海外高桥和天津港等沿海港口设立保税区。

（二）发展的基本特征

1. 以特殊政策推动开放

20 世纪 70 年代末，中国国内资源短缺，经济、技术落后，长期传统的计划经济体制和闭关锁国的思想障碍仍然相当严重，中国缺乏建立开放型经济体制的基础和法制条件。因此，党和国家制定的重大决策就成了破除"坚冰"、实现由封闭型经济向开放型经济转变的主要手段，政府政策的科学性和合理性程度决定着开放经济的发展进程。这一时期，无论是经济特区，还是沿海开放城市、沿海经济开放区以及高新技术产业开发区，国家都给予了发展外贸、吸收和利用外资等特殊优惠政策。例如，一般地区的外商投资企业根据我国对外商投资的优惠政策，其企业所得税应缴比例为 30%，然而建在经济特区、沿海开放城市、沿海经济开放区以及沿海经济技术开发区的生产性外商投资企业均按 15% 的税率计征所得税，并且设在经济特区、沿海经济开放区和经济技术开发区所在城市的老市区可减按 24% 的税率征收企业所得税。同时，对于生产性外商投资企业，只要其经营期在 10 年以上，除了享受以上优惠待遇外，还可以从开始获利的年度起适用"二免三减半"的税收减免优惠政策等。此外，这一时期与特殊优惠政策相伴随的还包括给予地方一定的外贸经营权与投资自由化权利。这一阶段，正是通过这些特殊政策推动了中国的对外开放不断向前发展。

2. 以经济特区作为试验田

1979 年 7 月，中共中央、国务院决定在深圳、珠海试办出口特区（1980 年改为经济特区），1980 年 8 月批准在广东省的深圳、珠海、汕头和福建省的厦门试办经济特区，1988 年 4 月批准建立海南岛经济特区。经济特区的建立开启了中国对外开放的序幕。创办经济特区，既可以在国内特定区域引进外资和先进技术，又可以进行对外开放和对内搞活的政策实验，并且选取深圳、珠海、汕头、厦门、海南五个沿海边陲地带，即使出现不利状况也不会对国内全局造成太大的影响，如果能试验成功，则会成为全国改革开放的突破口，影响深远。1991 年，邓小平在视察上海时指出了我国经济特区之所以选择深圳、珠海等沿海区域，是因为这些沿海地区在地理位置上临近国外地区，并且拥有良好的自然资源，有利于沿海两岸人员从事贸易和其他经济活动。这些地区的地理位置优势决定了必须先行开启对外开放的窗口，将其作为我国进一步发展开放型经济的实验田。经济特区是中国对外开放的"窗口"，也是中国开放型经济发展的"试验田"，担负着吸引外资、创新管理体制、吸收和创新技术、加强对外合作等的职能。

3. 采取沿海地区渐进式开放模式

20世纪70年代末到20世纪90年代初，是中国开放型经济的初步发展阶段，中国在沿海地区采取了以"点"状为主的逐步推进战略模式，很好地运用了区域经济发展中的增长极理论和辐射理论，取得了巨大的成功。中国从1979年开始正式拉开了沿海地区对外开放的帷幕，首先批准在广东省的深圳市、汕头市和珠海市以及福建省的厦门市作为对外开放的重大突破口，将这些地区作为中国对外开放的第一批实验基地。中国通过经济特区之特殊政策的引导，使特区内外资迅速增加；通过技术引进和消化吸收，使其技术有了明显提升，特区内人才流入逐步提升并积累了一些先进的管理经验，促进了中国特区经济蓬勃发展。特区的实验成果因此得到充分验证。基于特区对外开放的成功经验，中央政府于1984年决定进一步开放天津、上海、大连、青岛、南通、秦皇岛、烟台、连云港、宁波、福州、湛江、广州、温州和北海14个沿海城市。1985年2月，中共中央决定将珠江三角洲、长江三角洲以及闽南厦门、漳州、泉州三角地区的51个市和县开辟为沿海经济开放区，将中国东部沿海由北向南1.8万千米长的沿海岸线边缘地区连接成对外开放前沿地带。1988年，批准海南建省并使其成为中国五个经济特区之一。从20世纪70年代末到20世纪80年代末，中国整个沿海开放地带已初步形成。1990年4月，中共中央决定在上海浦东实行经济技术开发区和经济特区的一些优惠政策，促进上海市对浦东地区的开发，从而开启了沿海开放向中国内地辐射的新局面。

4. 以改革促开放

这一时期，由于中国长期封闭型经济发展所形成的各种制约对外开放的因素很多，也正如新制度经济学所研究的制度依赖路径，中国长期封闭型经济下的低效率制度因素已形成了恶性循环路径，要破除这种路径模式，必须进行制度变迁或制度改革。1978年，以党的十一届三中全会召开为标志，中国开启了以经济体制改革引领对外开放和促进现代化经济发展的重要战略。在这一阶段，中国进行了深刻的管理体制改革、外贸体制改革、科技体制改革以及初步构建了社会主义市场经济体制等，对封闭型经济条件下长期形成的阻碍中国改革开放的各环节加快进行了改革试点，促进了中国对外开放不断向纵深发展。在这一阶段，改革是经济发展的源动力，开放是经济发展的外部条件，以改革促开放，开放的不断纵深发展又要求其不断改革，两者相辅相成，只有形成两者的良性循环才能破除旧的制度依赖路径，从而实现良性的制度变迁，在不断进行的改革创新中促使制度变迁形成良性循环依赖路径。

5. 以吸引外资和出口创汇为主要目的

改革开放初期，国内建设资金的严重不足，成为制约中国现代化建设的主要因素。于是，这一时期，中国开放型经济发展的主要目标是加快吸引外资和发展外贸出口创汇。1979 年 7 月，第五届全国人民代表大会第二次会议通过了《中华人民共和国中外合资经营企业法》，通过给予外商投资企业"超国民待遇"和"税收优惠"吸引外资在中国建立中外合资经营企业、中外合作经营企业和外商独资经营企业，从而弥补了国内建设资金的不足，带动了中国经济的快速发展。这一时期的外贸政策可以总结为鼓励出口、创汇第一。中国"七五"计划提出，由于我国外汇短缺是现在和将来很长一段时间里制约经济发展的突出问题，我国必须扩展对外经济合作和技术交流的规模，努力增加出口并创造外汇收入，并特别强调了中国的经济特区和沿海开放地带要在出口创汇方面发挥着更大作用。

（三）取得的阶段性成绩

从 1978 年改革开放至 1991 年底，中国国内生产总值从 1978 年的 3 645.2 亿元增长至 1991 年的 21 781.5 亿元，增长了 6 倍。其中，第一产业增加值由 1978 年的 1 027.5 亿元增长至 1991 年的 5 342.2 亿元；第二产业增加值由 1978 年的 1 745.2 亿元增长至 1991 年的 9 102.2 亿元；第三产业增加值由 1978 年的 872.5 亿元增长至 1991 年的 7 337.1 亿元。人均国内生产总值由 1978 年的 381 元增长至 1991 年的 1 893 元，增长了 4 倍。中国商品贸易进出口额由 1978 年的 206 亿美元增长至 1991 年的 1 357 亿美元，增长了 5 倍有余，其中 1991 年出口规模较 1978 年增加了 622 亿美元，进出口差额于 1990 年出现了 87.4 亿美元的顺差，自此扭转了多年来我国进出口的逆差状况，表明中国开放型经济建设初见成效，改革开放绩效明显。中国实际利用外商直接投资由 1983 年不足 10 亿美元增长至 1991 年的 44 亿美元，中国对外承包工程合同金额由 1978 年的 0.3 亿美元增长至 1990 年的 25.2 亿美元，13 年间增长了 80 倍，说明中国改革开放后对外合作大幅提高。

二、中国开放型经济规范化制度形成阶段（1992—2001 年）

（一）主要内容

经过 10 多年的实验性探索阶段后，中国开放型经济社会发生了翻天覆地的变化。实践证明，对外开放促进了中国的经济发展，推动了中国经济体制的改革，提高了中国的国际地位。在此成功经验的基础上，自 1992 年开始，我国进行了大范围的全面性改革开放，同时为了恢复关贸总协定缔约国地位，我国进一步深化了外贸体制改革，加快建立社会主义市场经济体制，建立并完善了对外经贸领域法律、法规改革，使我国开放型经济管理逐步走上了规范化和法制化道路。截至 2001 年底，我国已基本完成了国家涉外经济的法律法规以及各项规章制度的清理和修订工作。

1992 年 3 月，国务院进一步开放了黑龙江、吉林、内蒙古自治区、新疆、云南、广西壮族自治区内的 13 个沿边城市、镇，包括黑河市（黑龙江）、绥芬河市（黑龙江）、珲春市（吉林省）、满洲里市（内蒙古）、二连浩特市（内蒙古）、伊宁市（新疆）、塔城市（新疆）、博乐市（新疆）、瑞丽市（云南）、畹町市（云南）、河口市（云南）、凭祥市（广西）、东兴镇（广西），形成了沿边开放的雏形；同年 8 月，中国决定开放 5 个长江沿岸城市——重庆市、岳阳市、武汉市、九江市和芜湖市，随后又开放了黄石、宜昌、万县、涪陵，从而形成了沿江开放的格局；紧接着，国务院又开放了哈尔滨、南宁、长春、呼和浩特、乌鲁木齐、昆明、石家庄、太原、合肥、南昌、成都、贵阳、郑州、长沙、西安、兰州、银川、西宁 18 个边境、沿海和内陆地区省会（省府）城市，从而将对外开放逐步向内地推进。

1992 年 10 月，党的十四大报告提出："深化外贸体制改革，尽快建立适应社会主义市场经济发展的、符合国际贸易规范的新型外贸体制。"

1993 年 11 月，党的十四届三中全会通过了《中共中央关于建立社会主义市场经济体制若干问题的决定》，全会指出：社会主义市场经济体制是同社会主义基本制度结合在一起的，建立社会主义市场经济体制就是要使市场在国家宏观调控下对资源配置起基础性作用。必须坚持以公有制为主体、多种经济成分共同发展的方针。进一步转换国有企业经营机制，建立适应市场经济要求，产权清晰、权责明确、政企分开、管理科学的现代企业制度；建立全国统一开放的市场体系，实现城乡市场紧密结合，国内市场与国际市场相互衔接，促进资源的优化配置；转变政府管理经济的职能，建立以间接手段为主的完善的宏观调控体系，保证国民经济的健康运行；建立以按劳分配为主体，效率优先、兼顾公平的收入分配制度，鼓励一部分地区一部分人先富起来，走共同富裕的道路；建立多层次的社会保障制度，为城乡居民提供同我国国情相适应的社会保障，促进经济发展和社会稳定。

1993 年 12 月，国务院作出关于金融体制改革的决定。一是中央银行实行全额预算制，从贷款规模管理逐步转变为资产负债比例管理；二是国家专业银行逐步向商业银行转化，同样实施资产负债比例管理和保险管理制度；三是颁布并实施《中华人民共和国中国人民银行法》《中华人民共和国商业银行法》《中华人民共和国担保法》《中华人民共和国票据法》《中华人民共和国保险法》等；四是将社会保险与商业保险分开，改革原保险体制。

1994年1月，中共中央、国务院作出关于进一步深化对外贸易体制改革的决定。改革外汇制度，实现汇率并轨，实行以市场供求为基础的单一的有管理的人民币浮动汇率；实行银行间的结售汇制并建立银行间的外汇市场；完善出口配额管理办法，建立出口商品配额招标制度；实行外汇结售汇制，取消外汇留成和额度管理制度。

1994年7月，我国正式颁布并实施了《中华人民共和国对外贸易法》。该法由总则、对外贸易经营者、货物进出口与技术进出口、国际服务贸易、对外贸易秩序、对外贸易促进、法律责任和附则共8章44条组成。该法律标志着中国对外贸易的发展进入了法制化轨道，它是中国对外贸易的基础法律，在社会主义市场经济体制下保障了中国对外贸易的良好有序运行。

1995年3月，第八届全国人民代表大会第三次会议召开，指出要坚持邓小平对外开放理论和党的基本路线，进一步处理好改革、发展和稳定的关系，以国有企业为重点深化改革，继续保持国民经济快速、健康发展。会议通过了《中华人民共和国中国人民银行法》。同年12月，国务院发布《国务院关于改革和调整进口税收政策的通知》，决定从1996年4月1日起，将中国进口关税总水平降至2.3%。

1995年9月，党的十四届五中全会召开，全会审议通过了《中共中央关于制定国民经济和社会发展"七五"计划和2010年远景目标的建议》（简称《建议》）。《建议》提出了实行两个根本性转变：一是传统的计划经济体制向社会主义市场经济体制实现有效转变；二是粗放型经济增长方式向集约型发展实现转变。

1996年11月，财政部发布了《中央对外贸易发展基金财务管理实施细则（试行）》的通知，国家设立对外贸易财政支持基金以促进中国对外贸易良性发展，并通过设立进出口信贷银行为资本货物的出口提供信贷支持，通过加强外贸立法对出口贸易提供风险担保等。

1997年1月，国家财政部发布《关于外商投资企业会计决算检查若干问题处理意见的通知》，对附送查账报告问题、原始凭证问题、费用列支问题、涉及中方职工权益的资金问题、出资违约纠正后利润分配问题、补缴税收入库问题、法律责任及处罚依据问题等的解决办法进行了明确的说明。

1997年8月，中国首批中外合资贸易公司在上海浦东新区开始试点。

1998年3月，中国向世贸组织递交了一份近6 000个税号的关税减让表。

1999年6月，中国人民银行和对外贸易经济合作部联合发布《关于支持境外带料加工装配业务的信贷指导意见》，以支持扩大出口，鼓励我国纺织业、家电业、服装加工业等行业中具有比较优势的企业到境外开展带料加工装配业务。

1999 年 11 月，中美双方就中国加入世界贸易组织达成协议。

2001 年 1 月，为适应对外开放和经济体制改革的需要，决定取消 20 种机电产品配额、许可证和特定进口管理措施，自主降低关税总水平。同年 10 月，亚太经合组织（APEC）第九次领导人非正式会议在上海举行。12 月 11 日，中国正式成为世贸组织（WTO）第 143 位成员国。

（二）发展的基本特征

1. 特殊政策向全面制度建设转型

虽然由特殊政策引导的中国开放型经济在发展初期取得了较大的成功，但是政策是一种体制外的改革，具有很大的局限性。为了进一步深化改革，提高开放型经济水平，以及为中国"复关"做准备，这一时期中国的开放型经济建设实现了由特殊政策向制度建设的转型和升级，顺应了中国开放型经济发展的时代要求，使中国开放型经济逐步走上了规范化、制度化道路。特别是 1994 年，中国正式颁布并实施了《中华人民共和国对外贸易法》，使中国的对外经济活动有法可依。特殊政策转变为制度建设，标志着中国开放型经济发展进入了法制化轨道，在社会主义市场经济体制下保障了中国对外贸易的良好有序运行。在此期间，我国为了加入世贸组织，还修订和清理了知识产权法、专利法、著作权法、三资企业法等大批的法律法规，中华人民共和国商务部（以下简称"商务部"）也清理了近代 3 000 件行政法规和部门规章。中国截至 2001 年底已基本完成了国家涉外经济的法律法规以及各项规章制度的清理和修订工作，为中国开放型经济的进一步发展建立了良好的法制基础。

2. 以构建外贸新体制为主要内容

这一时期是中国外贸体制改革的重要阶段。从 1986 年中国要求"复关"开始，中国的贸易体制改革已经开始以符合国际规则为导向。1992 年 10 月，党的十四大报告提出了深化外贸体制改革，构建外贸新体制的要求。国务院 1994 年 1 月以汇率并轨为标志的对外贸易体制改革全面实行：建立与完善外贸宏观调控体系，实行单一的、有管理的浮动汇率制；强化对外经贸企业自负盈亏，取消各类外汇留成，实行银行结售汇制；调整与完善出口退税政策，实行新的税制；设立出口商品发展基金和风险基金，完善出口发展的信贷政策；以现代企业制度改造国有对外经贸企业，推行股份制试点；进一步降低进口关税水平，并取消部分进口减免税；加强外贸行业商会等中介组织的职能，提高政府主管部门的宏观调控效能；实行人民币在经常项目下可自由兑换；部分服务性行业开展利用外资的试点。

3.利用外资高速发展

随着中国全方位对外开放格局的初步形成，对外投资环境大大改善，中国吸收和利用外资在广度和深度上有了新的发展。1995 年 6 月，国务院发布了《指导外商投资方向暂行规定》和《外商投资产业指导目录》。1998 年，中共中央、国务院提出了《关于进一步扩大对外开放，提高利用外资水平的若干意见》。中国实际利用外资由 1992 年的 192.03 亿美元增长到 2001 年的 496.72 亿美元，1992—2001 年实际利用外资累计总额达到 4 889.66 亿美元，平均年增长率达到 20%；1992 年，中国外商直接投资占固定资产投资的比重为 7.51%，1994 年上升至 17.08%，其他年份均在 10% 以上。亚洲地区是中国吸收外商直接投资的主要来源地，如日本、菲律宾、泰国、马来西亚等。这一时期，第二产业在三次产业中吸收外商直接投资最多，华南沿海和环渤海地区外商直接投资发展强劲。

4.全方位、多层次、宽领域的开放格局基本形成

中国共产党第十四届中央委员会在《中共中央关于建立社会主义市场经济体制若干问题的决定》中提到"发展开放型经济，使国内经济与国际经济实现互接互补"的理论表述。党的十五大报告中进一步强调要以更加积极的姿态走向世界，完善全方位、多层次、宽领域的对外开放格局，发展开放型经济。经过发展，中国已与美国、日本、欧盟等世界多数发达国家和发展中国家开展了经贸往来，经贸合作不断加强，中国全方位的开放格局基本形成；中国对外开放的区域推进已由实验性的经济特区扩大到开放沿海城市，进而扩大到沿边、沿江地带以及内陆省会城市和部分地区，形成了由沿海到内地，从东部到中西部的多层次开放格局；"九五"期间，中国进一步放宽了对外商投资领域的限制，除经济领域，商业、银行、保险、旅游等服务领域都已不同程度地对外商开放，形成了宽领域的开放格局。

（三）取得的阶段性成绩

从 1992 年到 2001 年的 10 年间，中国国内生产总值（GDP）由 1992 年的 26 924 亿元增长至 2001 年的 109 655 亿元，10 年增长了 3 倍，共计增加了 8 万多亿元。其中，第一产业增加值由 1992 年的 5 867 亿元增长至 2001 年的 15 781 亿元；第二产业增加值由 1992 年的 11 700 亿元增长至 2001 年的 49 512 亿元；第三产业增加值由 1992 年的 10 285 亿元增长至 2001 年的 43 581 亿元。2001 年，中国国内经济总量跃升至世界第 6 位，位居发展中国家第 1 位。中国商品贸易进出口总额由 1992 年的 1 655 亿美元增长至 2001 年的 5 097 亿美元，增长了两倍有余；进出口差额由 1992 年的 44 亿美元增长至 2001 年的 226 亿美元，增长了 4 倍有余。2001 年，中国进出口贸易位居世界第 6 位。

这一阶段，中国实际利用外商直接投资从 1992 年的 110 亿美元增长至 2001 年的 469 亿美元，增长了 3 倍有余，2001 年中国已经位居发展中国家吸引外资的首位。20 世纪 90 年代末中国实施"走出去"战略有了初步成效，截至 2001 年底，中国已累计批准设立境外企业 6 610 家，中方投资额超过百亿美元。中国对外承包工程和劳务合作迅速发展，2001 年中国新签对外承包工程合同额达到 130 亿美元，完成营业额 89 亿美元，在 50 多个国家和地区参与油气、矿产、林业、渔业等资源合作开发项目达到 200 多个，已经进入国际工程承包的世界十强。

三、中国开放型经济制度国际化完善阶段（2002—2006 年）

（一）主要内容

中国正式成为世界贸易组织（WTO）成员，标志着中国的开放型经济发展进入了一个崭新的阶段，意味着由之前的单方面自主开放转向双向的相互开放，由有限范围、有限领域的市场开放转向全方位的市场开放，由政策、制度的封闭性转向与国际接轨的国际化开放。中国的开放型经济发展从此开始在 WTO 规则框架下运行，体制与制度的完善与接轨势在必行，而 2002—2006 年是中国外经贸制度与经济运行国际化接轨时期。

2002 年 10 月，中华人民共和国对外贸易经济合作部表示，将正式实施《对外贸易壁垒调查暂行规则》，标志着中国已初步建立起贸易壁垒调查制度。同年 12 月，《合格境外机构投资者境内证券投资管理暂行办法》（即 QFII 制度）正式实施。

2003 年 3 月，为适应国际投资新趋势，多渠道引进外资，中华人民共和国国家外汇管理局发布了《关于外商直接投资外汇管理工作有关问题的通知》，从而进一步完善了外商直接投资的外汇管理。

2003 年 10 月，党的十六届三中全会通过了《中共中央关于完善社会主义市场经济体制若干问题的决定》，提出了"深化涉外经济体制改革，全面提高对外开放水平"，并特别强调："完善对外开放的制度保障。"

2004 年 1 月，中国调整进口税则的税目总数由 2003 年的 7 445 个增加到 7 475 个。同时，降低进口税则中 2 414 个税目的最惠国税率，调整后的关税水平由 11% 下降至 10.4%，进口税则普通税率不变。

2004 年 4 月，针对国际贸易组织成员规则和中国入世承诺以及我国《中华人民共和国对外贸易法》（以下简称《对外贸易法》）1994 年颁布以来出现的新情况，第十届全国人民代表大会常务委员会第八次会议，对《对外贸易法》进行了全面修订。修订后的《对外贸易法》包括总则、对外贸易经营者、货物进出口与技术进出口、国际服务贸易、与对外贸易有关的知识产权保护、对外贸易秩序、对外贸易调查、对外贸易救济、对外贸易促进、法律责任和附则 11 章共 70 条内容。该法扩大了对外贸易经营主体的范围，取消了货物和技术进出口经营权审批并实行备案登记制，增加了国家管理制度和知识产权保护制度，实行国贸组织要求的进出口自动许可管理制，补充、修改和完善了有关法律责任的规定，增加了扶持和促进服务体系的相关制度规定。

2004 年 8 月，中华人民共和国公安部和外交部联合发布了《外国人在中国永久居留审批管理办法》。该办法内容共 29 条，分别对外国人申请在中国永久居留的资格条件、申请材料、审批程序、审批权限、取消资格等方面做出了明确规定。

2004 年 9 月，为了准确确定进出口货物的原产地，有效实施各项贸易措施，促进对外贸易发展，国务院颁布了《中华人民共和国进出口货物原产地条例》。

2005 年 5 月，经国务院批准，下调包括煤炭、锌、锡、钨、锑及其制品等部分产品的出口退税率并取消了稀土等金属产品的出口退税制度，且对 2005 年 1 月 1 日起征收出口关税的部分纺织服装产品调整关税税率：对两种产品停止征收关税，对 3 种产品调低出口关税，对 74 种调增出口关税，新增 1 种征税产品。

2005 年 6 月，国务院批准上海浦东新区进行社会主义市场经济综合配套改革试点。

2005 年 7 月，为了更好地反映人民币的价值变化，实现商品和服务贸易基本平衡以及中国面临的总体贸易条件，中国宣布人民币与单一美元脱钩，开始实行以市场供求为基础，参考一篮子货币进行调节、管理的浮动汇率制度。

2006 年 5 月，国务院发出《国务院关于推进天津滨海新区开发开放有关问题的意见》，正式批准天津滨海新区为国家综合配套改革实验区。

2006 年 8 月，商务部等六部委共同发布了《关于外国投资者并购境内企业的规定》，其中第 5 章是反垄断审查，这也是中国反垄断司法实践的重要一年。

2006 年 9 月，为了深入实施科技兴贸战略，商务部会同发展改革委、财政部、科技部等 7 个部门出台了《关于鼓励技术引进和创新，促进转变外贸增长方式的若干意见》。其中，指出了目前国际经济格局的新变化和新形势，论证了技术引进和创新在新时期促进外贸经济增长的重要地位。

为了履行入世承诺，在此期间，中国共清理了约 2 300 件与外经贸业务有关的法律法规，并且在货物贸易、技术贸易及服务贸易、外商投资等领域都颁布了行之有效的行政法规。在货物贸易和技术贸易领域内，国务院先后颁布的主要行政法规有《中华人民共和国货物进出口管理条例》《中华人民共和国技术进出口管理条例》《中华人民共和国反倾销条例》《中华人民共和国反补贴条例》《中华人民共和国进出口货物原产地条例》《中华人民共和国进出口关税条例》《中华人民共和国出口加工区加工贸易管理暂行办法》等；在服务贸易领域，主要有《中华人民共和国外资保险公司管理条例》《中华人民共和国外资金融机构管理条例》《国际海运条例》《外商投资电信企业管理规定》等；在外商投资领域，主要有《中外合资经营企业法实施条例》《中华人民共和国中外合作经营企业法实施细则》《中华人民共和国外资企业法实施细则》等。

（二）发展的基本特征

1. 政策性开放转向制度性开放

加入 WTO 前，中国的对外开放依靠特殊政策吸引外资和发展外贸，具有明显的政策性开放特点。加入 WTO 则意味着承诺制度开放，投资与贸易的制度安排必须在世贸组织规则框架下进行。因此，2002 年至 2006 年，中国根据世贸组织的要求，改革对外经贸体制，实现了政策性开放向制度性开放的转变。2003 年，中共中央提出"深化涉外经济体制改革，全面提高对外开放水平，完善对外开放的制度保障"。特别是 2004 年，第十届全国人民代表大会常务委员会第八次会议修订了《中华人民共和国对外贸易法》，对与中国入世承诺和世贸组织规则不相符的相关机制和程序做了规定，保障了中国对外贸易的健康发展。

2. 单边自主开放转向多边框架下的相互开放

中国在加入 WTO 前对外向型经济发展的时间选择、步骤安排和开放程度都是自主掌握的。中国根据国情，从经济特区实验到沿海开放城市再到经济开发区、高新技术产业开发区等逐步自主单边开放，吸引外资和发展出口贸易。自中国加入世界贸易组织后，中国的开放型经济发展必须遵循 WTO 成员国普遍接受的可预见、非歧视、公平竞争等原则，并且按入世承诺主动削减关税和非关税壁垒，中国在对外贸易、吸引外资、对外投资以及金融等领域的各项发展必须依托在世贸组织多边自由贸易框架下运行。虽然中国可作为发展中国家在 WTO 规则下享有一些优惠待遇，可以暂时保护一些国内的幼稚产业，然而一旦达到一定的经济水平和发展阶段，必将要按世贸组织规定进行全面开放。总之，加入 WTO 后，中国的开放型经济发展必须也只能在 WTO 的框架内进行。同时，加入世贸组织能使中国对其他国家开放市场的同时享受 WTO 其他成员国对中国开放市场的好处。因此，从 2002 年起，中国的开放型经济开始由单边自主开放转向多边框架下的相互开放，中国正式全面融入了世界，享受国际分工所带来的好处并发挥自我力量，造福世界。

3. 服务业成为对外开放的重点领域

加入世贸组织后，中国的对外开放领域不断扩大，由以前的生产性领域开放向服务领域开放拓展，进一步开放了商业、银行、保险、电信、旅游、运输、会计、审计、法律等服务领域，截至 2006 年，中国服务领域的开放涵盖了《服务贸易总协定》的 12 个服务大类中的 10 个，开放程度接近发达国家水平。中国于 2002 年 3 月公布了新修订的《外商投资产业指导目录》，其中增加了鼓励类的外商投资项目共计 76 条，减少了限制类的外商投资项目共计 37 条。此后，中国服务贸易得到了较快发展，中国服务贸易出口由 1982 年的 25 亿美元增长到 2006 年的 914 亿美元，服务贸易进口由 1982 年的 19 亿美元增长到 2006 年的 1 003 亿美元。中国服务贸易出口在世界排名已由第 28 位上升到第 8 位，服务贸易进口世界排名由第 40 位上升到第 7 位。

4. 重视区域平衡，"西部大开发"步伐加快

改革开放几十年，中国区域间经济发展差距拉大。21 世纪以来，中国开放型经济更加重视区域平衡问题。中共十五届五中全会于 2000 年 10 月一致审议通过了《中共中央关于制定国民经济和社会发展第十个五年计划的建议》，把实施西部大开发、促进地区协调发展作为一项战略任务，强调："实施西部大开发战略、加快中西部地区发展，关系经济发展、民族团结、社会稳定，关系地区协调发展并最终实现共同富裕，是实现第三步战略目标的重大举措。"2001 年，中国"十五"计划纲要对实施西部大开发战略进行了具体部署。2002 年以来，国家陆续颁布了一系列重点支持西部大开发的政策，实施了一些特殊的优惠政策措施，促进了西部地区提高对内对外开放水平，承接东部以及国际产业转移。据国务院西部地区开发领导小组办公室介绍，西部大开发五年来经济发展迅速，2003—2006 年，西部地区人均地区生产总值由 6 438 元增加到 10 960 元，占全国平均水平的比重提高了 1.5 个百分点，全社会固定资产投资年均增长 26.8%，地方财政收入达到 3 059 亿元，年均增长 20.1%。

5. "走出去"步伐不断加快

中国从 20 世纪 90 年代末开始实施"走出去"战略，而对外直接投资的真正快速发展始于 2002 年。2003 年，党的十六大报告明确提出："实施'走出去'战略是对外开放新阶段的重大举措。"自此，中国实施"走出去"战略的步伐明显加快，有力地推动了中国全面参与国际竞争与合作的进程，推动了对外开放的持续健康发展。从 2002 到 2006 年这五年间，中国"走出去"步伐不断加快，中国对外直接投资流

量（非金融类）的年均增长速度高达60%，从2002年的27亿美元增长到2006年的211.6亿美元，中国对外直接投资存量从2002年的299亿美元增长到2006年的906.3亿美元。截至2006年底，中国5 000多家境内投资主体设立对外直接投资企业近万家，共分布在全球172个国家（地区），其中股本投资372.4亿美元，占41.1%；利润再投资336.8亿美元，占37.2%；其他投资197.1亿美元，占21.7%。2006年，中国对外直接投资主要分布在采矿业、商务服务业和金融业，投资额分别占当年总额的40.4%、21.4%和16.7%。根据联合国贸发会议（UNCTAD）发布的2006年世界投资报告，2006年中国对外直接投资流量、存量分别占全球对外直接投资的2.72%和0.85%。2006年，中国对外直接投资流量位于全球国家（地区）排名的第13位。

（三）取得的阶段性成绩

入世5年过渡期内，中国经济发展取得了巨大成绩。在这5年中，中国的国内生产总值由2002年的120 333亿元增长至2006年的216 314亿元，增长了79.8%。2006年，中国经济总量已跃升至世界第四位。中国人均GDP从2002年的9 398元增长至2006年的16 500元，第二产业增加值从2002年的53 897亿元增长至103 720亿元，第三产业增加值从2002年的49 899亿元增长至2006年的88 555亿元。中国商品贸易进出口总额从2002年的6 208亿美元增长至2006年的17 604亿美元，增长了近两倍。其中，进出口顺差额由2002年的304亿美元增加至2006年的1 775亿美元，5年间增长了近5倍，中国进出口贸易规模于2006年攀升至世界第三位。中国实际利用外商直接投资由2002年的527亿美元增长至2006年的630亿美元，截至2006年底，中国累计设立外商投资企业共计598万家，利用外资总额连续14年位居发展中国家首位。2006年，中国外汇储备高达10 663.4亿美元，成为世界上外汇储备最多的国家。与此同时，中国企业"走出去"步伐不断加快，迈上了快速发展的轨道。2006年，中国全年共计对外直接投资211.6亿美元，对外工程承包和劳务合作合同金额高达660.1亿美元。

四、中国开放型经济制度深化创新阶段（2007年至今）

（一）主要内容

中国开放型经济自2007年以来所面临的国际环境和国内条件发生了深刻的变化。世界经济的发展形成了以企业和产品为基础、跨国公司主导的"要素国际分工"为主要特征的新的国际分工体系；全球经济失衡加剧，受2008年底全面爆发的全球性金融危机的影响，全球经济进入了后危机调整时期；国际需求急剧萎缩，新贸易保护主义抬头，许多国家采取的反倾销、反补贴以及碳关税、碳标签等新型贸易保护措施对我国开放型经济造成了巨大冲击，中国已经成为当今世界最大的贸易摩擦对象国。同时，中国开放型经济发展进入了深水区，国内经济深层次矛盾凸显，生产要素成本上升，开放型经济粗放式发展所带来的国内资源与环境问题日益突出，开放型经济发展进入了经济制度的深化与创新阶段。

2007 年 1 月，商务部制定发布了《两用物项和技术进出口许可证管理目录》，和《商务领域品牌评定与保护办法（试行）》，并开始实施。

2007 年 3 月，为了促进产业结构调整，严格控制"两高一低"企业，商务部和海关总署先后出台了《海关加工贸易单耗管理办法》《电子信息产品污染控制管理办法》以及《再生资源回收管理办法》。

2007 年 9 月，商务部、海关总署、银保监会发布公告，公告中规定允许加工贸易企业可以现金、保付保函等多种形式缴纳台账保证金。

2007 年 10 月，党的十七大报告强调"开放型经济进入新阶段"，要"提高开放型经济水平"，构建"内外联动、互利共赢、安全高效的开放型经济体系"。

2007 年以来，为适应新的国际经济形势，中国进一步完善了贸易救济法律制度。在国际上，通常将反倾销、反补贴、保障措施、技术贸易法规、标准这类法规体系以及产业损害调查听证规则、反倾销、反补贴和保障措施产业损害调查与裁决规定等相配套的实施细则称为贸易救济体系。[①] 中国贸易救济法律体系由法律（《外贸法》）、行政法规（国务院反倾销、反补贴、保障措施三个条例）、25 个关于贸易救济措施的部门规章以及《对外贸易壁垒调查规则》等法律法规和司法解释共同构成。

2008 年 1 月，中国施行了新的《中华人民共和国企业所得税法》，取消了内外资企业税收差别。

2008 年 8 月，修订后的《中华人民共和国外汇管理条例》开始施行，新条例取消了对境内机构的强制结汇规定。同年 12 月，中国内陆地区首个保税港区——重庆寸滩保税港区正式挂牌。

2009 年 3 月，十一届全国人大二次会议召开，温家宝在政府工作报告中提出了2009 年我国工作的主要任务是以应对国际金融危机、促进经济平稳较快发展为主线，统筹兼顾，突出重点，全面实施一揽子计划来促进经济平稳较快发展。

---

① 李小年 . 新中国 60 年外经贸法制建设的辉煌成就 [J]. 国际经贸探索，2009, 25（10）:9-14.

2009 年 4 月，国务院发出《关于推进上海加快发展现代服务业和先进制造业建设国际金融中心和国际航运中心的意见》，明确提出要将上海建设成为国际金融中心、国际航运中心和现代国际大都市。

2009 年 5 月，国务院批准了《深圳市综合配套改革总体方案》。《方案》指出，深圳要在深化行政管理体制改革、全面深化经济体制改革、积极推进社会领域改革等六个方面实现重点突破。同月，中国以 167 票成功连任联合国 2009—2012 年人权理事会成员。

2010 年 1 月，中国与东盟自由贸易区正式启动。这是中国对外商谈的第一个自贸区，也是发展中国家间最大的自由贸易区。目前，中国已与巴基斯坦、新西兰、智利、秘鲁、哥斯达黎加、瑞士、冰岛等多个国家以及中国香港、中国澳门等地区签署了自贸协议。从 2010 年 1 月 1 日开始，中国进一步调整进出口关税税则，主要涉及最惠国税率、协定税率、年度暂定税率、特惠税率以及税则税目等方面。调整后，中国关税总水平为 9.8%，其中农产品平均税率为 15.2%，工业品平均税率为 8.9%。在降低鲜草莓等 6 个税目商品进口关税后，中国加入世界贸易组织的降税承诺已全部履行。

2011 年 11 月，温家宝在深入推进行政审批制度改革工作电视电话会议上强调要坚定不移地推进行政审批制度改革，深入破除制约经济社会发展的体制和机制障碍。

2011 年 12 月，中央经济工作会议召开。会议强调，要突出把握好稳中求进的工作总基调，着力扩大国内需求、加强自主创新和节能减排、深化改革开放以及加强民生保障，保持经济平稳较快发展和物价总水平基本稳定，保持社会和谐稳定。

2012 年 1 月，全国金融工作会议召开。温家宝指出要坚持金融服务于实体经济的本质要求，坚持市场配置金融的市场导向，坚持创新与监管相协调的发展理念，坚持自主渐进安全共赢的开放方针。

2012 年 2 月，国务院正式批复同意《西部大开发"十二五"规划》。

2012 年 8 月，国务院决定取消和调整 314 项部门行政审批项目，批准广东省在行政审批制度改革方面先行先试。同月，国务院印发了《关于大力实施促进中部地区崛起战略的若干意见》。

2012 年 11 月，中国共产党第十八次全国代表大会召开，报告中进一步提出要"全面提高开放型经济水平"，"必须实行更加积极主动的开放战略，完善互利共赢、多元平衡、安全高效的开放型经济体系。"

2013 年 11 月，中国共产党第十八届中央委员会第三次全体会议召开，会议审议通过了《中共中央关于全面深化改革若干重大问题的决定》。全会强调，要紧紧围绕使市场在资源配置中起决定性作用深化经济体制改革，加快转变经济发展方式，构建开放型经济新体制。《决定》提出了要加快自由贸易区建设，扩大内陆与沿边开放，培育稳定、透明和可预期的营商环境，改革行业（协会）管理体制等具体措施。

中国改革开放经历了四十多年的快速发展，受国内外条件深刻变化的影响，中国经济已经进入了改革创新的关键时期。如果说中国 1978 年开始的改革开放是以体制改革促开放的制度变迁，那么当今中国将面临的是进一步以开放促改革的制度变迁和创新。

2013 年 9 月，国务院总理李克强在达沃斯论坛上强调：中国的发展要依靠改革，要释放对外开放的红利，不断探索对外开放的新路子。2013 年 8 月，国务院批准建立上海自由贸易区，上海自由贸易区的设立是我国政府在新的历史时期所进行的重要制度创新。上海自由贸易区在政策上扩大了对金融服务、商贸服务、航运服务以及专业服务等领域的市场开放，提出了开放人民币资本项目、构建离岸金融中心、企业所得税优惠、贸易领域监管创新等一揽子创新计划，而且试行了准入前国民待遇加负面清单的外资管理模式。中国通过上海自由贸易区来打造新一轮开放格局和开放新模式，从而构建与各国合作发展的新平台，来培育中国面向世界的竞争新优势。

2013 年 9 月，国家主席习近平在哈萨克斯坦纳扎尔巴耶夫大学发表演讲，提出了共同构建途经俄罗斯、哈萨克斯坦等上海合作组织主要成员国，延伸至地中海中岸和东岸以及连接东亚、中亚、欧洲与非洲的"丝绸之路经济带"。随后，习近平在访问德国、欧洲、非洲等地时，大力推进对外合作创新，倡导构建丝绸之路经济带。

2014 年，习近平在北京 APEC 会议上强调，中国的经济发展进入"新常态"，一切经济活动都要注意适应新情况，解决新问题。中国的经济发展速度降低，但依然很可观，对亚太乃至世界经济增长的贡献仍是巨大的。

2015 年 3 月，习近平在参加博鳌亚洲论坛时指出，中国正致力于与韩国、日本及东盟建立东亚经济共同体，中国将进一步探索推动建设亚洲基础设施投资银行，并与亚洲开发银行、世界银行互动合作，提出"迈向亚洲命运共同体"口号。

2017 年，习近平在十九大报告中再次提出，推动形成全面开放新格局。要以"一带一路"建设为重点，坚持引进来和走出去并重，遵循共商共建共享原则，加强创新能力开放合作，形成陆海内外联动、东西双向互济的开放格局。拓展对外贸易，培育贸易新业态新模式，推进贸易强国建设。实行高水平的贸易和投资自由化便利化政策，全面实行准入前国民待遇加负面清单管理制度，大幅度放宽市场准入，扩大服务业对外开放，保护外商投资合法权益。凡是在我国境内注册的企业，都要一视同仁、平等对待。优化区域开放布局，加大西部开放力度。赋予自由贸易试验区更大改革自主权，探索建设自由贸易港。创新对外投资方式，促进国际产能合作，形成面向全球的贸易、投融资、生产、服务网络，加快培育国际经济合作和竞争新优势。

2019 年 11 月 5 日，习近平在第二届中国国际进口博览会上提出"共建开放合作的世界经济""共建开放创新的世界经济""共建开放共享的世界经济"三大倡议。他宣布，中国将通过继续扩大市场开放，继续完善开放格局，继续优化营商环境，继续深化多双边合作和继续推进共建"一带一路"，持续推进更高水平的对外开放。

（二）发展的基本特征

1. 开放型经济发展进入新阶段

2007 年 10 月，党的十七大报告指出，"开放型经济进入新阶段"，要"提高开放型经济水平"，构建"内外联动、互利共赢、安全高效的开放型经济体系"。2007年后，国际、国内经济形势发生了巨大变化。一是浮现于 2007 年、爆发于 2008 年底的美国次贷危机引发的全球金融危机，对世界经济造成了重大影响，世界经济由此进入了衰退和恢复期，国际需求持续萎缩，发达国家贸易保护主义盛行，利用反倾销、碳关税、碳标签以及苛刻的技术标准等对我国的贸易出口造成了巨大冲击，2012 年中国出口产品共遭遇 21 国（地区）发起的 77 起贸易救济调查，涉案总金额约 277 亿美元，比上年增长 369%，中国已经成为当今世界最大的贸易摩擦对象国；二是国际经济全球化深入发展，国际分工中以发达国家跨国公司为主导的产业内、产品内贸易分工成为新的国际经济特征，中国跨国公司发展还处于幼稚阶段，竞争力弱，外贸出口以低成本、低附加值的加工贸易为主，中国国际分工处于全球价值链低端的现状令人担忧；三是 2003 年，日本财长在七国集团（G7）财长会议上的一项提案将全球压迫人民币升值的声浪推至顶峰，人民币对美元的平均汇率从 2006 年的 7.97 升值到 2013 年的 6.19，截至 2012 年底，人民币对美元名义汇率已累计升值超过 24%，这无疑加剧了中国外贸的出口困境；四是国内劳动、土地等要素成本的不断上升使中国制造业的成本优势正在不断削弱；五是中国经济发展所需的资源和能源短缺以及粗放式经济发展所带来的环境问题日益突出。面对以上新的国际国内经济形势，中国开放型经济发展必须立足国情，实现有效的转型和升级，才能进一步快速发展。

2. 以开放促改革

党的十七大报告作出明确判断，"我国开放型经济进入新阶段"，只有实现有效的转型和升级才能进一步快速发展。如果说我国 1978 年的改革开放是以"以改革来促开放"为主要特征，那么我国开放型经济进入新阶段后进行转型升级的主要特征是"以开放来促改革"。2007 年党的十七大报告明确提出要"提高开放型经济水平"，构建"内外联动、互利共赢、安全高效的开放型经济体系"。2012 年党的第十八次全国代表大会进一步提出要"全面提高开放型经济水平"。党的十八届三中全会通过的《中共中央关于全面深化改革若干重大问题的决定》提出构建开放型经济新体制，指出要"适应经济全球化新形势，必须推动对内对外开放相互促进、引进来和走出去更好结合，促进国际国内要素有序自由流动、资源高效配置、市场深度融合，加快培育参与和引领国际经济合作竞争新优势，以开放促改革"。2013 年 8 月，国务院批准建立上海自由贸易区。上海自由贸易区通过政策上扩大多领域的市场开放并实施准入前国民待遇加负面清单的外资管理模式等制度创新，开启了我国开放型经济发展新一轮开放格局和开放新模式，与之后打造的深圳自由贸易区、天津自由贸易区等高点，共同促进了高水平开放型经济新体制的建立。同时，目前我国已逐步构建途经俄罗斯、哈萨克斯坦等上海合作组织主要成员国、延伸至地中海中岸和东岸以及连接东亚、中亚、欧洲与非洲的"丝绸之路经济带"。我国力争以多方面的制度创新和体制创新来打造开放型经济新优势，着力"以开放促改革"而谋发展。此外，在十九大报告中明确指出推动形成全面开放新格局。

3. 创新成为发展的核心要素

目前，我国开放型经济发展已处于转型期和换挡期。我国开放型经济可持续发展需要解决的关键问题如下：低水平制造业与融入国际分工新机制的矛盾；服务业发展落后与产业结构升级的现实矛盾；"引进来"效益低与"走出去"风险高的现实问题；对外经济管理体制与市场机制问题；政策导向式开放模式所带来的区域经济不平衡问题等。随着中国经济步入新常态，中国开放型经济的转型升级进入大力攻坚阶段，中国开放型经济只有通过制度创新、科技创新，才能突破制约经济发展的瓶颈，实现稳定可持续发展。党的十八届三中全会对全面深化改革作出总体部署，明确提出经济工作要以"稳中求进、改革创新"为核心要求。国务院总理李克强出席国家科技战略座谈会时明确提出要"促进科技与大众创业万众创新深度融合、以改革创新培育我国经济社会发展新动能"的科学论断。

4. 中部崛起步伐加快

2004 年 3 月，温家宝提出了促进中部地区——河南、湖北、湖南、江西、安徽和山西六省共同崛起的中央政策决议，并于 2006 年发布的《中共中央国务院关于促进中部地区崛起的若干意见》中进行了具体战略部署，从此中部崛起成为区域经济协调发展的重要篇章。加快中部六省发展战略提高了中国中部地区的对内以及对外的开放型经济发展水平。我国中部地区利用区域间生产要素和产业流动以及转移加快的有利时机，更好地承接了国际产业转移和东部沿海地区产业梯度转移，促进了中部地区国内外贸易发展和区域经济协调发展。中部地区进出口总额从 2013 年的 2 196 亿美元增加到 2018 年的 3 140 亿美元，年均增长率为 42.9%，占全国外贸的比重从 5.3% 增长到了 6.8%。2018 年，中部地区实际利用外资 89.4 亿美元，同比增长 19.2%，增速远远高于全国平均水平。2006 年以来，"中部博览会"成了推动我国中部六省扩大对外开放和加强区域以及国际交流合作的重要平台，共计签署利用外资合同项目 2 254 个，合同利用外资 1 057.5 亿美元。此外，中部六省开行中欧班列 1 700 多列，面向国际的世界物流中心正在形成。

5. "绿色经济"成为可持续发展领域的新趋势

1996 年，中国正式提出了可持续发展战略。近年来，我国在人口控制、节能减排、结构调整、环境治理等方面取得了较大成就。2008 年 10 月，针对当时全球金融危机蔓延的趋势，联合国环境规划署适时提出了发展"绿色经济"的倡议，促进绿色经济发展，实现绿色转型已成为 21 世纪世界经济发展的潮流。中国 40 多年粗放式的经济增长道路所造成的资源与环境问题越来越严重，"绿色经济"成为中国经济可持续发展的必由之路。近些年，中国政府提出了一系列与绿色发展有关的战略措施，如转变经济发展方式、走新型工业化道路、建设节约型社会、建设生态文明、加强清洁能源开发与技术创新、促进绿色低碳发展等。近年来，中国清洁能源的发展已取得显著成效，截至 2018 年，中国风电累计并网装机容量为 1.84 亿千瓦，太阳能光伏发电装机容量 1.74 亿千瓦，全国生物质发电并网装机容量 1 781 万千瓦。

6. 中国承接国际服务外包业务发展迅速

2010 年，国际服务外包走出了金融危机的阴影，步入复苏发展阶段。数据显示，2010 年以来，IT 服务支出的年均增速保持在 3.5% 左右，2011 年全球服务支出约为 8 400 亿美元。2006 年以来，中国出台了许多推动服务外包发展的政策措施，特别是自 2010 年起，中国建立了年度支持承接国际服务外包业务的发展资金，并在全国设立了包括北京、天津、上海、重庆、大连、深圳、广州、武汉、哈尔滨、成都、南京、西安、济南、杭州、合肥、南昌、长沙、大庆、苏州、无锡等 20 个服务外包示范城市，优惠的政策和财政支持促进了中国服务外包产业从无到有，快速发展。据商务部统计，2012 年 1 月至 10 月，中国签订服务外包合同共 109 753 份，合同金额达 457.8 亿美元，比上年同期增长 45.5%，备案登记服务外包企业 19 973 家，从业人员 405.8 万人，其中大学（含大专）以上学历 276.5 万人，占总数的 68.1%。值得注意的是，目前中国服务外包主要集中在软件开发及测试、数据录入等领域，虽然发展迅速，但仍位于产业价值链的低端。可见，中国国际服务外包产业还处于初步发展阶段，国际竞争力比较弱。

（三）取得的阶段性成绩

2007—2018 年，中国国内生产总值由 2007 年的 265 810 亿元增长到 2018 年的 919 281 亿元，除 2012 年国内生产总值增长率为 7.7% 外，其他年份增长率均在 9% 以上。2018 年全年货物进出口总额 305 050 亿元，比上年增长 9.7%。其中，出口 164 177 亿元，增长 7.1%；进口 140 874 亿元，增长 12.9%。进出口相抵，顺差为 23 303 亿元，比上年收窄 18.3%。此外，2018 年我国出口商品中高新技术产品所占比重为 30.0%，较 1999 年提升了 17.3 个百分点。出口商品结构的优化有力地提升了货物贸易发展的质量和效益。出口商品金额排名前三的是自动数据处理设备及其部件、服装及衣着附件、纺织物及其制品，进口商品金额排名前三的是原油、铁砂矿及其精矿、初级塑料。2018 年，中国实际利用外商直接投资 89.4 亿美元，主要来源于美国、欧盟和亚洲十国。截至 2018 年底，中国境内投资者设立对外直接投资企业近 4.3 万家，分布在全球 188 个国家和地区，世界市场覆盖率达 80%。2018 年，中国对外直接投资流量达到 1 430.4 亿美元，成为世界三大对外投资国之一；中国对外直接投资存量达到 1.98 万亿美元，位居世界第 3 位。2018 年末，中国对外直接投资存量超过千亿美元的行业有租赁和商务服务、批发零售、金融、信息传输、制造和采矿等。

第三节　中国自贸区建设与开放型经济的关系

构建开放型经济新体制是全面深化改革开放的要求，也是全面提升参与国际分工合作能力，有效推动我国融入世界经济一体化体系，共享世界经济体系中各种资源的必然要求。为此，要重点分析在开放型经济发展新阶段的新要求、新任务以及自贸区战略的历史使命。

一、设立经济特区是改革开放和外向型经济的一大创举

经济特区是一个国家为了集中和有效地利用外国资金及技术到本国进行生产、发

展贸易、繁荣经济而设立的交通条件比较优越的特别地区。在这个地区推行对外开放政策和优惠制度，是吸收外国投资、实现国际经济合作的一种方式。

1980 年 8 月，我国设立首批四个经济特区。1984 年 5 月开放大连、天津、上海等 14 个沿海港口城市。1990 年开发开放上海浦东。之后相继启动西北大开发、东北老工业基地的振兴、中部崛起等区域经济发展战略。经济特区由"点"到"线"再到"面"，由沿海向沿江到中西部内陆地区纵深扩展，全国各种经济特区都能够享受到中央政府下放的权力和优惠政策，迅速呈现出"百花齐放，百舸争流"的局面。经济特区由于调动了地方政府发展经济的积极性，也调动了内外资企业投资的积极性，从而使对外开放战略与"出口导向型"政策取得显著成效，为今后的对外开放奠定了坚实基础。

二、海关特殊监管区域是建立开放型经济体系的新要求

海关特殊监管区域既是改革开放的有效方式，也是对外开放不断深入、外向型经济迅速发展的产物。由于我国不同历史时期外向型经济的发展要求和政策导向不同，海关特殊监管区域的名称种类较多。自 1990 年首个海关特殊监管区域——上海外高桥保税区设立以来，国务院相继批准设立了出口加工区、保税物流园区、跨境工业园、保税港区和综合保税区等六种不同类型的海关特殊监管区域。这些区域在吸引外商直接投资、鼓励企业"走出去"、促进地区经济发展和外向型经济发展等方面发挥了积极作用。

"海关特殊监管区域"的概念最早出现在 2006 年颁布的《中华人民共和国海关对物流园区的管理办法》中，指经国务院批准设立的保税区、出口加工区、保税港区及其他特殊监管区域，是被赋予了承接国际产业转移、联接国内国际两个市场的特殊功能和政策，以海关为主实施封闭监管的特定经济功能区域。

海关特殊监管区域的产生可以追溯到国际产业转移和我国加工贸易的发展。二十世纪七八十年代，发展中国家抓住国际产业分工重组机遇，采用"出口导向型"战略，承接相关国际产业的转移。而当时，我国刚开启改革开放序幕，借鉴东亚国家的成功经验，制定了鼓励发展加工贸易的政策措施。中国香港、澳门的加工贸易非常繁荣，大量订单来不及生产，而广东、福建等省市具有地理区位优势，因此中央决定首先在广东、福建、上海等沿海地区开展加工贸易试点。当时我国加工贸易的快速兴起也产生了一些实际问题，主要是加工贸易的进口料件和出口的成品需要专门的场所进行堆放或给予保税。海关据此设立"以服务加工贸易进口料件为主的保税仓库和专门

存放出口产品的出口监管库",“两仓”都具备保税性质，是海关特殊监管场所，也是海关特殊监管区域诞生的基础，由此海关特殊监管区域应运而生，并随着开放型经济的发展而发展。目前，海关特殊监管区域主要有以下六种类型：

（一）保税区

保税区是最早的海关特殊监管区域。为实施全方位、多层次、有重点的对外开放战略，1990 年浦东开发开放，上海外高桥保税区获批，保税区成为我国第一类海关特殊监管区域。保税区是指经国务院批准，在中华人民共和国境内设立的海关监管的特定区域。该特定区域与中华人民共和国境内的其他地区之间，应当设置符合海关监管要求的隔离设施，由海关实施封闭管理。保税区是在借鉴国际自由贸易区的基础上，结合我国国情形成的一类海关特殊监管区域。截止 2019 年，全国共批准设立了15 个保税区。初期的保税区主要是开展出口加工贸易，之后开始发展保税仓储、转口贸易、物流业务、商品展示等功能。

（二）出口加工区

出口加工区是第二类特殊监管区域，是加工贸易转型升级的产物。我国加工贸易进出口额快速增长，1999 年以后加工贸易进出口额在全国对外贸易总额中一直占据了“半壁江山”。但由于长期对分散经营的加工贸易采取开放式管理，加工贸易企业“遍地开花”，加工贸易的监管空间无限扩大，极大地增加了政府对加工贸易管理的难度。因此，亟须加强对加工贸易的规范化管理。在研究新加坡等国家加工贸易管理模式并借鉴其经验的基础上，国务院于 2000 年 4 月批准的全国第一批 15 个出口加工区开始试点运行。出口加工区作为加工贸易区域化管理的“试验田”在中国产生，旨在变加工贸易“漫山放羊式”管理为“圈羊式”管理，逐步把加工贸易增量引入封闭的加工区域内，实现对加工贸易的集中规范管理，赋予税收、贸管、外汇、通关等优惠措施，促进其健康发展。出口加工区初期以保税加工为主，之后不断拓展物流、检测、维修、研发等功能。自 2006 年开始，我国部分出口加工区和其他类型特殊监管区域陆续进行整合，转型为保税港区、综合保税区。到 2018 年，全国共有 57 个出口加工区，大部分分布在东部省份。

（三）保税物流园区

保税物流园区是整合港口与保税区对外开放功能的产物。按照《中华人民共和国海关对保税物流园区的管理办法》的相关规定，保税物流园区指经国务院批准，在保税区规划面积或者毗邻保税区的特定港区内设立的、专门发展现代国际物流业的海关特殊监管区域。设立保税物流园区的目的在于整合保税区和港口，实现区港联动。它通过境内货物入园区即可享受退税的优惠政策，改变了保税区要求货物实际离境才予以退税的规定。

随着社会专业化分工和现代科技的发展，特别是零库存等新型生产体系在全球范围内的推广，现代物流业作为一个新兴服务行业，成为新的经济增长点。从某种程度上说，现代物流的发展水平决定了制造业的发展水平。当时我国的保税物流形式主要有保税仓库、出口监管仓库、保税区，整体上不能满足我国发展国际物流的需要。例如，由于保税仓库和出口监管仓库功能单一、相互间相对隔离，无法适应进出口货物整合配送的需要；保税区的仓储物流功能大部分被用于保税加工生产，无法发展国际物流。为推动保税区与港口的联动发展，在保税区和港区之间开辟直通道，2003年12月国务院批准设立了全国第一个保税物流园区——上海外高桥保税物流园区。之后，国务院相继批准青岛、宁波、大连、张家港、厦门象屿、深圳盐田港、天津、广州保税区与其邻近港区开展联动试点的保税物流园区。

（四）保税港区

保税港区是加快建设国际航运中心建设的产物，指经国务院批准，设立在国家对外开放的口岸港区和与之相连的特定区域内，具有口岸、物流、加工等功能的特殊监管区域。保税港区主要包括仓储物流，对外贸易，国际采购、分销和配送，国际中转，检测和售后服务维修，商品展示，研发、加工、制造，港口作业等九项功能，可以享受保税区、出口加工区、保税物流园区相关的税收和外汇管理政策，是目前我国开放层次最高、政策最优惠、功能最齐全、区位优势最明显及与国际惯例极接近的海关特殊监管区域。

全球经济一体化的趋势日益明显，但我国还没有真正意义上的世界级强港。2002年6月，国务院批准建设上海洋山深水港。2005年6月，我国第一个保税港区——上海洋山保税港区随之设立。截至2018年底，我国共设立了天津东疆、大连大窑湾、海南洋浦、宁波梅山、广西钦州、厦门海沧、青岛前湾、深圳前海湾、广州南沙、重庆寸滩、张家港等保税港区。

（五）综合保税区

综合保税区是国家区域发展战略的产物，指设立在内陆地区的具有保税港区功能的特殊监管区域，由海关参照有关规定对综合保税区进行管理，执行保税港区的税收和外汇政策。综合保税区是从实现区港联动发展的角度对区港一体化进行的探索。2006年12月，国务院批准设立了第一个综合保税区——苏州工业园综合保税区。之后国务院又相继批准设立了多个综合保税区。截至2018年，全国综合保税区达96

个。综合保税区将一些政策重叠、功能互补、距离相近的海关特殊监管区域和物流中心进行了区域整合，有利于促进地方经济发展。同时，综合保税区为多种形式保税港区的设立积累了重要经验。

（六）跨境工业区

2003 年 12 月 5 日经国务院批复成立珠澳跨境工业区。该跨境工业区位于珠海拱北茂盛围与澳门西北区的青州之间，包括珠海、澳门两个园区，总面积 0.4 平方公里，其中珠海园区面积约 0.29 平方公里，澳门园区面积约 0.11 平方公里。由广东省珠海市和澳门特别行政区分别通过填海造地形成，并由珠海市人民政府、澳门特别行政区政府分别管理。在两个园区之间由一条约 15 米宽的水道作为隔离，开设专门口岸通道连接。珠海园区作为珠海保税区的延伸，是全国目前唯一实行保税区政策和出口加工区政策双重政策的工业区，进出园区视同出入境。其旨在整合珠澳两地各自的优势，促进两地产业分工和布局的互补，从而提高珠澳两地的经济发展潜力，共同打造珠三角西冀经济中心及粤西商贸服务平台。

同时，为了促进边境贸易和区域经济一体化的发展，2006 年中央批准建立中哈霍尔果斯国际边境合作中心。该中心沿中哈界河横跨中国与哈萨克斯坦两国，总面积 5.28 平方公里，其中中方区域面积 3.43 平方公里，哈方区域面积 1.85 平方公里，实行全封闭管理。其主要功能包括贸易洽谈、商品展示和销售、仓储运输、宾馆饭店、商业服务设施、金融服务、举办各类区域性国际经贸洽谈会等。

霍尔果斯口岸是我国恢复开放最早和西北边境最大的公路口岸，是我国与哈萨克斯坦等中亚国家开展经济、文化交流的国际大通道和桥头堡，是中国向西面对中亚、西亚乃至欧洲距离最近、最便捷的口岸，已成为中国政府实施"东联西出、西来东去"战略的重要支点。因此，将其建设成承接东部产业转移的承接地，向西出口商品加工基地、商品中转集散地和进口能源的国际大通道。

我国海关特殊监管区域类型和功能的演变是海关主动适应对外开放战略和开放型经济发展需要的结果。但是由于种类较多，不同类型区域之间存在分界模糊、功能重叠、政策交叉、重申请设立、轻建设发展等问题，海关特殊监管区域亟待整合转型发展。2012 年 10 月国务院出台的《国务院关于促进海关特殊监管区域科学发展的指导意见》（国发〔2012〕58 号）是我国首个指导海关特殊监管区域科学发展的纲领性文件。这一指导意见加快了海关特殊监管区域的转型升级，为自贸区建设创造了有利条件。

三、自贸区是建立中国开放型经济新体制的新要求

海关特殊监管区域具有鲜明的中国特色，属于准国际自贸区范畴。因为借鉴了国际自贸区的成功经验，所以海关特殊监管区域才能够发展成为我国转变经济发展方式、发展多元化产业的有效渠道和融入经济全球化的重要载体。同时，也因其与国家内贸区的差距较大，在区域的经济对外开放度、贸易自由度和贸易便利化等方面明显不足，海关特殊监管区域无法满足开放型经济新阶段的发展要求。建设中国开放型经济新体制需要设立自贸区这一更高层次的开放新载体。

（一）国际自贸区与中国海关特殊监管区域的相同点

1. 均按国际通行标准设置隔离设施

先划出一定的区域，再按国际通行的标准设置隔离设施，隔离设施内外实行不同的经济政策。

2. 实行自由贸易

我国海关特殊监管区域与境外之间进出的货物实行出口被动配额管理，不实行进出口配额、许可证管理，区内货物可以在区内企业之间转让、转移，与国外自由贸易区类似。

3. 均为特殊经济区域

两种经济区域相对于国内普遍实行的政策法规、管理体制、运行机制等都具有特殊性。同时在区内不允许居民居住，进出口货物在区内仅限于生产性消费，而不允许用于生活消费。

4. 均享有一些优惠政策

其中，税收减免是两种经济区域最基本的优惠政策。

（二）国际自贸区与中国海关特殊监管区域的区别

1. 设区目的不同

国际自贸区的设区目的是在不影响对国内市场保护的前提下，最大限度地获取全球自由贸易给国家经济带来的好处。而我国海关特殊监管区域的设立是为了改善投资、建设的软环境，特别是利用海关保税的独特优势，最大限度地利用国外的资金、技术，发展外向型经济。

2. 区域定性不同

国际上规范的自贸区都具有"境内关外"的性质。而我国对海关特殊监管区域的定性不明确，尚不具备"境内关外"的开放特征，仍属于"境内关内"。

3. 区域功能不同

由于各国国情不同，自贸区的功能定位各有侧重，但基本上以转口贸易、服务贸易、加工贸易、保税仓储等功能为主，是一种以贸易为主的功能综合发展的特殊经济区域。而我国海关特殊监管区域整体功能比较宽泛，涵盖了国外自由贸易区、出口加工区、保税仓库、自由港等多种功能，但是具体到不同类型海关特殊监管区域，其功能定位则相对单一，而且各种功能的实际利用与国外自由贸易区有很大差距，如转口贸易功能受地理位置和操作手续的影响，难以形成规模。

4. 区域政策法规不同

国际自贸区的法制建设比较完善，先立法、后设区，以确保自由贸易区政策措施的统一性和稳定性。而我国海关特殊监管区域没有国家层面的统一立法，相关法律法规之间缺乏衔接与协调，甚至相互矛盾和冲突。

因此，党的十七大报告提出实施自由贸易区战略，明确了建立中国开放型经济制度的路径和措施，也指明了我国海关特殊监管区域整合转型发展的未来目标和方向。目前，我国发展开放型经济是"双轮驱动"：一方面加快推进 FTA 谈判，另一方面开启自由贸易园区（FTZ）的试点工作。2013 年 9 月 18 日，国务院发布了《关于印发中国（上海）自由贸易试验区总体方案的通知》（国发〔2013〕38 号），提出建立中国（上海）自由贸易试验区，这是在新形势下建立开放型经济新体制的重大举措。之后我国开设建立了多个自由贸易试验区，截至 2019 年 8 月，我国建立的自由贸易试验区共 18 个。

第二章　开放型经济背景下中国自贸区建设及战略布局

第一节　FTA 与 FTZ 的概念及发展

一、FTA 与 FTZ 的概念及异同

在世界多边贸易组织的规则中，有两个概念的自由贸易区：一个是 WTO 界定的自由贸易区（FTA），我们将其称为世界自由贸易区；另一个是世界海关组织（WCO）《京都公约》定义的自由贸易区（Free Trade Zone，以下简称 FTZ），我们将其称为国内自由贸易区。

FTA 最早出现在 1947 年的《关税与贸易总协定》里面。该协定第 24 条第 8 款（b）对关税同盟和自由贸易区的概念做了专门的解释，认为"自由贸易区应理解为在两个或两个以上独立关税主体之间，就贸易自由化取消关税和其他限制性贸易法规"。其特点是由两个或多个经济体组成集团，集团成员相互之间实质上取消关税和其他贸易限制，但又各自独立保留自己的对外贸易政策。

世界海关组织制定的《京都公约》中指出："FTZ 是缔约方境内的一部分，进入这部分的任何货物，就进口关税而言，通常视为关境之外。"其特点是 FIZ 是一个关境内的一小块区域，是由单个主权国家（地区）设立的，一般需要进行围网隔离，且对境外入区货物的关税实施免税或保税，而不是降低关税。狭义上仅指提供区内加工出口所需原料等货物的进口豁免关税的地区，类似出口加工区，也称自由港或自由贸易园；广义的还包括自由港和转口贸易区。目前在许多国家境内单独建立的自由港、自由贸易区都属于这种类型，如德国汉堡自由港、巴拿马科隆自由贸易区等。

FTA 与 FTZ 的差异与相同对比如表 2-1 所示。

表 2-1　FTA 与 FTZ 的差异与相同对比

		FTA	FTZ
相异	设立主体	多个主权国家（或地区）	单个主权国家（或地区）
	区域范围	两个或多个关税地区	一个关税区内的小范围区域
	国际惯例依据	WTO	WCO
	核心政策	贸易区成员之间贸易开放、取消关税壁垒，同时保留各自独立的对外贸易政策	以海关保税、免税政策为主，辅以所得税税费的优惠等投资政策
	法律依据	双边或多边协议	国内立法
相同		两者都是为降低国际贸易成本，促进对外贸易和国际商务的发展而设立的	

二、FTA 的发展及其特征

世界自贸区联盟将有利于提升世界各自由贸易区的整体自由化水平，积极推动世界范围内建立自由贸易区，促进世界各国对外贸易额的大幅度提升，辐射五大洲国家的全球自由贸易区网络，使大部分对外贸易、双向投资实现自由化和便利化。近年来，随着全球经济的不断发展，经济区域一体化的趋势越来越明显。世界贸易组织（WTO）推行的多边贸易体制不断受挫，使区域经济一体化趋势更加显现。很多国家经济大国，以美国主导的 TPP 和 FTAAP 经济的发展，试图重新建立世界经济的新格局。全球范围内自由贸易区的数量不断增加，涵盖议题快速拓展，自由化水平显著提高，呈现出以下几大主要的发展趋势和特征。

（一）越来越多的国家和地区加入自由贸易安排

世界各国，包括那些传统上信赖多边贸易自由化的国家，正越来越把区域贸易协定放在其贸易政策的中心位置。对某些国家而言，区域贸易协定是与多边贸易目标相对立的，但对更多的国家来说，区域贸易协定已经成为优先选择。与此前的几十年相比，在过去 10 年间，随着区域经济合作的蓬勃发展，区域贸易协定在以前所未有的速度增加。截至 2018 年 10 月，已向关贸总协定或 WTO 通报的区域贸易协定有675 个，其中 80% 是在过去 10 年签订的。此外，区域贸易协定增多的速度一直没有减缓。在已通报并生效的区域贸易协定中，绝大多数意在建立自由贸易区，少数是关税同盟或其目标是成为关税同盟；还有少数是局部协定，现仍在谈判中的，或处于提议阶段的，以及那些已签署但未生效的区域贸易协定。如果未生效的贸易协定到时间后可以生效，那么生效的区域贸易协定的总数很可能达到 500 个左右。

（二）自由贸易集团不断扩大

跨区域的区域贸易协定在迅速增多，占了区域贸易协定增加总数的大部分，同时涵盖整个洲的区域贸易集团正在形成中。传统上，区域贸易协定是在那些地理位置临近、经济文化相似，已经建立起良好的贸易关系的国家或地区，即所谓的"天然的地域性"贸易伙伴之间形成的，如北美自由贸易区、欧盟和中欧自由贸易区（CEFTA）、东南亚国家参与的东盟（ASEAN）、南撒哈拉非洲国家组建的中非经济与货币共同体（CEMAC）和南部非洲关税同盟（SACU）、西半球的加勒比共同体（CARICOM）、中美洲共同市场（CACM）和南方共同市场（MERCOSUR）等都是依靠地域性建立的。实际上，大多数国家都是与它们的一个或几个相邻的或本地区内的伙伴签订其第一个区域贸易协定的。然而，一旦一个国家用尽了严格意义上的区域机会，它就可能开始去更远的地方寻找特惠伙伴。这一趋势在西半球、欧洲和亚太地区的国家中为明显。在区域贸易协定增多的同时，世界各个地区现有的区域贸易协定有合并为更大的贸易协定的迹象，呈现出合并的发展趋势。欧盟在经历了五次连续扩盟之后，已经将其成员从 6 个增加到 27 个，这是区域贸易集团扩大的一个很好的例证。整个洲的经济一体化合并加快。例如，拉丁美洲国家正在努力使其内部区域贸易协定网络扩大并和现有协定合并。在整个洲的层面上，除古巴以外，西半球的所有国家都在参与美洲自由贸易区（FTA）的建立。在亚洲，最近几年，一个由东盟各国、中国、日本和韩国组成东亚共同体的理想在构想中。在更广泛的区域，亚太地区区域贸易协定的发展表明印度、澳大利亚和新西兰已经在努力地加强它们与东南亚国家的经济关系。在这一意义上，目前的全球贸易格局并不表明这些贸易集团将会发展成意在把集团的贸易停留在成员方的内部。尽管如此，一个分化的世界贸易体制的出现有充分的理由会对多边贸易体制的功能和那些处在主要的区域性贸易体制之外的国家产生潜在的影响。2015 年 10 月 5 日，美国、日本、澳大利亚等 12 个国家成功结束跨太平洋伙伴关系协定谈判，达成 TPP 贸易协定。2017 年 1 月 23 日，美国总统特朗普签署行政命令，正式宣布美国退出跨太平洋伙伴关系协定（TPP）。同日，白宫发言人斯派塞在例行新闻发布会上表示，签署这一行政命令标志着美国贸易政策进入新的时期，即特朗普政府未来将与美国盟友和其他国家发掘双边贸易机会；2013 年 7 月，美欧跨大西洋贸易与投资伙伴协定（简称 TTIP）的谈判正式启动，协议达成后将成为全球最大自由贸易区，美、欧盟等将强强联合，形成全新 FTA 发展模式。

（三）参与自由贸易安排的目的多样化

传统的区域经济合作理论强调区域经济合作对成员方的静态收益，包括改善成员方的贸易条件、获取规模经济效益、强化竞争、吸引外国投资等。但实践证明，这些静态收益并不大，民族国家参与区域经济合作的动因更多的是寻求动态收益和非经济收益。这是因为：①一些大国把区域贸易协定作为增强其市场影响力或规避 WTO 非歧视性要求的一种手段。通过区域贸易协定，实施一些在多边贸易协定中尚未存在的规则，并向贸易伙伴施加压力。②多边贸易体制无法满足一部分国家在贸易自由化方面的需求，由此导致一些相似的国家撇开 WTO 开展区域经济合作，因为在多边贸易谈判中无法达成的协议却经常能够在双边或诸边贸易谈判中达成。③一些发展中国家和转轨国家把区域贸易协定作为锁定贸易自由化或国内制度改革进程的机制。它们利用区域贸易协定向外部世界发出一个清晰而可靠的信号——本国的贸易自由化体制和制度变革具有长期稳定性。④为了保障市场准入，被排除在区域贸易协定之外的国家要么加入已有的区域贸易协定，要么创建新的区域贸易协定。⑤扩大对国际经济规则的影响力。随着经济全球化的深入，国际经济规则对民族国家的约束力越来越大，任何国家都不会再忽视规则的制定过程。但在实践中，没有一个国家能够单独决定规则的制定过程。通过区域贸易协定，一国的呼声更容易在多边谈判中得到放大。无论是对大国还是小国都是如此。⑥寻求区域经济合作的非经济收益。由于区域贸易协定把其成员的经济客观上融为一体，各成员之间的政治、安全、外交领域的共同利益必然会增加。同时，区域贸易协定通常能够提供区域内的公共产品，如环境保护、共同资源开发、打击跨境犯罪等。

（四）转型国家和发达国家之间以及转型国家之间达成的区域贸易协定增多

从参加区域贸易协定的国家类型来看，有以下几大变化：首先，发达国家和发展中国家间的互惠协定在增多，而原来被一些发展中国家依赖的非互惠协定在减少。而且，在重要的发展中国家间也出现了特惠协定。其次，转型国家和发达国家之间以及转型国家之间达成的区域贸易协定增多。这一进程仍在继续，而且这类协定占了 20 世纪 90 年代向 WTO 通报并生效的区域贸易协定的主要部分。据统计，从 1990 年到 2007 年 2 月，发达国家和转型国家间的区域贸易协定有 11 个，转型国家之间的有 45 个。欧盟和 EFTA（欧洲自由贸易联盟亦称"小自由贸易区"，包括冰岛、挪威、瑞士和列支敦士登四国）国家通过欧盟－地中海协定以及其他几个双边协定（如与智利、墨西哥）与北非、中东国家达成的协定占此类协定的一半多。日本、澳大利亚、新西兰和加拿大等发达国家则正积极地与世界各地的多个国家，尤其是东南亚和拉丁美洲国家进行区域贸易协定谈判。这类特惠协定的特征是它们以互惠和广泛的贸易自由化为支撑，而这是与这些发展中国家根据普惠制以及其他的单方面主动优惠而享有的非互惠制特惠相对立的。根据 WTO 现行的有关区域贸易协定的规定，发达国家和发展中国家间特惠协定的激增，使后者要从非互惠贸易特惠到根据其与发达国家达成的互惠协定而形成的相互基础上的贸易自由化过渡，这给发展中国家提出了巨大的挑战。这方面显著的例子是欧盟与非洲、加勒比海和太平洋地区国家集团（简称非加太集团）之间就《经济伙伴协定》正在进行的谈判。预计这一谈判将会取代现有的《科托努协定》中的非互惠特惠。再次，发展中国家间的区域贸易协定在增多。从世界范围看，许多发展中国家都在积极参与区域经济合作，已经达成、正在谈判或处于提议阶段的区域贸易协定越来越多。例如，到 2007 年 5 月，在发展中国家间达成的、已向 WTO 通报并生效的区域贸易协定有 36 个。

（五）区域贸易协定中的许多规则已经超越了现有的多边贸易规则框架

从区域贸易协定的类型来看，最普遍的是自由贸易协定，占所有生效的区域贸易协定的 84%。自由贸易协定比关税同盟多，可能是因为自由贸易协定的成员仍保持自己对第三方的贸易政策，并且成员间的政策协调要求较低，所以它们能更快地达成。而关税同盟要求建立共同的对外关税制度，而且各成员的对外贸易政策要协调一致，这意味着各成员将丧失更多的经济自主权，达成协定需要更长时间的、更复杂的谈判，实施期限也更长。此外，大多数自由贸易协定考虑到重要的贸易和投资市场的进入，常常没有考虑地缘关系的束缚；而在关税同盟，地缘关系对确定成员间关注的经济（常常有政治）一体化目标起着关键的作用。就局部协定而言，局部协定涵盖的有限的贸易范围、不良的执行情况、制度与政策以及执行的不透明，使它们对那些致力于广泛的贸易自由化的国家（包括发展中国家）缺乏吸引力。随着区域贸易协定以及在区域和次区域层面上跨越一洲或数洲的区域贸易协定网络的重叠，区域贸易协定的结构多种多样，变得越来越复杂。区域贸易协定越来越多地在地理上并不邻近的国家间达成，上述影响区域贸易协定类型选择的原因似乎也在区域贸易协定结构的选择上起着关键作用。各国正选择简单的自由贸易协定格局，如两个成员的双边自由贸易协定，而不是更复杂的诸边区域贸易协定。双边协定占所有已通报并生效的区域贸易协定的 75% 以上，占正在谈判的区域贸易协定的近 90%。预计在未来五年里将出现的一个值得注意的发展是一种新的协定，即该协定的每一成员本身就是一个区域贸易协定的出现。这种发展反映了已经建立的贸易关系走向合并的趋势。有几个这样的区域贸易协定已经谈判了一段时间，但到目前为止，还没有一个达成协议，这表明这样的区域贸易协定的谈判是复杂的。就区域贸易协定的涵盖范围和深度来说，它们有相当大的不同。根据WTO有关区域贸易协定的规定，受"授权条款"调整的局部协定只涉及发展中国家间的协定，而且在大多数情况下，它们局限于有限的产品。受GATT第24条和（或）GATS第5条调整的自由贸易协定和关税同盟所涵盖的范围很广泛，特别是最近达成的协定常常超越WTO的调整范围，包括投资、竞争政策、知识产权、环境以及劳工标准等。被2004年坎昆会议拒绝的新加坡议题（包括贸易便利化、投资、政府采购透明度和竞争政策）也被包含在特惠协定中，并通过区域贸易协定实现。虽然这些协定常常被认为是WTO的补充协定，但这并不十分合理的解释。

三、中国参与世界区域经贸合作的现状和进展

（一）中国参与的世界自贸区的现状

目前中国在建自贸区20个，涉及32个国家和地区。其中，已签署自贸协定17个，涉及25个国家和地区，分别是中国与东盟、新加坡、巴基斯坦、新西兰、智利、秘鲁、哥斯达黎加、冰岛、瑞士、澳大利亚、韩国、格鲁吉亚、马尔代夫、毛里求斯的自贸协定，内地与香港特别行政区、澳门特别行政区的《更紧密经贸关系安排》（CEPA）；正在谈判或研究的自贸协定10个，涉及20多个国家，主要有中国与以色列、海湾合作委员会（GCC）、斯里兰卡和挪威的自贸协定，以及中日韩自贸区、《区域全面经济合作伙伴关系》（RCEP）协定谈判和中国－东盟自贸协定（"10+1"）升级谈判、中国－巴基斯坦自贸协定第二阶段谈判。截至2018年6月底，中国正在推进谈判的自贸区多达14个，其中既有多边谈判，也有双边谈判和升级谈判。中国完成了与印度的区域贸易安排（RTA）联合研究，正在与哥伦比亚等国开展自贸区联合可行性研究，还加入了《亚太贸易协定》。

我国在参与区域经济合作方面起步晚，但是经过努力，已经取得了阶段性的成果，签订了一些区域贸易协定，迄今我国参加的区域贸易协定主要有以下几个：

1.中国－东盟自贸协定

中国－东盟自贸区是中国提出并谈判成功的第一个自由贸易区。2002年11月，中国与东盟签署了全面经济合作框架协议，启动了建立中国－东盟自贸区的进程。自贸区包括货物贸易、服务贸易、投资和经济合作等内容，以农业、信息通信技术、人力资源开发、投资促进和湄公河流域开发为重点。从2005年7月20日起，

根据 2004 年 11 月签署的《中国－东盟全面经济合作框架协议货物贸易协议》，中国与东盟全面开始关税减让，包括早期收获产品在内的 7 000 多个税目纳入降税计划。按照降税模式，2005 年我国实际进行关税削减的税目共 3 408 个，约占全部税目的 50%。到 2010 年，我国和东盟老成员绝大多数产品的关税取消，东盟新成员在2015 年基本实现货物贸易自由化。中国－东盟自由贸易区是参与区域经济合作迈出的重要一步，标志着中国－东盟全面经济合作进入了一个崭新阶段。2006 年，中国－东盟自由贸易区全面降税进程启动，服务贸易和投资谈判加快进行。到 2010 年，这一涵盖 18.5 亿人口、2 万亿美元国内生产总值、2.3 万亿美元贸易总额的自由贸易区最终建成。各国保留的 400 项敏感性产品从 2012 年起开始削减关税，2018 年降至5% 以下。中国－东盟自由贸易区是亚洲地区最大的自由贸易区，也是发展中国家之间最大的自由贸易区。

2. 中国－智利自贸协定

中国－智利自由贸易区是中国与美洲国家建立的第一个自由贸易区。2004 年 4月，双方共同宣布启动中国－智利自由贸易区联合可行性研究。2004 年 11 月 18 日，中国－智利自由贸易区谈判启动。智利正式承认中国完全市场经济地位。2005 年 11月 18 日，中智两国在韩国釜山签署了《中华人民共和国政府和智利共和国政府自由贸易协定》。这是继《中国－东盟全面经济合作框架协议货物贸易协议》之后中国对外签署的第二个自由贸易协定，也是中国与拉美国家的第一个自由贸易安排。两国从2006 年下半年全面启动货物贸易的关税减让进程，占我国税目总数 97.2% 的 7 336个产品和占智利税目总数 98.1% 的 7 750 个产品在 10 年内分阶段取消关税。其中，我国 4 753 种产品的关税在协议生效后两年内降为零；智利 5 891 种产品在 2007 年立即降为零关税。双方立即降为零关税的产品主要包括化工品、纺织品和服装、农产品、机电产品、车辆及零件等。此外，两国还在经济、中小企业、文化、教育、科技、环保、劳动和社会保障、知识产权、投资促进、矿产、工业等领域进一步开展合作。2019 年 3 月 1 日起实施《中华人民共和国政府和智利共和国政府关于修订〈自由贸易协定〉及〈自由贸易协定关于服务贸易的补充协定〉的议定书》，对原产于智利的部分进口货品适用协定税率。

3. 中国与巴基斯坦自贸协定

2005 年 4 月，温家宝与巴基斯坦总理阿齐兹共同宣布启动中巴自由贸易区谈判，并签署了《中巴自贸协定早期收获协议》（以下简称《协议》）。《协议》规定，中方向原产于巴基斯坦的 769 个 8 位税目产品提供零关税待遇，主要涉及蔬菜、水果、石料、棉坯布和混纺布。同时，中方可享受巴方提供的 456 个 8 位税目产品的零关税待遇，主要涉及蔬菜、水果、石料、纺织机械和有机化工品。上述产品的关税在两年内分 3 次，到 2008 年 1 月 1 日全部降为零。除零关税产品外，中方对原产于巴基斯坦的 1 671 个 8 位税目产品实施优惠关税，平均优惠幅度 27%；巴方将对原产于中国的 575 项 6 位税目产品实施优惠关税，平均优惠幅度 22%。12 月 9 日，两国的商务部长签署换文，确认上述关税减让安排从 2006 年 1 月 1 日开始实施。《协议》的实施为未来建立中巴自由贸易区打下良好的基础，扩大中巴双边贸易，实现互利共赢。2006 年 11 月签署自贸协定，于 2007 年 7 月顺利实施；2008 年 10 月签署自贸协定补充议定书，以促进投资合作；2008 年 12 月结束服务贸易协定谈判。2009 年 10 月 10 日，中巴双方共同宣布《中国－巴基斯坦自贸区服务贸易协定》生效实施，这标志着中巴两国将建成一个涵盖货物贸易、服务贸易和投资等内容全面的自贸区。

4. 中国与新西兰自贸协定

新西兰是发达国家中第一个同中国就加入世贸组织达成双边协议的国家，也是发达国家中第一个承认中国完全市场经济地位并同中国开展双边自由贸易协定谈判的国家。2004 年 11 月，胡锦涛在出席亚太经合组织领导人非正式会议期间，与新西兰总理克拉克共同宣布启动中新自由贸易区谈判。2004 年 12 月 6 日，中国－新西兰自由贸易区谈判在北京正式启动。2004 年双边贸易额达 25 亿美元，是 2001 年的两倍，两国贸易额年均增长超过 12%。2005 年 5 月，中新自贸区谈判已进行了三轮，取得了积极进展。2008 年 4 月 7 日，《中华人民共和国政府和新西兰政府自由贸易协定》（以下简称《协定》）正式签署，并与 10 月 1 日生效，同时双方开始签发自贸区原产地证书，这是中国与发达国家签署的第一个自由贸易协定，涵盖了货物贸易、服务贸易、投资等诸多领域。

5. 中国与新加坡自贸协定

2008 年 10 月 23 日，双方签署了《中华人民共和国政府和新加坡共和国政府自由贸易协定》，还签署了《中华人民共和国政府和新加坡共和国政府关于双边劳务合作的谅解备忘录》。

新方承诺在 2009 年 1 月 1 日取消全部自华进口产品关税；中方承诺在 2010 年 1 月 1 日前对 97.1% 的自新进口产品实现零关税。双方还在医疗、教育、会计等服务贸易领域做出了高于 WTO 的承诺。《中华人民共和国政府与新加坡共和国政府关于升级〈自由贸易协定〉的议定书》于 2019 年 10 月 16 日生效。《升级议定书》对原中新自由贸易协定原产地规则、海关程序与贸易便利化、贸易救济、服务贸易、投资、经济合作等 6 个领域进行了升级，并新增了电子商务、竞争政策和环境等 3 个领域，涉及的原产地规则调整于 2020 年 1 月 1 日起实施。

6. 中国与秘鲁自贸协定

2009 年 4 月 28 日，中国与秘鲁签订了《中国－秘鲁自由贸易协定》。该自贸协定于 2010 年 3 月 1 日起实施，是中国达成并实施的第 3 个自贸协定。中秘双方对各自 90% 以上的产品分阶段实施零关税，可以说自贸协定实施后，中秘两国携手迈入了"零关税时代"。

7. 中国与哥斯达黎加自贸协定

《中国－哥斯达黎加自由贸易协定》经中哥双方友好协商并书面确认，于 2011 年 8 月 1 日起正式生效，成为中国达成并实施的第 10 个自由贸易协定。中哥双方对 90% 以上的产品分阶段实行零关税。在服务贸易方面，哥方对中方开放 45 个服务部门，中方对哥方开放 7 个部门。

8. 中国与冰岛自贸协定

2013 年 4 月 15 日，中国与冰岛签署了《中华人民共和国政府和冰岛政府自由贸易协定》。该协定是我国与欧洲国家签署的第一个自由贸易协定，涵盖货物贸易、服务贸易、投资等诸多领域。

中国－冰岛自贸区谈判于 2006 年 12 月启动并进行了 4 轮谈判，2009 年因冰岛提出加入欧盟申请，双方谈判中止。2012 年 4 月，中冰两国领导人商定重启中冰自贸区谈判。后经 2 轮谈判，双方于 2013 年 1 月结束实质性谈判，就协定内容达成一致。

9. 中国与瑞士自贸协定

2013 年 7 月 6 日，中国与瑞士签署了《中国－瑞士自由贸易协定》。中瑞自贸协定是我国与欧洲发达国家签署的第一个自贸协定，也是近年来我国达成的水平最高、最为全面的自贸协定之一。

《中国－瑞士自由贸易协定》关税减让方案于 2014 年 7 月 1 日起正式实施。瑞方对中方 99.7% 的出口立即实施零关税，中方对瑞方 84.2% 的出口最终实施零关税；如果加上部分降税的产品，瑞士参与降税的产品比例是 99.99%，中方是 96.5%。

10. 中国与澳大利亚自贸协定

2015 年 6 月 17 日，中国与澳大利亚正式签署了《中华人民共和国政府和澳大利亚政府自由贸易协定》，该自贸协定于 2015 年 12 月 20 日正式生效。双方各有占出口贸易额 85.4% 的产品在协定生效时立即实现零关税。减税过渡期后，澳大利亚最终实现零关税的税目占比和贸易额占比会达到100%；中国实现零关税的税目占比和贸易额占比分别达到96.8%和97%。

11. 中国与韩国自贸协定

2015年11月30日，韩国国会经讨论批准了《中韩自贸协定》，该协定于12月20日正式生效。中韩自贸区谈判于2012年5月启动，是中国对外商谈的覆盖领域最广、涉及国别贸易额最大的自贸区。在关税减让方面，中韩自贸协定达成后，经过最长20年的过渡期，中方实现零关税的产品将达到税目的91%、进口额的85%，韩方实现零关税的产品将达到税目的92%、进口额的91%。

12. 中国与格鲁吉亚自贸协定

2018年1月1日起中国 – 格鲁吉亚自贸协定正式生效。中格自贸协定于2015年12月启动谈判，2017年5月签署。中国出口至格鲁吉亚96.5%的商品凭检验检疫机构出具的中国 – 格鲁吉亚自贸协定原产地证书，可享受零关税待遇，同时我国对格鲁吉亚93.9%的进口商品实施零关税政策。中国 – 格鲁吉亚自贸协定是我国签署生效的第15个自贸协定，也是我国与丝绸之路经济带沿线国家签署的首个自贸协定。该协定的生效会对促进两国贸易便利化、自由化产生积极的影响。

13. 中国与马尔代夫自贸协定

2017年12月7日，中国与马尔代夫签署了《中华人民共和国政府和马尔代夫共和国政府自由贸易协定》。

中马自贸协定是我国商签的第16个自贸协定，也是马尔代夫对外签署的首个双边自贸协定。中马自贸协定谈判于2015年12月启动，并于2017年9月结束。双方同意最终实现零关税的产品税目数和进口额占比均接近96%，我国对马出口的绝大部分工业品及花卉、蔬菜等农产品会从中获益。马方绝大部分鱼水产品等优势出口产品也会享受零关税待遇。

14. 中国与毛里求斯自贸协定

2019年10月17日，双方签署了《中华人民共和国政府和毛里求斯共和国政府自由贸易协定》。中国 – 毛里求斯自贸协定是我国商签的第17个自贸协定，也是我国与非洲国家的第一个自贸协定。中方和毛里求斯最终实现零关税的产品税目比例分别达到96.3%和94.2%，占自对方进口总额的比例均为92.8%。毛里求斯剩余税目的关税也将进行大幅削减，绝大多数产品的关税最高将不再超过15%，甚至更低。

（二）中国参与世界区域经贸合作的进展

1. 中国深入参与亚太经合组织合作

亚太经合组织（APEC）成立以来，已发展成为亚太地区最有影响、成员最多、参与层次最高的区域经济合作组织，为推动亚太地区经济合作与交流、促进成员间贸易投资发展发挥了重要作用。2005 年，围绕"走向一个大家庭：面对挑战，追求变革"的主题，亚太经合组织成员汇聚韩国，在支持多哈回合谈判、茂物目标中期审评、贸易便利化和经济技术合作等领域展开了富有成效的讨论，取得了积极成果。领导人会议通过了《釜山宣言》，承诺通过釜山路线图在亚太地区实现贸易投资自由化和便利化的茂物目标，致力于在本地区营造一个透明、安全的商业环境，缩小发展差距。中国高度重视参与亚太经合组织合作，并发挥着越来越重要的作用。胡锦涛在出席亚太经合组织第十三次领导人非正式会议期间阐述了中国对促进全球经济平衡、稳定、持续增长的看法，以及对亚太经合组织合作重点和发展方向的主张，呼吁国际社会有效应对世界经济发展不平衡问题，共同推进多边贸易体制健康发展，推动贸易和投资自由化、便利化，如期实现茂物目标，深化和扩大经济技术合作。为进一步推进亚太经合组织的经贸合作，2005 年我国还举办了亚太经合组织知识产权高级别研讨会和亚太经合组织食品安全研讨会等活动，均取得了良好效果。2014 年 11 月 9 日，习近平在亚太经合组织工商领导人峰会开幕式上的演讲提道："志同道合，是伙伴。求同存异，也是伙伴。朋友多了，路才好走。我们应该通过坦诚深入沟通，增信释疑；应该秉持和而不同理念，尊重彼此对发展道路的选择；应该坚持互利合作，充分发挥各自优势，促进共同发展；应该变赢者通吃为各方共赢，共同做大亚太发展的蛋糕，共同促进亚太大繁荣。"2018 年 11 月 18 日，习近平在亚太经合组织第二十六次领导人非正式会议上发表讲话时指出，坚持推进区域经济一体化，构建开放型亚太经济。我们应该持续推进贸易和投资自由化便利化。对各类自由贸易安排，我们应该坚持开放、包容、透明原则，促进彼此协调，实现良性互动。要坚定维护以规则为基础的多边贸易体制，旗帜鲜明抵制保护主义。世界贸易组织改革要坚持多边贸易体制的核心价值和基本原则。要引导经济全球化朝着更加开放、包容、普惠、平衡、共赢的方向发展。

2. 大湄公河次区域经济合作

大湄公河次区域经济合作（GMS）建立在平等、互信、互利的基础上，是一个发展中国家互利合作、联合自强的机制，是以项目为主导，根据次区域成员的实际需要提供资金和技术支持，促进次区域经济社会发展的务实的机制。大湄公河次区域经济合作以项目为主导，比较务实，各成员方在交通、能源、电信、环境、人力资源开发、投资、贸易、旅游、农业等领域实施了 100 多个合作项目，动员资金总额约 53 亿美元。这些项目对次区域各国经济社会发展起到了重要的推动作用。

2002 年 11 月 3 日，第一次大湄公河次区域经济合作领导人会议在柬埔寨首都金边举行，六国（中国、缅甸、老挝、泰国、柬埔寨和越南）领导人总结了过去 10 年取得的成就和成功经验，确认了未来 10 年的合作前景及承诺，批准了《次区域发展未来 10 年战略框架》，发表了联合宣言，使次区域经济合作进入了一个新的阶段。

2005 年 7 月，大湄公河次区域经济合作第二次领导人会议在昆明成功举办，取得了多项实质性成果。其中之一是会议批准了《大湄公河次区域贸易投资便利化战略行动框架》，决定大湄公河次区域各国将在简化海关手续、协调检验检疫程序、促进贸易物流和便利商务人员流动这四大优先领域开展合作。

2008 年 3 月，大湄公河次区域经济合作第三次领导人会议在老挝万象举行，六国领导人围绕"加强联系性、提升竞争力"的主题，就加强基础设施互联互通，贸易运输便利化、构建伙伴关系、促进经贸投资，开发人力资源、增强竞争力，可持续的环境管理，次区域合作与发展伙伴关系等六大方面的合作构想交换意见。时任中国国务院总理温家宝在会上全面阐述了中国对大湄公河次区域经济合作及未来发展的主张，提出了中方倡议和举措。

2011 年 12 月，大湄公河次区域经济合作第四次领导人会议在缅甸召开。会议期间，与会各方就次区域未来十年经济合作通过战略框架，发表了《内比都宣言》。这次会议有力推动了次区域经济和社会发展，巩固了中国同东盟的关系。

2014 年 12 月 19 日至 20 日，大湄公河次区域经济合作第五次领导人会议在泰国曼谷举行，主题是"致力于大湄公河次区域的包容性和可持续发展"。会议发表领导人宣言，通过 2014—2018 年区域投资框架执行计划（RIF-IP），为次区域进一步加强互联互通描绘了蓝图。

2018 年 3 月，大湄公河次区域经济合作第六次领导人会议在越南河内举行，主题是"立足 25 周年合作，建设可持续、融合、繁荣的大湄公河次区域"。会议通过了《领导人宣言》《河内行动计划》和《区域投资框架》，总结了大湄公河次区域经济合作成立 25 年来的成就和经验，探讨了下一步合作方向，展望了长期愿景。

3. 积极参与亚欧会议经济领域合作

2005 年 9 月 8 日至 11 日，为推进亚欧会议经贸合作朝务实方向发展，"亚欧会议贸易投资博览会"在厦门举行。此次博览会是亚欧会议成立以来举办的一次大型经贸活动，为各成员集中展示发展成就、经济政策和贸易投资机会搭建了一个有效平台。9 月，在荷兰鹿特丹举行的"亚欧经济部长会议高级别会议"上，我国提出的 2006 年在华举办"亚欧会议旅游合作发展论坛暨展览会"和"第五届亚欧会议电子商务论坛"的倡议获得通过。"亚欧会议旅游合作发展论坛暨展览会"是亚欧会议成立以来在旅游投资领域举行的首次活动，是中国政府积极参与并推动亚欧会议经济领域合作的一项实际举措。2016 年 7 月 15 日，李克强总理在蒙古国乌兰巴托举行的第十一届亚欧首脑会议上提出"创新亚欧合作理念，增添亚欧合作动力，夯实亚欧合作人文基础"三点建议，为巩固和深化亚欧新型伙伴关系贡献中国力量。

（三）中国参与区域经济合作其他方面的情况

中国与海合会（海湾合作委员会）成员方经贸关系发展迅速，海合会六国作为区域经济体，已成为中国第八大贸易伙伴、第八大出口市场和第九大进口来源地。2004 年 7 月，中国与海合会签署了《中国与海合会国家经济、贸易、投资和技术合作框架协议》，启动了中国－海合会自贸区谈判。

到 2019 年，中国已经实质性结束自贸协定谈判的有 1 个，即中国与毛里求斯自由贸易协定；启动自贸协定联合可行性研究并签署谅解备忘录的有 1 个，即中国与尼泊尔自贸协定；正在谈判推进的有多个自贸协定，分别是中国－海合会、RCEP、中日韩和中国－巴基斯坦第二阶段谈判等。

从开放内容来讲，开放水平达到了新高度；从开放载体来讲，地方合作已成为新趋势。例如，中韩自贸协定，双方承诺在协定生效后将以负面清单模式继续开展服务贸易谈判，并基于准入前国民待遇和负面清单开展投资谈判。中澳自贸协定：澳方承诺自协定生效时对中方以负面清单方式开放服务部门，成为世界上首个对我国以负面清单方式做出服务贸易承诺的国家，中方以正面清单方式向澳方开放服务部门。人员往来实现重大突破，澳方还在假日工作机制等方面对中方做出了专门安排。双方还同意未来以负面清单模式进行谈判投资和服务的开放升级，在养老、金融、教育、法律和中医等重点服务领域的合作达成了一系列重要共识。

国家"十三五"期间，明确加强双边产业合作园区建设，双边产业合作园区不断建立，成为新的发展趋势。例如，中海产业合作园区、中尼产业合作园区，中马钦州产业园、中瑞镇江生态产业园、中韩烟台产业园、中韩盐城产业园等。

四、中国自贸试验区（FTZ）打造改革开放新高地

2018 年 10 月 24 日，自由贸易试验区建设五周年座谈会在上海举行。习近平总书记在座谈会上作出重要指示，要求"继续解放思想、积极探索，加强统筹谋划和改

革创新，不断提高自由贸易试验区发展水平，形成更多可复制可推广的制度创新成果，把自由贸易试验区建设成为新时代改革开放的新高地，为实现'两个一百年'奋斗目标、实现中华民族伟大复兴的中国梦贡献更大力量。"

建设自由贸易试验区是党中央在新时代推进改革开放的一项战略举措，在我国改革开放进程中具有里程碑意义。从 2013 年 9 月上海自贸试验区的设立到 2019 年，我国已经形成"1+3+7+1+6"的基本格局。近年来，我国自由贸易试验区建设取得重大进展，外资管理体制实现重大变革，贸易监管体系基本与国际通行规则接轨，金融开放取得新的突破，政府治理水平显著提升，形成了多项改革试点经验，一大批制度创新成果推广至全国，为全面深化改革和扩大开放探索了新途径、积累了新经验，发挥了全面深化改革的试验田作用。

"把自由贸易试验区建设成为新时代改革开放的新高地"为中国自由贸易试验区建设指明了方向，注入了新的强大动力，吹响了新的进军号。要真正把自贸试验区建设成为制度创新的标杆，为全面深化改革和扩大开放探索新途径、积累新经验，这两"新"必将加快自由贸易试验区的建设步伐。下面就以广东自贸区、河南自贸区及福建自贸区为例，分析我国自贸试验区将自身打造成改革开放新高地的过程。

（一）广东自贸试验区建成改革开放新高地

广东是改革开放的排头兵、先行地、实验区，在自贸试验区建设方面也走在全国前列。自 2015 年 4 月挂牌运作以来，广东自贸试验区就以制度创新为核心，在探索开放型经济新体制、建设高水平对外开放门户枢纽、深化粤港澳合作等方面推出了一批突破性的改革试点，形成了一批重要的制度创新成果，有力发挥了全面深化改革和扩大开放试验田的作用。如今在广东自贸试验区，企业最快 1 天可领取营业执照、3 天完成刻章备案和银行开户，投资便利化政策对标国际规则，贸易便利化环境接轨国际先进，跨境投融资便利化服务日益完善。截至 2018 年，广东自贸试验区累计形成 385 项制度创新成果。其中，向全国复制推广 33 项、全省范围复制推广 102 项；发布 92 项制度创新案例，跨境电商监管新模式、政府智能化监管服务模式、"企业专属网页"政务服务新模式等 3 项制度创新案例入选全国最佳实践案例。

自贸试验区是对外开放的"桥头堡"，是推动高质量发展的重要平台。面向未来，我们必须认真贯彻落实党中央、国务院决策部署，牢记习近平总书记对广东提出的工作要求，高标准建设广东自贸试验区，打造高水平对外开放门户枢纽。要深刻认识到自贸试验区是国家的试验田，不是地方的自留地，必须着眼整体、把握全局，一切服从服务于国家战略进行探索和试验；要深刻认识到自贸试验区是制度创新的高地，不是优惠政策的洼地，必须把发展基点放在创新上，紧紧依靠制度创新激发市场活力；要深刻认识到自贸试验区是"种苗圃"，不是"栽盆景"，必须立足于实践、向纵深推进，加快形成更多可复制可推广的制度创新成果；要深刻认识到自贸试验区是"首创性"的探索，不是简单优化程序，必须牢牢把握国际通行规则，坚持大胆试、大胆闯、自主改，彰显改革开放试验田标杆示范、带动引领作用。

打造高水平对外开放门户枢纽，必须不断提高自贸试验区发展质量和水平。广东自贸试验区建设已经进入对标国际高标准，实现更高水平开放、更深层次改革的关键时期。制度创新是自贸试验区建设的核心，必须牢牢把握这个核心，着眼解决深层次矛盾和结构性问题，谋划推进一批"牵一发而动全身"的改革事项，进一步发挥改革的示范引领作用，加快形成发展和竞争新优势。加快形成市场化、法治化、国际化的一流营商环境是自贸试验区建设的重点，必须突出重点领域和关键环节，加快转变政府职能和"放管服"改革，扎实推进"证照分离"改革，深化负面清单制度改革，推进贸易监管制度创新。粤港澳大湾区建设是自贸试验区建设的重大机遇，必须全面服务于国家战略，落实粤港澳大湾区发展规划，探索建设粤港澳自由贸易通道，加快粤港澳重点合作平台建设，打造粤港澳大湾区合作示范区。

（二）河南自贸试验区打造内陆开放新高地

1. 自贸试验区是打开高水平开放的"金钥匙"

河南自贸试验区在改革试点任务稳步推进的情况下，形成了企业集聚发展的新高地。挂牌以来共吸引了6.25万家企业入驻，其中世界500强企业共88家，占全省的68%。世界500强日本住友商事株式会社，财富500强利宝保险、世邦魏理仕，独角兽企业APUS（麒麟合盛）全球第二总部，益海嘉里、传奇影业、巴库生物、华润医药等一大批重点及特色项目已在河南生根发芽。

2. 自贸试验区作为改革开放"试验田"的作用

自贸试验区作为改革开放"试验田"的作用在河南得到了充分体现："二十二证合一"被李克强总理肯定；在全国首创1210"网购保税"进出口监管服务模式被世界海关组织作为全球推广的示范样板；跨境电商零售进口正面监管模式、一码集成服务等创新成果被作为最佳实践案例向全国推广；郑州片区"服务八同步、拿地即开工"项目建设模式、企业登记身份管理实名验证系统，开封片区企业投资项目承诺制、区域整体评勘，洛阳片区邀请企业群众当考官等一系列创新举措被国务院自贸试验区部际联席会议办公室和国务院职能转变办公室简报印发全国推广；正在形成的公路、铁路、航空、水路多式联运、无缝衔接的货运枢纽体系，为内陆省份货畅其流提供了"河南经验";"证照分离"改革、企业登记全程电子化、企业名称自主申报、简易注销等改革举措已在全省实施。

3. 河南自贸试验区建设的核心任务是制度创新

河南自贸试验区建设两年多以来，规定动作基本完成，160 项试点任务已完成 150 项，共性改革试验稳步推进，"两体系、一枢纽"差异化试验成效明显。与此同时，作为河南自贸试验区"四梁八柱"重要组成部分的五大专项服务体系也取得了显著成果，106 项任务举措已实施完成 98 项。下放了 455 项省级经济社会管理权限，出台了 47 个含金量高、操作性强的支持文件，在商事制度改革、提升贸易便利化水平、多式联运体系建设等方面形成了 250 个实践案例。

（三）福建自贸试验区建设"制度创新高地"

自由贸易试验区建设是构建"制度高地"的过程。"制度高地"建设的直接目标就是构建"技术进步、市场拓展与产业提升"三者之间良性互动、相互促进的制度环境。福建自由贸易试验区三大片区均坚持把制度创新作为自贸试验区建设的核心任务，明确内涵要求，抓住重点难点，突出政府管理的高效化规范化，突出投资贸易的自由化便利化，逐步探索形成一批制度创新成果，进一步完善有利于自由贸易的制度体系。特别是福建在通关电子信息化与便利化、政府公共服务平台建设与推进政府管理模式创新、培育新型商业形态、开展两岸融合综合试点、探索自由港运行模式等制度创新方面取得了明显成效。

据实地调研，福建自由贸易试验区制度建设中还存在如下三个突出问题：其一是片区功能划分、产业定位存在趋同性和重叠性。例如，厦门片区区域性金融服务中心与福州片区两岸金融创新合作示范区在产业定位上存在明显重叠；厦门片区东南国际航运中心与福州片区 21 世纪海上丝绸之路沿线国家和地区交流合作的重要平台在功能上存在重叠；平潭片区重点建设两岸共同家园和国际旅游岛，其功能定位似乎与福州、厦门片区明显不同，但实际上也存在产业定位重叠问题。其二是片区之间制度创新的差异化不明显，自贸区制度创新的系统性与互补性尚未形成，由此导致三大片区制度创新过程中出现一些矛盾，制约了制度创新整体效率的提升。其三是自贸区业态创新与法规调整、贸易便利与企业发展和金融创新、自贸区与高新技术开发区等方面依旧存在诸多如何通过制度创新以使之相互统一、相互促进的问题。

为此，福建自由贸易试验区建设过程中，一方面要认真借鉴上海等自由贸易试验区的成功经验；另一方面，要积极挖掘福建在经贸合作方面的潜在优势，认真实行具有福建特色的创新，促进福建自由贸易试验区成为"制度创新高地"。

1.明确三大片区功能与产业定位，以制度创新促进三大片区协同持续发展

借鉴天津自由贸易试验区的产业差异化定位，牵头对自贸区的三个片区产业定位做进一步细分，并鼓励三个片区实施产业定位差异化策略，重新对三个片区进行更加合理的产业差异化定位。福建自贸区三大片区应从制度法规上进一步明晰功能划分和产业定位，特别是要突出特色、凸显优势，鼓励实施定位差异化功能定位策略与产业差异化定位。在差异化定位基础上，以制度创新促进福建三大自由贸易片区资源互补，"打包"发展。特别要在推动经贸合作交流上进行制度协同创新，各片区应协同努力，在行政管理体制、投资管理体制、通关机制等方面，通过制度创新共同构建优良的制度环境。加快实现产业对接，提升福建产业技术水平，促进产业结构优化，并形成共同拓展国际市场的局面。

2.加大有利于自贸区企业发展的金融制度创新力度

第一，应通过股权融资平台的构建，多币种产业投资发展基金的设立，实现自贸区产业链与金融支持制度创新之间的协同发展。自贸区要围绕产业链部署创新链，围绕创新链完善资金链来实现自由贸易、新兴战略产业培育与先进制造业基地建设相协同的发展目标。第二，以自由贸易试验区建设为契机，配合高新技术园区、跨境电子商务区建设需要，引进互联网金融机构和各类股权投资基金，设立中小企业"众筹平台"实验区，为中小企业和社会公众提供融投资网络服务平台。第三，在自贸区发展云技术服务市场，努力为众筹网络融资提供强大的技术平台。用技术特色推动众筹行业分级、稳步发展，并在项目发起人信息披露体系、项目诚信度评估监测体系以及资金使用保障体系等方面构建先进的资本市场系统。第四，要结合国家人民币国际化战略，推动人民币跨境使用，包括跨境人民币支付、跨境人民币结算、人民币跨境融资业务创新；推动人民币资本项目可兑换，包括福建自由贸易试验区账户、跨境人民币投融资、跨境人民币、外币双向资金池；率先在自贸区实现利率市场化，包括小额外币存款的利率市场化、大额可转让存单。

3.进一步优化自贸区企业经营制度环境

在目前企业消防、环保和安全采取"三同时"方式基础上，建议考虑实行备案制，加强事中、事后监管。取消自贸区土地征用所涉耕地占补平衡等相关指标，以降低土地开发成本。要进一步简化甚至取消包括食品流通许可证、外贸经营者备案等相关证件的审批，加大事中监管来强化企业的管理，如此才能符合自贸区先行先试的特点。协调口岸单位优化监管模式。落实关检合作制度，就市场监管模式、具体操作办法等达成一致，实现在市场查验平台上共同查验、检验；同意马尾建设进口肉类指定

口岸；尽快制定六大类进口商品负面清单；对转关进口进入免税交易市场的货物采取市场内验放的方式进行监管；对从马尾口岸进口、在免税交易市场销售的食品化妆品，试行风险评估基础上的进口食品化妆品分级分类监管模式，提高通关速度，控制物流时间，以降低经营成本。

4. 争取协调出口选择性退税政策

因当前原材料出口退税率明显低于产品退税率，出口加工区内采用国产原材料加工制成品出口的企业，相对于出口加工区外的同类型企业来说，还增加了生产成本，这不利于出口加工区引进终端加工企业，无法促进加工区内外生产加工、物流和服务的深度融合。为此，建议赋予出口加工区内企业更为灵活的报关及退税政策，区内企业采购区外原材料加工制成品出口，可视实际情况，选择"入区退税"或"离境退税"，以避免区内、外退税政策优势倒挂现象，也有利于形成高终端入区、周边配套、辐射带动、集聚发展。

5. 海关部门应支持以"单证一日游"代替"货物一日游"制度

加工区保税物流功能为加工区外的加工贸易企业提供了很好的政策平台，加工贸易企业可以将境内区外货物运抵出口加工区（视同出口），再出区配送至境内区外，可不必将货物实际离境即获得出口退税，即俗称"货物一日游"，从根本上解决"国货复进口"问题。为进一步节约运输成本，建议推行"单证一日游"来代替"货物一日游"制度，即加工区外的自贸区企业只要将需要进入加工区的货物（出口货物）报关单证报送加工区海关审核后，货物无须运抵加工区即可获得出口退税。

需要强调的是，必须努力将福建自由贸易试验区建设与"中国制造 2025 计划"以及"一带一路"核心区建设等重大战略有机结合起来，通过构建与国际贸易通行规则相适应的制度，创造公平、高效、充满活力的营商环境，更好地服务实体经济和社会发展，为推进更高水平的对外开放作出应有贡献。为此，既要鼓励福建自由贸易试验区内三个片区之间制度创新的差异化，提升自由贸易试验区的活力与竞争力，也要强调制度创新的系统性与互补性，防止制度创新过程中的矛盾与冲突。这就要求省里有关方面定期对三个片区的制度运行绩效及时进行评估、梳理，以提高制度创新的整体绩效。

总之，使各地自贸试验区成为整个国家继续保持竞争能力、打造竞争新优势的排头兵，是一个战略选择，也是一种实现路径。我们要大胆地试，大胆地闯，大胆地改，把全国的自贸试验区建设成知识人才高地、制造业高地、制度创新高地、优质资源配置高地。未来竞争与博弈将成为常态，或成为历史上对抗性经济战最激烈的时期。面向未来，我们要丢掉幻想，继续加油，做好中国自己的事情，其中重要的事情就是用中国自贸试验区创造的经验，为伟大祖国繁荣昌盛、走向中华民族伟大复兴贡献智慧和力量。

第二节　中国自由贸易试验区建设的目标

2015年12月17日，国务院发布了《关于加快实施自由贸易区战略的若干意见》，对自贸区建设进行了顶层设计，提出了自贸区建设的近期和中长期目标。

我国自贸区建设的目标任务是：近期，加快正在进行的自由贸易区谈判进程，在条件具备的情况下逐步提升已有自由贸易区的自由化水平，积极推动与我国周边大部分国家和地区建立自由贸易区，使我国与自由贸易伙伴的贸易额占我国对外贸易总额的比重达到或超过多数发达国家和新兴经济体水平。中长期，形成包括邻近国家和地区、涵盖"一带一路"沿线国家以及辐射五大洲重要国家的全球自由贸易区网络，使我国大部分对外贸易、双向投资实现自由化和便利化。

一、扩大开放，深化改革

加快实施更加主动的自由贸易区战略，通过自由贸易区扩大开放，提高开放水平和质量，深度参与国际规则制定，拓展开放型经济新空间，形成全方位开放新格局，开创高水平开放新局面，促进全面深化改革，更好地服务国内发展。

二、全面参与，重点突破

全方位参与自由贸易区等各种区域贸易安排合作，重点加快与周边、"一带一路"沿线以及产能合作重点国家、地区和区域经济集团商建自由贸易区。

三、互利共赢，共同发展

树立正确义利观，兼顾各方利益和关切，考虑发展中经济体和最不发达经济体的实际情况，寻求利益契合点和合作公约数，努力构建互利共赢的自由贸易区网络，推动中国与世界各国、各地区共同发展。

四、科学评估，防控风险

加强科学论证，做好风险评估，努力排除自由贸易区建设中的风险因素。同时，提高开放环境下的政府监管能力，建立健全并严格实施安全审查、反垄断和事中事后监管等方面的法律法规，确保国家安全。

第三节　中国自由贸易试验区建设的历程及影响

加快实施自由贸易区战略是我国新一轮对外开放的重要内容。党的十八大提出加快实施自由贸易区战略，十八届三中、五中全会进一步要求以周边为基础加快实施自由贸易区战略，形成面向全球的高标准自由贸易区网络。当前，全球范围内自由贸易区的数量不断增加，自由贸易区谈判涵盖议题快速拓展，自由化水平显著提高。我国经济发展进入新常态，外贸发展机遇和挑战并存，"引进来""走出去"正面临着新的发展形势。加快实施自由贸易区战略是我国适应经济全球化新趋势的客观要求，是全面深化改革、构建开放经济新体制的必然选择。

一、国内自由贸易试验区（第一类自贸区）建设历程及影响

我国目前建设的国内自贸区被称为"自由贸易试验区"。熟悉中国历史的人都明白，这是中国惯用的一种改革策略，先建立"试验点"，探索经验，成功后再推广至全国。不难看出，中国新一轮的改革也遵循了这一思路。《中国（上海）自由贸易实验区总体方案》更是开宗明义："经过两至三年的改革试验，加快转变政府职能，积极推进服务业扩大开放和外商投资管理体制改革，……，更好地为全国服务。"

2013 年 3 月，新一届中央政府成立后，国务院总理李克强在上海调研期间表示，鼓励支持上海积极探索，建立一个自由贸易试验区，进一步扩大开放，推动完善开放型经济体制机制。

2013 年 7 月 3 日，国务院常务会议通过《中国（上海）自由贸易试验区总体方案》，强调建设自贸区是顺应全球经贸发展新趋势，是更加积极主动对外开放的重大举措，有利于培养我国面向全球的竞争新优势，构建与各国合作发展的新平台，拓展经济增长的新空间，打造中国经济"升级版"。同年 9 月 29 日，上海自贸区正式挂牌成立。

2014 年政府工作报告在回顾上年成绩时说，"设立中国（上海）自由贸易试验区，探索准入前国民待遇加负面清单的管理模式"，在部署当年工作时说，"建设好、管理好中国（上海）自由贸易试验区，形成可复制可推广的体制机制，并开展

若干新的试点"。

2014 年 12 月，国务院决定推广上海自贸区试点经验，设立广东、天津、福建三个自贸试验区，并扩展上海自贸区的范围。沪、粤、津、闽四地自贸区总面积将分别达到 120.72 平方千米、116.2 平方千米、119.9 平方千米、118.04 平方千米。

2015 年 3 月 24 日，中共中央政治局召开会议，审议通过广东、天津、福建自由贸易试验区总体方案和进一步深化上海自由贸易试验区改革开放方案。同年 4 月 21 日，广东、天津、福建自由贸易试验区正式挂牌成立。

第二批自贸区获批成立后，全国各省份紧跟时代潮流，在已公布的 24 份各省份"十三五"规划建议稿中，明确提出要申报自贸区的有 12 个省份，分别是山东、黑龙江、内蒙古、贵州、江西、浙江、云南、广西、陕西、海南、湖南、甘肃，其中到 2017 年获得批准的省份有辽宁、浙江、河南、湖北、重庆、四川、陕西。2018 年，海南自贸区获批；2019 年，江苏、河北、黑龙江、广西、山东、云南作为新设自贸试验区获批。

截至 2019 年，全国形成了"1+3+7+1+6"的基本格局，形成东西南北中协调、陆海统筹的开放态势；另一方面，以临港新片区为引领，自贸试验区的探索从强调便利化转向更强调自由化。

二、国际自贸区谈判与协定（第二类自贸区）建设历程及影响

据商务部的报道，截至 2019 年年底，我国已经签署并实施 17 个自贸协定，涉及 25 个国家和地区，自贸伙伴遍及亚洲、拉美、大洋洲、欧洲等地区。

这些协定分别是我国与东盟、韩国、澳大利亚、新加坡、巴基斯坦、冰岛、瑞士、智利、秘鲁、哥斯达黎加、新西兰、格鲁吉亚、毛里求斯、马尔代夫的自贸协定，内地与香港特别行政区、澳门特别行政区的《关于建立更紧密经贸关系的安排》。我国正在推进多个自贸区谈判，包括《区域全面经济伙伴关系协定》（RCEP）、中日韩及中国—海合会等自贸区谈判。总体来看，自贸区建设促进了我国与有关国家和地区的经贸合作，取得了互利共赢的成果。中国自贸区建设按照中央的战略布局，已经进入了规范化、快速发展的时期，与其他国家、地区共建自贸区的战略举措取得了突破性进展。

一是成功签署并实施中国—毛里求斯自贸协定。谈判于 2017 年 12 月正式启动，在两国领导人的关心和指导下，双方团队经过四轮密集谈判，于 2018 年 9 月 2 日正式结束谈判。2019 年 10 月 17 日，双方签署了《中华人民共和国政府和毛里求斯

共和国政府自由贸易协定》。该协定涵盖货物贸易、服务贸易、投资、经济合作等内容，实现了"全面、高水平和互惠"的谈判目标。

在货物贸易领域，中方和毛里求斯最终实现零关税的产品税目比例分别达到96.3% 和 94.2%，占自对方进口总额的比例均为 92.8%。毛里求斯剩余税目的关税也将进行大幅削减，绝大多数产品的关税最高将不再超过 15%，甚至更低。我国目前对其出口的主要产品，如钢铁制品、纺织品以及其他轻工产品等将从中获益。毛里求斯生产的特种糖也将逐步进入中国市场。双方还就原产地规则、贸易救济、技术性贸易壁垒和卫生与植物卫生问题等达成一致。

在服务贸易领域，双方承诺开放的分部门均超过 100 个。 其中，毛里求斯将对我国开放通信、教育、金融、旅游、文化、交通、中医等重要服务领域的 130 多个分部门。这是毛里求斯迄今为止在服务领域开放水平最高的自贸协定。

在投资领域，协定较 1996 年中国—毛里求斯双边投资保护协定在保护范围、保护水平、争端解决机制等方面有较大升级。这是我国首次与非洲国家升级原投资保护协定，不仅将为我国企业赴毛里求斯提供更加有力的法律保障，也有助于企业以该国为平台，进一步拓展对非洲的投资合作。此外，双方还同意进一步深化两国在农业、金融、医疗、旅游等领域的经济技术合作。

二是成功签署并实施中澳自贸协定。经过历时 10 年的谈判，2015 年 11 月 22 日，中澳自贸协定正式签署。在完成各自国内程序后，中澳自贸协定已于 2015 年 12 月 20 日生效。中澳自贸协定实现了"全面、高质量和利益平衡"的目标，是我国与其他国家迄今已商签的贸易投资自由化整体水平最高的自贸协定之一，在一些领域创新了谈判模式。在服务领域，澳方承诺自协定生效时对中方以负面清单方式开放服务部门，成为世界上首个对我国以负面清单方式做出服务贸易承诺的国家；中方以正面清单方式向澳方开放服务部门。澳方还在假日工作机制等方面对中方做出了专门安排。在投资领域，双方自协定生效时起将相互给予最惠国待遇，双方还同意未来以负面清单模式对投资和服务的开放升级进行谈判。

三是如期完成中国—东盟自贸区升级谈判并签署升级《中华人民共和国与东南亚国家联盟关于修订〈中国—东盟全面经济合作框架协议〉及项下部分协议的议定书》。经过 2 年 4 轮谈判，2015 年 11 月 22 日，原商务部高虎城部长与东盟十国部长分别代表中国政府和东盟十国政府，在马来西亚首都吉隆坡正式签署中国—东盟自贸区升级议定书。该议定书是我国在现有自贸区基础上完成的第一个升级协定，内容涵盖货物贸易、服务贸易、投资、海关合作与贸易便利化、经济技术合作等领域，是对原有协定的丰富、完善和补充，体现了中国与东盟深化和拓展双方经贸合作的共同愿望。中国—东盟自贸区的升级，为双方经济发展提供了新的助力，加快了建设更为紧密的中国—东盟命运共同体、推动实现 2020 年双边贸易额达到 1 万亿美元的目标，并促进了《区域全面经济伙伴关系协定》谈判和亚太自贸区建设进程。

四是推动《区域全面经济伙伴关系协定》谈判取得实质性进展。谈判于 2012 年启动，是目前亚洲正在建设的规模最大的自贸区，涵盖全球一半以上的人口，经济和贸易规模占全球的 30%，其中还包括中国和印度这两个世界上人口最多的国家。2015 年，在中方推动下，谈判取得了积极的进展。在 2015 年 8 月的吉隆坡 RCEP 经贸部长会上，经过中方大力引领，会议按照中方方案全面结束模式谈判，进入实质性出要价阶段。2018 年 4 月 28 日—5 月 8 日，RCEP 第 22 轮谈判在新加坡举行，此次谈判各方按照 2017 年 11 月首次 RCEP 领导人会议和 2018 年 3 月 3 日部长会议的指示，继续就货物、服务、投资和规则领域议题展开深入磋商，谈判取得积极进展。会议强调各方将按照《RCEP 谈判指导原则与目标》，齐心协力，务实突破，推动尽早结束谈判。

2019 年 11 月 4 日，第三次 RCEP 领导人会议在泰国曼谷召开，在此次会议上十五个 RCEP 成员方已经结束全部 20 个章节的文本谈判以及实质上所有的市场准入问题的谈判。

第四节　中国自由贸易试验区战略布局

2015 年 4 月 20 日，国务院印发通知，批准中国（广东、天津、福建）自由贸易试验区总体方案和进一步深化中国（上海）自由贸易试验区改革开放方案等有关文件。在整体规划上，自由贸易试验区的战略布局已经呈现：两个直辖市（上海、天津），两个早期的经济特区实验省份（广东、福建），覆盖中国三大经济区域——长江经济带、珠三角经济带以及目前正逐步形成的京津冀一体区。

自由贸易试验区的发展重点越来越清晰：上海自由贸易试验区立足长江经济带，将更多地定位于金融业的发展；而天津自由贸易试验区配合"京津冀"一体化战略，侧重制造业的发展及对外开放，力图辐射整个北方地区；广东自由贸易试验区则立足珠三角，面对香港特别行政区和澳门特别行政区，力图促进服务业的发展和开放；福建自由贸易试验区侧重发挥地区优势，配合"一带一路"，力图在贸易等层面有所突破。

上海作为中国经济的"领头羊"，对中国经济的拉动作用显著，因而选择上海作为第一个自由贸易试验区，自然有着对悠久的历史传统的考虑。上海自由贸易试验区经过试验已经取得了很大的进展，在贸易便利化、投资自由化等方面积累了一些可复制的经验，而负面清单存在较大的争议，事后监管仍然有很大的空间。上海自由贸易试验区扩区，则能将一些成功的做法直接在更大的区域范围采用。

广东毗邻港澳，市场意识敏锐，是中国改革开放的前沿阵地，在制度创新层面积累了不少经验，而今更是肩负着促进内地与港澳深度合作、探索粤港澳经济合作新模式的重任。广东作为中国改革开放的"排头兵"，发挥制度创新先行者作用也是义不容辞的职责。而目前，改革进入攻坚克难阶段，对外开放的优势越来越少，如何进一步开创新的局面，一直是中央决策层所关注的重要方面。

天津作为直辖市，毗邻首都，地位重要，在历史上曾经发挥了重要作用。同时通过天津自由贸易试验区，力图对整个北方经济发挥辐射作用，对于传统的东北经济区发挥引领作用。在近期，则被期望能对京津冀一体化的进程发挥一定的作用。

福建独特的历史和区位优势是设立自由贸易试验区的主要原因。在历史上，福建曾经是"海上丝绸之路"的起点；改革开放初期，它也是经济特区的设点省份；目前，它被视为对外开放的重点区域。

2017 年 3 月 31 日，国务院新闻办公室举行新闻发布会，正式宣布在辽宁、浙江、河南、湖北、重庆、四川、陕西等 7 省市设立"自由贸易试验区"，并公布了详细方案。新设的 7 个自贸试验区，将继续依托现有经国务院批准的新区、园区，继续紧扣制度创新这一核心，进一步对接高标准国际经贸规则，在更广领域、更大范围形成各具特色、各有侧重的试点格局，推动全面深化改革，扩大开放。

辽宁省主要是落实中央关于加快市场取向体制机制改革、推动结构调整的要求，着力打造提升东北老工业基地发展整体竞争力和对外开放水平的新引擎。

浙江省主要是落实中央关于"探索建设舟山自由贸易港区"的要求，就推动大宗商品贸易自由化、提升大宗商品全球配置能力进行探索。

河南省主要是落实中央关于加快建设贯通南北、连接东西的现代立体交通体系和现代物流体系的要求，着力建设服务于"一带一路"建设的现代综合交通枢纽。

湖北省主要是落实中央关于中部地区有序承接产业转移、建设一批战略性新兴产业和高技术产业基地的要求，发挥其在实施中部崛起战略和推进长江经济带建设中的示范作用。

重庆市主要是落实中央关于发挥重庆战略支点和连接点重要作用、加大西部地区门户城市开放力度的要求，带动西部大开发战略深入实施。

四川省主要是落实中央关于加大西部地区门户城市开放力度以及建设内陆开放战略支撑带的要求，打造内陆开放型经济高地，实现内陆与沿海沿边沿江协同开放。

陕西省主要是落实中央关于更好发挥"一带一路"建设对西部大开发带动作用、加大西部地区门户城市开放力度的要求，打造内陆型改革开放新高地，探索内陆与"一带一路"沿线国家经济合作和人文交流新模式。

随着第三批 7 家自贸区同时挂牌，我国自贸区建设形成"1+3+7"的新格局。从1 个到 4 个再到 11 个，自贸区的面积也从 28.78 平方千米扩展到 1 300 多平方千米。至此我国的自贸试验区建设横贯东西南北、联动各大区域，新一轮全面深化改革和扩大开放拉开了向全国纵深推进的大幕。

继上海自贸区临港新片区正式挂牌后，中国自贸区大家庭又迎来 6 个新成员。从总面积来看，这 6 个新增自贸区各自的总面积均为 119 多平方公里。从地理位置看，3 个位于东部沿海，3 个位于沿边地区。其中，山东、江苏、河北为东部沿海，山东自贸区涵盖济南片区、青岛片区、烟台片区；江苏自贸区涵盖南京片区、苏州片区、连云港片区；河北自贸区涵盖雄安片区、正定片区、曹妃甸片区、大兴机场片区。广西、云南、黑龙江为沿边地区，广西自贸区涵盖南宁片区、钦州港片区、崇左片区；云南自贸区涵盖昆明片区、红河片区、德宏片区；黑龙江自贸区涵盖哈尔滨片区、黑河片区、绥芬河片区。

随着改革开放的不断扩大，截至 2019 年，我国自贸区已经形成了"1+3+7+1+6"的新格局。至此，中国的自贸区数量增至 18 个，其中，沿海省份已全部是自贸区，实现中国沿海省份自贸区的全覆盖。值得一提的是，在广西、云南、黑龙江新设自贸区，这是中国首次在沿边地区布局自贸试验区。

虽然同为新晋自贸区，但它们的战略定位是不同的。其中，山东主要是通过加快推进新旧动能接续转换、高质量推动海洋经济发展、深化中日韩区域经济合作，推动对外开放新高地建设。江苏将通过深化产业结构调整、深入实施创新驱动发展战略等，在打造开放型经济、创新发展实体经济和产业转型方面先行先试。广西将通过深化与东盟的开放合作、推动建设国际陆海贸易新通道、探索沿边地区开发开放等，形成 21 世纪海上丝绸之路和丝绸之路经济带有机衔接的重要门户。河北将主要围绕服务京津冀协同发展、高质量建设雄安新区、发展高端高新产业等，建设国际商贸物流重要枢纽、新型工业化基地、全球创新高地和开放发展先行区。云南将通过与越南、老挝、缅甸等周边国家合作发展，建设连接南亚东南亚大通道的重要节点，推动形成我国面向南亚东南亚辐射中心、开放前沿。黑龙江将通过推动东北全面振兴全方位振兴、着力深化产业结构调整、建设面向俄罗斯及东北亚的交通物流枢纽、提升沿边地区开放水平，打造对俄罗斯及东北亚区域合作的中心枢纽。

随着18个自贸区网络的形成，自贸区的总体格局也悄然发生了一个重要变化。目前18个自贸区已经形成了"沿海无缺口，内地有重点"的崭新格局。所谓"沿海无缺口"，是指目前中国所有的沿海省份都是自贸区，从北到南分别是辽宁、河北、天津、山东、江苏、上海、浙江、福建、广东、广西、海南。在山东、江苏、河北新设自贸试验区，将实现中国沿海省份自贸试验区的全覆盖，连点成线、连线成面，形成对外开放的前沿地带，全方位发挥沿海地区对腹地的辐射带动作用，更好地服务陆海内外联动、东西双向互济的对外开放总体布局。

第五节　新时代中国自由贸易试验区战略的新发展

中国共产党第十九次全国代表大会于2017年10月18日至10月24日在北京召开。会上，习近平做了《决胜全面建成小康社会夺取新时代中国特色社会主义伟大胜利》的报告。大会的主题是：不忘初心，牢记使命，高举中国特色社会主义伟大旗帜，决胜全面建成小康社会，夺取新时代中国特色社会主义伟大胜利，为实现中华民族伟大复兴的中国梦不懈奋斗。

报告中，习近平强调了"推动形成全面开放新格局"。"要以'一带一路'建设为重点，坚持引进来和走出去并重，遵循共商共建共享原则，加强创新能力开放合作，形成陆海内外联动、东西双向互济的开放格局。拓展对外贸易，培育贸易新业态新模式，推进贸易强国建设。实行高水平的贸易和投资自由化便利化政策，全面实行准入前国民待遇加负面清单管理制度，大幅度放宽市场准入，扩大服务业对外开放，保护外商投资合法权益。凡是在我国境内注册的企业，都要一视同仁、平等对待。优化区域开放布局，加大西部开放力度。赋予自由贸易试验区更大改革自主权，探索建设自由贸易港。创新对外投资方式，促进国际产能合作，形成面向全球的贸易、投融资、生产、服务网络，加快培育国际经济合作和竞争新优势"。习近平表示，"中国坚持对外开放的基本国策，坚持打开国门搞建设，积极促进'一带一路'国际合作，努力实现政策沟通、设施联通、贸易畅通、资金融通、民心相通，打造国际合作新平台，增添共同发展新动力。加大对发展中国家特别是最不发达国家援助力度，促进缩小南北发展差距。中国支持多边贸易体制，促进自由贸易区建设，推动建设开放型世界经济"。

十九大报告对自贸区未来发展赋予了更高的使命，"赋予自由贸易试验区更大改革自主权"。"自贸区的开放要'因时而动，因势而变'""赋予自贸区更大改革自主权，就是要自贸区大胆试、大胆闯、自主改，利用市场为主体的优势，形成制度创新。"

在十九大开幕会后，一些地方也表示要加快相关工作步伐。据媒体报道，浙江自贸试验区综合服务中心主任黄义盛表示，赋予自贸试验区建设更大改革自主权、探索建设自由贸易港，舟山在这方面已经先行一步。浙江自贸试验区综合协调局的叶仙富也称，要以更大的改革勇气、决心和实践，主动承担国家赋予的任务，全面对接国际最高标准，大胆闯、大胆试、自主改，加快推动以油品产业链为核心的大宗商品投资便利化和贸易自由化，率先探索建设舟山自由贸易港。

湖北省委副书记、省长王晓东领衔办理省政协重点提案《聚焦体制机制改革，推动湖北自贸区建设》。他强调，要全面贯彻落实党的十九大关于自贸区建设的新部署新要求，解放思想、勇担重任，抢抓机遇、真抓实干，更大力度推进湖北自贸区建设走在中西部前列。他认为，建设自贸区是国家战略，设立湖北自贸区是党中央、国务院赋予湖北的重大政治责任，也是湖北面临的重大发展机遇。要切实提高政治站位，认真贯彻落实党的十九大关于自贸区建设的新部署新要求，进一步增强责任感、使命感和紧迫感，努力把湖北自贸区办出特色、办出成效，为湖北发展注入新动力、增添新活力。

商务部新闻发言人高峰在 2017 年 10 月 26 日召开的例行发布会上表示，党的十九大提出了对改革开放试验田建设的更高要求，指明了新的方向，要求我们对标更高的标准，推动更全面、更深入的开放新格局。商务部会同相关省市和部门，在高标准高水平建设自贸试验区的基础上，围绕建立自由贸易港区积极开展工作。国务院在 2017 年 3 月印发的《全面深化中国（上海）自由贸易试验区改革开放方案》中，明确提出设立自由贸易港区，对标国际最高水平、实施更高标准的贸易监管制度。商务部会同上海市和相关部门研究制定有关建设方案。此外，浙江自贸试验区也制定了初步建成自由贸易港区先行区的发展目标，对接国际标准，推动以油品为核心的国际大宗商品贸易自由化。

第三章 开放型经济背景下中国自贸区贸易发展现状

第一节 中国自贸区贸易发展的现状

自贸区设立的出发点是促进双向投资与实现贸易的自由化和便利化。自贸区将促进与自贸伙伴贸易和投资的增长，提供更多的贸易和投资机会，带动相关地区的经济合作。

随着自贸区的自由贸易、自由流通以及国家相关政策的落实，进出口贸易会更加活跃。自贸区高效的进出口贸易与国内贸易密切相关，进出口贸易的活跃势必会带动国内贸易的流通，在这个过程中物流仓储企业也将获得更多的市场需求，实现贸易与物流联动发展。自贸区的建立会极大地提升国际中转与国际贸易的功能，吸引大量高端制造、加工、贸易、仓储等物流企业落户。自贸区强调对接国际高标准投资贸易协定、促进货物贸易与服务贸易自由化、强化国际贸易功能集成、促进贸易转型升级、拓展新型贸易方式等。

自贸区建设之初，我国在上海、广东、福建和天津四地先后设立自贸区。四个自贸区相互呼应错位发展，形成了我国自贸区发展的大格局。在贸易方面，四个自贸区作为最先建立的自贸区，最具代表性，发展也有其共同特点，有其发展的共同点，即四个自贸区都具有积极创新投资管理体制、创新贸易监管制度、完善国际贸易服务功能，因此选择这四个有代表性的自贸区来介绍中国自贸区贸易发展的现状。同时，各自贸区都有其侧重创新和发展的重点，除福建自贸区外，其他自贸区贸易发展异同点内容如表3-1所示。

表 3-1 上海、广东、天津自贸区贸易发展异同点

自贸区	上 海	广 东	天 津
共同点	创新投资管理体制、创新贸易监管制度、完善国际国内贸易服务功能		
侧重点	国际贸易"单一窗口"建设；大宗商品现货市场和资源配置平台建设；推动生物医药、软件信息等新兴服务贸易和技术贸易发展	扩大对港澳的服务业开放；推进粤港澳服务贸易自由化；促进粤港澳服务要素的便捷流动	发展服务外包业务，建设文化服务贸易基地；建设 APEC 绿色供应链合作网络，开展绿色贸易；统筹开展国际国内贸易，实现内外贸一体化发展

四大自贸区经过一段时间的发展，在贸易方面都取得了突出的成就，尤其是上海自贸区。上海自贸区作为我国首个自贸区，其在自身贸易发展和促进区域经济发展方面已取得累累硕果。

一、上海自贸区发展

2013 年 9 月 29 日，中国（上海）自由贸易试验区正式成立，面积 28.8 平方千米，涵盖上海市外高桥保税区、外高桥保税物流园区、洋山保税港区和上海浦东机场综合保税区 4 个海关特殊监管区域。2014 年 12 月 28 日，全国人大常委会授权国务院扩展中国（上海）自由贸易试验区区域，扩展区域包括陆家嘴金融片区、金桥开发片区和张江高科技片区，扩展后面积达到 120.72 平方千米。上海自贸区自成立以来成效显著，主要体现在以下三个方面。

（一）浦东经济转型升级步伐进一步加快

经济贸易方面，2014 年上海自贸区共实现进出口 7 623.8 亿元，同比增加 8.3%，比全市进出口总体增速高出 3.7%，占全市进出口总值的 26.6%，对全市进出口总值增长的贡献度达 46.7%。同时，自贸区溢出效应明显。在自贸区的强力带动下，上海外贸 2014 年进出口增速五年来首超全国平均水平。

扩区后的自贸区以 1/10 的面积创造了浦东 3/4 的生产总值、70% 左右的外贸进出口总额，以 1/50 的面积创造了上海市 1/4 的生产总值、40% 左右的外贸进出口总额。在自贸区建设的带动下，2015 年浦东新区生产总值增长 9.1%，比全市高出 2.2 个百分点，其中第三产业占比达到 70%，近两年年均提高 3 个百分点。

（二）自贸区经济活力明显增强

企业设立方面，2015 年新设企业数 1.8 万家，比 2014 年新设企业数的 1.5 万家增长了 20%；外商投资方面，2015 年新设外资企业数量相当于 2014 年的 1.5 倍，全市近一半外资企业落户在自贸区；境外投资方面，2015 年自贸区共办结境外投资项目 636 个，相当于 2014 年 149 个的 4.3 倍。中方投资额 229 亿美元，占全市的 60%，相当于 2014 年 42 亿美元的 5.5 倍；境外实际投资额 79 亿美元，约占全国 1 180 亿美元的 7%。

（三）区域核心功能不断提升

金融功能方面，在自贸区金融改革的带动下，2015 年上海市金融市场交易额达到 1 463 万亿元，相当于五年前的 3.5 倍；贸易功能方面，2015 年自贸区内的保税区片区完成进出口额 7 415.5 亿元，占上海市 26.4%；航运功能方面，2015 年洋山港和外高桥港区合计完成集装箱吞吐量 3 357.2 万标箱，增长 3.7%，支撑上海港继续位列全球第一。

二、广东自贸区发展

中国（广东）自由贸易试验区总体方案于 2015 年 3 月获得中共中央政治局会议审议通过，涵盖广州南沙新区片区（广州南沙自贸区）、深圳前海蛇口片区（深圳前海自贸区）、珠海横琴新区片区（珠海横琴自贸区）三个片区，总面积 116.2 平方千米。其中，南沙新区片区占广东自贸试验区总面积的 51.6%，是四大自贸试验区共 13 个片区中面积最大的一个片区。

2015 年上半年，广东自贸区累计新设立 1.9 万多家企业，其中，4 月 21 日挂牌到 6 月底新设立企业 1.1 万多家。区内新设外商投资企业 418 家，同比增加 313.9%，吸收合同外资 263.6 亿元，同比增长 279%；通过备案新设外商投资企业 389 家，吸收合同外资 211.7 亿元，占比分别为 93.1% 和 80.3%。

自贸片区的挂牌运作，促进了片区内以及片区所在区域企业数量的急剧增加。南沙自贸片区挂牌运作一个月以来，新办税务登记出现"井喷"式增长，新办税务登记 903 户，其中单位纳税人 642 户，同比增长 1.23 倍。截至 2015 年 5 月，前海片区所在的前海区域入驻企业数增至 31 346 家，5 个多月时间就新增了上万家企业，注册金额达 18 376.03 亿元人民币。上述入驻的企业中，港资企业超过 1 400 家，入驻前海港企在前海企业总产值中占比超 1/5，投资总量占比达 1/3。横琴注册企业目前达到 9 213 家。2015 年 1—5 月，横琴片区所在的横琴区域新成立企业 2 036 家。特别是港澳企业落户速度明显加快，月平均增幅高达 120%，其中，新落户澳门特别行政区企业 420 多家，新落户香港特别行政区企业近 200 家。尤其在深化金融领域开放创新方面，横琴自贸片区已引进各类金融企业 985 家（其中澳资金融企业 14 家，港资金融企业 26 家），注册资本 1 431 亿元，管理资产超 8 400 亿元。

三、福建自贸区发展

2014 年 12 月 12 日，国务院决定设立中国（福建）自由贸易试验区。2014 年 12 月 31 日，国务院正式批复设立中国（福建）自由贸易试验区。2015 年 3 月 24 日，中共中央政治局正式审议通过福建自由贸易试验区总体方案。福建自贸区包括福州片区、厦门片区和平潭片区，总面积 118.04 平方千米，其中，平潭片区 43 平方千米、厦门片区 43.78 平方千米、福州片区 31.26 平方千米。

自 2015 年 4 月 21 日挂牌起至 11 月 30 日，福建自贸试验区共新增企业 9 990 户，注册资本 2 052.68 亿元，分别同比增长 4.17 倍、11.16 倍。在新增企业中，内资企业 9 277 户，注册资本 1 687.96 亿元，分别同比增长 4.1 倍、10.12 倍；外资企业 713 户，注册资本 364.72 亿元，分别同比增长 5.2 倍、20.47 倍。新增企业中，第三产业企业 9 476 户，占比 95%，其中内资企业 8 793 户、外资企业 683 户；第一、第二产业企业分别为 52 户、462 户。2015 年上半年，福建自贸区新设外商投资企业 263 家，同比增长 207.1%，吸收合同外资 68.9 亿元，同比增长 458.9%。

四、天津自贸区发展

2014 年 12 月 12 日，国务院决定设立中国（天津）自由贸易试验区，试验区主要涵盖三个功能区——天津港片区、天津机场片区以及滨海新区中心商务片区，总面积为 119.9 平方千米。2015 年 3 月 24 日，中共中央政治局正式审议通过中国（天津）自由贸易试验区总体方案。2015 年 4 月 21 日，中国（天津）自由贸易试验区正式挂牌。

2015 年上半年，天津自贸试验区新设外商投资企业 151 家，同比增长 387.1%，吸收合同外资 189.4 亿元，同比增长 503.2%；通过备案新设外商投资企业 149 家，吸收合同外资 188.9 亿元，占比分别达到 98.7% 和 99.7%。自 2015 年 1 月 1 日至 12 月 31 日，自贸试验区新登记市场主体 14 105 户，同比增长 118.55%。各片区经济运行情况表现突出。保税区全年完成地区生产总值 1 530 亿元，增长 13.9%。中心商务区实现地区生产总值 150 亿元，较 2014 年翻一番。东疆保税港区完成地区生产总值超过 100 亿元，增长 50%。

第二节　中国自贸区贸易政策的现状

我国自贸区建立时间虽然不是特别长，但是国务院一直非常重视自贸区的发展建设，发布了一系列针对自贸区发展的政策文件。2015 年 4 月 20 日，国务院发布《进一步深化中国（上海）自由贸易试验区改革开放方案》。该方案明确了试验区建设的目标，即"力争建设成为开放度最高的投资贸易便利、货币兑换自由、监管高效便捷、法制环境规范的自由贸易园区"。以该方案为新起点，上海自贸试验区建设进入"2.0 时代"。

一、中国自贸区贸易政策改革与创新

自贸区建设应以开放度最高的自由贸易园区为目标，在更广领域和更大空间积极探索制度创新，深耕扩大开放、促进改革的"试验田"，做好复制可推广经验的总结推广。在现存的自贸区政策中，涉及贸易方面的政策主要表现在以下方面。

（一）加快政府职能转变

1.投资管理制度深化

投资管理制度创新的核心内容是借鉴国际通行规则，按照转变政府职能要求，加快推进外商投资管理体制改革，营造有利于各类投资者平等准入的市场环境，探索对外商投资实行准入前国民待遇加负面清单的管理模式。

负面清单列明不符合国民待遇等原则的外商投资准入特别管理措施，对负面清单之外的领域，按照内外资一致原则实施管理。这意味着各类市场主体可依法平等进入清单之外的领域。2013 年 9 月 29 日，中国对外贸易领域第一份外商投资准入特别管理措施（负面清单）正式公布，这是我国外商投资管理体制的重大改革，意味着政府管理模式的重大转变。在 2013 年版负面清单的基础上，围绕提高开放度、增加透明度、调整负面清单表现形式三个方面进行修订，出台了 2014 年版负面清单。2015年，继续对上一版的负面清单进行修改，出台 2015 年版负面清单，至今已经出台到了 2020 年版负面清单。值得一提的是，我国自贸区共用一张负面清单，保证中国对内改革和对外开放的一致性。

2.行政审批制度创新

自贸区内改革商事登记制度，推进工商注册制度便利化，把注册资本实缴登记制改为认缴登记制，由"先证后照"改为"先照后证"，实行年度报告公示制。全面实施"集中登记地"政策，上海自贸试验区率先试点简易注销登记改革，对个体工商户、未开业企业、无债权债务企业试行简易注销程序。

3. 业务办理流程简化

完善企业准入"单一窗口"制度，推动企业准入"单一窗口"从企业设立向企业工商变更、统计登记、报关报检单位备案登记等环节延伸，从"五证联办"向"七证联办"拓展。

2013 年 10 月 1 日，上海自贸区企业准入"单一窗口"正式上线，通过自贸试验区网上服务平台联通互联网和各部门业务网，实现电子信息的实时推送和共享，大幅缩短了企业在准入阶段的办事时间，是自贸试验区投资管理制度改革的重要内容之一。2014 年 12 月 21 日，《国务院关于推广中国（上海）自由贸易试验区可复制改革试点经验的通知》中将企业准入"单一窗口"列为可复制推广的改革事项之一。

2015 年 4 月 20 日，《国务院关于印发进一步深化中国（上海）自由贸易试验区改革开放方案的通知》中，对完善企业准入"单一窗口"制度提出了新的要求。在各部门的大力支持和配合下，自贸试验区保税区域率先将企业准入"单一窗口"的新设外资企业备案、"三证合一、一证一码"，延伸至对外贸易经营者备案、报关单位注册登记、自理报检企业备案登记、印铸刻字准许证、法人一证通 5 个新增办事事项，并基本做到无纸化办理，不仅实现了"单一窗口"服务模式由企业主体资格的注册登记向进出口经营资质的备案登记延伸，还将企业设立时的共性办事事项（印铸刻字准许证、法人一证通）纳入其中，大大简化了办事流程，缩短了办事时限。2020 年 5 月，为进一步优化营商环境，支持外贸出口稳定发展，缓解出口企业的资金压力，精简办税资料和流程，海关总署会同国家税务总局在全国推广应用"单一窗口"出口退税功能，实现了出口退税一站式快速便捷办理。

（二）促进贸易自由化和便利化

1. 贸易便利化水平提升

推进国际贸易"单一窗口"建设。"单一窗口"符合国际惯例，目的是实现口岸管理相关部门信息互换、监管互认、执法互助。上海自贸试验区国际贸易"单一窗口"首个试点项目已于 2014 年 6 月 18 日上线运行部分功能。经过一年的试点，"单一窗口"1.0 版于 2015 年 6 月 30 日全面上线运行。该系统覆盖六大模块：货物申报、运输工具申报、支付结算、企业资质、贸易许可、信息查询。截至 2015 年 8 月底，累计已有 600 余家贸易商、承运人及其代理完成了"单一窗口"的账户开设工作，可在"单一窗口"办理相关业务。

推进亚太示范电子口岸网络建设。2014 年 11 月，亚太经合组织（APEC）第 22 次领导人非正式会议通过了《北京纲领》，批准了《亚太示范电子口岸网络工作大纲》，确认澳大利亚、加拿大、墨西哥、秘鲁、越南、马来西亚、中国等 9 个 APEC 成员经济体的 11 个口岸成为首批参与 APMEN 建设的示范电子口岸。2015 年 8 月 21 日，亚太示范电子口岸网络及其运营中心在上海揭牌，标志着上海成为亚太地区示范电子口岸网络的引领探索者。

2. 管理模式创新

管理模式创新的核心内容是深化行政管理体制改革，创新政府管理方式，减少行政审批事项，推进政府管理由注重事前审批转为注重事中、事后监管。加强社会信用体系应用，加强信息共享和服务平台应用，健全综合执法体系，健全社会力量参与市场监督制度，完善企业年度报告公示和经营异常名录制度，健全国家安全审查和反垄断审查协助工作机制。2019 年，上海自贸区新片区在足够大的空间范围内实施开放与开发并举，开始大胆探索建立新片区监管新模式。作为一种新型的特殊监管方式，数字围网是一种基于新一代电子信息技术的非可视、非可触、非可感的"虚拟"围网监控体系，主要通过综合应用各种信息化技术手段，对获得授权的人员、货物及交通工具进入控制区域进行实时数据集成，并对未获得授权的各类行为进行即时干预，以实现对控制区域进行高效管控的目的。

3. 贸易监管制度改革

深化自贸区"一线放开、二线安全高效管住"的贸易便利化改革。截至 2014 年底，海关、检验检疫、海事等部门已推出 60 多项创新举措，自贸试验区进口货物平均通关时间比区外缩短 41.3%，出口货物平均通关时间比区外缩短 36.8%。2015 年，海关又推出了 8 项深化自贸试验区改革的创新举措，出入境检验检疫局推出 24 项新的改革举措，在上海自贸试验区推出"十检十放"分类监管新模式。

推进货物状态分类监管试点。按照管得住、成本和风险可控原则，在自贸试验区内的海关特殊监管区域试点推进货物状态分类监管。自 2015 年 5 月 20 日起，该试点已覆盖到海关特殊监管区的全部物流配送企业，下一步将把试点范围从物流类扩大到贸易类企业。

（三）转变贸易发展方式

1. 推动贸易转型升级

上海自贸区积极培育贸易新型业态和功能，形成了以技术、品牌、质量、服务为核心的外贸竞争新优势，加快提升了我国在全球贸易价值链中的地位；鼓励跨国公司建立亚太地区总部，建立整合贸易、物流、结算等功能的营运中心；探索在自贸区内设立国际大宗商品交易和资源配置平台，开展能源产品、基本工业原料和大宗农产品的国际贸易；推动生物医药、软件信息、管理咨询、数据服务等外包业务发展，允许和支持各类融资租赁公司在自贸区内设立项目子公司并开展境内外租赁服务；统一内外资融资租赁企业准入标准、审批流程和事中事后监管制度；探索融资租赁物登记制度，在符合国家规定的前提下开展租赁资产交易。

2. 提升国际航运服务能级

上海自贸区积极发挥外高桥港、洋山深水港、浦东空港国际枢纽港的联动作用，探索形成具有国际竞争力的航运发展制度和运作模式。积极发展航运金融、国际船舶运输、国际船舶管理、国际航运经纪等产业。加快发展航运运价指数衍生品交易业务。推动中转集拼业务发展，允许中资公司拥有或控股拥有的非五星旗船，先行先试外贸进出口集装箱在国内沿海港口和上海港之间的沿海捎带业务，支持浦东机场增加国际中转货运航班。充分发挥上海的区域优势，促进符合条件的船舶在上海落户登记。

二、中国自贸区贸易政策实施效果

（一）政策效果评估

1. 服务贸易进一步扩大开放，引领服务供应链对接国际标准

自贸区以转口贸易、服务贸易、离岸服务为核心，以高度自由化的贸易体制为基础，实行符合国际规范的经济体制和运行机制，对服务供应链对接国际标准和规则具有积极作用。

2. 刺激贸易新型业态的发展，扩大自贸区供应链的外延

自贸区内开展跨境电子商务、融资租赁、高端维修、大宗商品交易、离岸贸易、文化版权交易、软件信息贸易等新型贸易业态，将自贸区供应链的外延由传统的以货物为主扩大为货物、服务、技术、文化等多位一体。

3. 深耕贸易功能，深化自贸区供应链的内涵

深耕以技术、品牌、质量、服务为核心的贸易功能，创新贸易监管、退税、支付等方面的政策，形成贸易竞争新优势，深化自贸区供应链的内涵，提升我国在全球贸易价值链中的地位。

（二）当前实施效果

1. 负面清单只减不增

2013 年自贸区成立后，中国针对实际情况先后发布了 5 版负面清单，负面清单包含的领域和内容逐渐减少。从 2013 年版的 190 条减少至 2020 年版的 30 条，削减幅度达 84.2%。与 2019 年版相比，2000 年版全国负面清单由 40 条减至 33 条，压减比例 17.5%；自贸试验区负面清单由 37 条减至 30 条，压减比例 18.9%。国家近几年持续缩减清单，总的方向就是实施更大范围、更宽领域、更深层次的对外开放，鼓励外资企业积极投资自贸区，促进自贸区贸易的进一步发展。

2. 企业单一窗口

上海自贸试验区扩大企业准入门槛的改革步伐取得新的进展。2013 年 10 月 1 日，上海自贸试验区企业准入"单一窗口"正式上线，通过自贸试验区网上服务平台联通互联网和各部门业务网，实现电子信息的实时推送和共享，大幅缩短了企业在准入阶段的办事时间。此项改革成为上海自贸试验区投资管理制度改革的重要内容。2014 年 12 月 21 日，《国务院关于推广中国（上海）自由贸易试验区可复制改革试点经验的通知》中将企业准入"单一窗口"列为可向全国复制推广的改革事项之一。2015 年 11 月 12 日，上海自贸试验区保税区域企业准入"单一窗口"延伸功能及企业住所集中登记试点正式启动，企业在自贸区办事将越来越方便。

据介绍，企业准入"单一窗口"功能延伸后，延伸段新增的 5 个办事事项由原先单个部门逐项办理所需 19 个工作日缩短至 4 个工作日，一般新设企业可以在 9 个工作日内办妥企业备案证明（外资）、企业营业执照、对外贸易经营者备案登记表、海关报关单位注册登记证书、报检企业备案表、印铸刻字准许证和法人一证通数字证书。

同时，企业准入"单一窗口"还与上海市国际贸易"单一窗口"实现了信息共享，在企业准入"单一窗口"上办结的对外贸易经营者备案、报关单位注册登记和自理报检企业备案结果信息将自动共享至上海市国际贸易"单一窗口"，企业无须重复办理相关事项。为进一步降低企业经营成本，上海自贸区保税区管理局还会同工商、税务、质监部门，指定保税区域内 8 个场所作为自贸试验区保税区域"企业住所集中登记点"，其中外高桥保税区 4 处、洋山保税港区和浦东机场综合保税区各 2 处。

3. 国际贸易"单一窗口"

国际贸易"单一窗口"要求参与国际贸易和运输的各方通过单一的切入点提交标准化的信息和单证，以满足相关法律、法规及管理的要求。当前日、韩、东盟十国及其他主要贸易伙伴大都实现了国际贸易"单一窗口"。"单一窗口"也正在成为国内各自贸区的标准配置。

2015 年 6 月，上海自贸区国际贸易"单一窗口"正式上线运行，首批开通上线的包括自贸区报关报检系统。2015 年 8 月，福建自贸区"单一窗口"正式上线试运行。自贸区内企业货物进出口申报实行一次申报、一次查验、一次放行，为企业提供外贸进出口环节的"一站式"服务，提高企业通关效率，降低企业成本；2017 年，福建自贸区实现出口退税功能和自然人平台自主报关，成为全国第二个实现出口退税功能以及全国首个自然人可以直接自主报关的"单一窗口"。据了解，通过"单一窗口"进出口货物申报时间减少 30% 以上，整体查验效率可提高 50% 以上。同时，通过整合进出口船舶申报功能，海关、检验检疫等部门共同将船舶准予抵离港信息发送至"单一窗口"，实现口岸查验单位的信息互换，提高了核放效率，加快了企业通关速度，推进了国际贸易便利化建设。

第三节　中国自贸区贸易发展的策略与建议

一、深化自贸区贸易管理体制

深化自贸区贸易管理体制建设主要包含国家法律层面以及行政管理层面。

（一）国家法律层面

自贸区仍需全面深化以负面清单管理为核心的外商投资管理制度，在放宽外商投资准入、推进服务领域的投资自由化的同时，进一步完善负面清单，扩大开放领域，提高政府监管、准入的透明度，建设符合国际化、法治化、市场化的营商环境；在文化、卫生、教育和服务业领域深入改革，在更大的领域、更大的范围开展改革"压力测试"，推行制度创新，并将"可复制、可推广"的负面清单模式推行至全国。

由于负面清单制度直接将之前的外商投资审批制改为备案制，市场主体的"宽进"对过程监督和后续管理提出了新挑战。因此，自由贸易区改革挑战与机遇并存，根据上海自贸区的实践经验，其改革最大亮点是"负面清单"，而最大难点是事中、事后监管。要保证监管反应速度快、效率高，必须赋予自贸区法律制定、执行、识别、监管等职责，使之对各类问题做出快速反应时可以做到有责任、有依据。

（二）行政管理层面

自贸区仍需推进政府职能转变，推动新一轮的改革与开放，给予企业更多、更大的经营决策权，从而深化行政管理体制改革，建设服务型政府，推动我国政府治理能力现代化。

二、推动自贸区贸易转型升级

（一）培育新业态

自贸区在发展高端制造产业的同时，推动生物医药、软件信息、管理咨询、数据服务等外包业务的发展，鼓励包括国际快件中转集拼、跨境电子商务、融资租赁业务、高端产品维修、大宗商品交易、离岸金融贸易以及文化服务贸易与文化用品贸易等诸多新业态。

（二）发展新模式

促进加工贸易创新发展，大力发展服务贸易，提高我国产业在全球价值链中的地位，逐步推动自贸区从产品贸易为主向货物贸易与服务贸易相结合的模式转变。

（三）搭建新平台

利用自贸区在制度创新、营商环境、国际规则等方面的优势，吸引优势资源聚集，搭建商品交易新平台，加快要素资源的快速优化配置，如加速大宗商品现货交易市场等交易平台的建立。

（四）拓展新空间

由于自贸区自身地理区域空间资源有限，自贸区发展需立足长远，以自身为辐射点，辐射周边区域，带动周边区域经济发展，发挥溢出作用。同时，周边区域的发展也将带来聚集效应，反过来促进自贸区经济贸易的发展。

三、推进自贸区贸易便利化

加强自贸区内国际贸易"单一窗口"建设，创新海事、出入境边检、港务等相关部门监管模式，降低贸易和运输企业的综合物流成本，提高政府部门的监管效能，提升自贸区内国际贸易便利化水平。尤其是在2018年，我国自贸区开始实施关检合一的制度后，关检业务的整合优化不但有利于口岸监管资源的统筹配置，而且流程的简化切实降低了企业成本，增强了进出口贸易企业的获得感，提升了口岸的营商环境。

第四章 开放型经济背景下中国自贸区外资管理创新

第一节 我国利用外资各阶段的基本情况

一、利用外资起步阶段（1979—1991 年）

（一）利用外资规模明显扩大

尽管这一阶段我国利用外商直接投资还处于试点和起步阶段，但实际利用外资规模已明显扩大，从 1983 年的 9.2 亿美元增长为 1991 年的 43.7 亿美元，年均增幅 22.6%。截至 1991 年底，我国累计引入的外商投资项目达 42 503 个，实际利用外资 250.6 亿美元。

（二）外商投资结构逐步完善

这一时期，从我国外商投资结构变化来看有两个阶段：第一阶段是 1979—1986 年。我国吸收的外商投资主要来自港澳地区，以劳动密集型的加工项目和宾馆、服务设施等第三产业项目居多。而且我国兴办中外合资经营企业是从建设合资（合作）国际旅游饭店开始的。1979 年，国务院发出《关于大力发展对外贸易增加外汇收入的若干问题的规定的通知》，要求各地、各部门要掌握有利时机和条件，在短时间内把对外贸易搞上去，把旅游搞上去，把一切能增加外汇收入的工作搞上去。随着外国游客的迅速增多，涉外饭店少、床位缺、住宿难是我国改革开放后遇到的第一个难题。邓小平多次指出："要解决旅游饭店问题，可以利用外资建饭店。"为此，国务院专门成立了"利用侨资、外资建设旅游饭店领导小组"。我国最早的三家合资企业都和旅游服务相关，第一家是 1980 年 4 月 2 日中国民航北京管理局与香港中国航空食品公司合资成立的"北京航空食品公司"，外商投资总额 190.6 万美元，占比为 49%，主营业务是航空配餐。其次是 1980 年 4 月 21 日，中国国际旅行社北京分社分别和香港中美旅馆发展有限公司及美国伊沈建设发展有限公司成立的北京建国饭店和北京长城饭店，其外商投资总额分别为 862 万美元和 3 528 万美元，外资股比都是 49%。随后，1980 年 7 月 2 日，中国国际旅行社总社和香港益和股份有限公司合资成立太阳宫饭店公司，外商投资 2 940 万美元，占比 49%。

第二阶段是 1987—1991 年。随着我国外资政策的逐步完善，加大鼓励生产型企业的投资，吸收外商投资的结构也有了较大改善，生产型项目及产品出口企业大幅度增加，宾馆、旅游服务项目的比重大大降低，外商投资的区域和行业都有所扩大。

二、利用外资快速发展阶段（1992—2001 年）

随着全方位对外开放格局的初步形成，我国投资环境不断改善，利用外资在广度和深度上都有了新的发展，外资规模大幅增长，外资质量明显提升，平均单项投资金额明显增大，外商行业和来源结构不断优化，在国民经济中的地位显著增强。

（一）外资规模快速扩张

我国实际利用外资保持了较快的增长。1992—2001 年，我国实际利用外资额从 192 亿美元增长为 496.7 亿美元，年均增幅保持了 11.1%，1993 年还保持了 102.9% 的增速。截至 2001 年底，我国累计实际利用外资金额为 5 685.9 亿美元，比 1992 年底增加了近 5 倍。

我国外商直接投资规模大幅增长。1992—2001 年，我国实际利用外商投资金额从 110.1 亿美元增长为 2001 年的 468.8 亿美元，年均增幅为 17.5%，除了 1999 年受亚洲金融危机的影响，实际外商投资出现 11.3% 的降幅之外，实际利用外资都保持了较高的增速，尤其是 1992 年邓小平南方谈话之后，我国实际利用外资出现了高潮，1992 年和 1993 年的增长分别达到 152.1% 和 150%。

我国实际利用外商直接投资平均单项规模大幅增长。1992—2001 年，尽管我国实际利用外商直接投资平均单项有过波动，但总体上呈现了大幅上涨的趋势。1992 年，我国实际外商直接投资平均单项规模仅为 22.6 万美元，此后逐年上升，1999 年达到 238.2 万美元，随后两年有所回落，但 2001 年仍然为 179.3 万美元，是 1992 年的近 8 倍。这表明 20 世纪 90 年代我国利用外资质量大幅度提升。

（二）外商直接投资成为我国最主要的利用外资方式

我国利用外资的方式有对外借款、外商直接投资和其他方式。从 1992 年开始，外商直接投资开始取代对外借款成为我国最主要的外资利用方式，并且份额逐渐上升。1992 年，外商直接投资占我国实际利用外资总额的 57.3%，2001 年已经上升为 94.4%，增加了 37.1 个百分点。1992—2001 年，外商直接投资占我国实际利用外资的平均比重为 74.8%。与此同时，对外借款占我国实际利用外资的比重逐年下降，1992 年比值为 41.2%，1993 年已下降了 12.5 个百分点，降为 28.7%，2001 年已经降为 0。

（三）制造业成为利用外资最主要的行业

受我国实际利用外商直接投资产业和行业统计数据的限制，本部分的统计数据从 1997 年开始。从表 4-1 可以看出，第二产业是我国外商直接投资进入的主要产业，1997—2001 年，外商平均有 71.3% 的金额是投资于第二产业；平均有 27.1% 的金额是投资于第三产业；投资于第一产业的金额非常少，平均仅占外商直接投资总额的 1.6%。

表 4-1　我国实际利用外商直接投资分产业情况 [①]

年　份	指　标	第一产业	第二产业	第三产业
1997	金额（亿美元）	6.3	325.7	120.6
	占比（%）	1.4	72.0	26.6
1998	金额（亿美元）	6.2	313.3	135.1
	占比（%）	1.4	68.9	29.7
1999	金额（亿美元）	7.1	277.8	118.3
	占比（%）	1.8	68.9	29.3
2000	金额（亿美元）	6.8	295.7	104.6
	占比（%）	1.7	72.6	25.7
2001	金额（亿美元）	9.0	348.0	111.8
	占比（%）	1.9	74.2	23.9

从具体行业看，制造业是 20 世纪 90 年代外商直接投资的第一大行业。1997—2001 年，制造业利用外资从 218.2 亿美元增加为 309.1 亿美元，年均增幅 2.4%，占我国实际利用外商直接投资总额的 60.8%；2001 年比重为 65.9%；占我国第二产业实际利用外商直接投资总额的份额平均高达 85.3%。房地产业是我国实际利用外商

---

① 　资料来源：1998—2002 年《中国统计年鉴》。

直接投资的第二大行业，1997—2001 年，每年超过 50 亿美元的外资进入房地产业，平均占我国实际利用外商直接投资总额的 12.4%。房地产业也是我国利用外资最多的服务行业，1997—2001 年第三产业吸收的外资总额平均有 45.7% 进入了房地产业。电力、燃气及水的生产和供应业也是外商投资较多的行业，1997—2001 年平均每年有 26.8 亿美元，占同期我国外商投资总额的 6.2%。此外，以旅店业为主的社会服务业也吸引了较多的外商投资，1997—2001 年外商直接投资总额的 5.6% 投资于社会服务业。

（四）港澳成为我国外资最重要的来源地

中国香港以及欧盟是我国最主要的外商投资来源地。港澳尤其是香港特别行政区一直是我国外商直接投资的最重要的来源地。1992—2001 年，港澳对内地投资从 77.1 亿美元增为 170.4 亿美元，年均增幅为 9.2%，占我国外商投资总额的比重逐渐下降，从 70% 下降为 36.4%，下降了 33.6 个百分点。欧盟对华直接投资高速增长，从 1992 年的 2.4 亿美元增为 2001 年的 41.8 亿美元，年均增幅高达 37.4%，占我国吸收外商直接投资的比重明显提升，从 1992 年的 2.4% 增长为 8.9%，增加了 6.5 个百分点。

20 世纪 90 年代，随着我国全面融入世界经济，外商投资政策法规不断完善，投资环境得到较大改善，外商投资来源结构不断优化。20 世纪 90 年代初期，来自港澳的中小型项目占据我国外商直接投资的绝大部分。至 2001 年，来自欧盟和日本的跨国公司对我国的投资已经占据了重要位置。1992—2001 年来自港澳的投资占我国外商直接投资总额的比重从 79.5% 下降为 42.8%；相应地，欧、日对华投资占我国外商直接投资的比重从 13.3% 上升为 27.7%。

外资来源地不断多元化。1992 年，来自中国港澳、日本、欧盟的投资占我国外商直接投资的比重高达 92.8%，此后基本上逐渐下降；到 2001 年，这几大外资来源地的外商投资占我国外商投资总额的份额下降到 70.5%，占比下降超过 20 个百分点。

（五）外资在国民经济中发挥越来越重要的作用

随着我国利用外商直接投资规模的扩张和质量的提升，外资在国民经济中发挥着越来越重要的作用。

外商直接投资资金是我国固定资产投资的重要来源。以外商实际投资金额占我国固定资产比重看，1992—2001 年平均份额为 8.2%。1992 年占比为 5.8%，随后数据一直上升，1995 年突破 10%，为 11.2%。1996 年达到历史新高，占比为 11.8%。1997 年亚洲金融危机，我国加大了对固定资产的投资，外商直接投资所占比重有所下降。

外商投资企业创造的工业产值是我国工业总产值的重要部分。外商投资企业创造的工业产值从 1992 年的 2 065.6 亿元增为 2001 年的 26 515.7 亿元，年均增幅为 32.7%，比同期全国工业总产值的平均增幅高出近 20 个百分点；占全国工业总产值的比重相应从 1992 年的 7.1% 上升为 2001 年的 28.1%，增加了 21 个百分点。

三、迈入全球引资大国阶段（2002—2012 年）

（一）外商投资稳定增长

2001 年 12 月 11 日，我国加入世界贸易组织，标志着对外开放进入新的发展阶段。从 2002 年到 2012 年，中国外资规模总体保持稳定增长的态势。

从投资规模看，中国实际使用外资金额从 2002 年的 550.1 亿美元增至 2012 年的 1 117.2 亿美元；受全球金融危机的影响，2009 年中国实际使用外资金额同比小幅下降了 2.6%；2010 年大幅反弹至 17.4%，随后波幅收窄，逐渐恢复增长。2002—2012 年，中国实际使用外资年复合增长率为 7.8%，每年平均使用外资规模为 800.8 亿美元，总体呈现稳定增长的态势。截至 2012 年 12 月底，中国累计使用外资金额为 8 859 亿美元。从新设立的外商企业数量看，2002 年为 3.4 万个，2003—2006 年保持在 4 万个以上，2008—2011 年约 2.7 万个，2012 年为 2.5 万个，同比下降 10.1%。2002—2012 年，中国新设立的外商企业数量总计 37 万个，年均设立 3.39 万个。从外商企业的平均投资额看，外商企业的平均投资规模稳步增加，从 2002 年的 154.4 万美元增长至 2012 年的 448.2 万美元，每年的年均投资规模为 262.1 万美元。上述数据表明，入世 10 年来，中国外资投资无论是总体规模还是外商企业平均投资规模都有着大幅的增长。

中国已迈入全球引资大国的行列。2002 年以后，中国吸引外商直接投资（FDI）流量在全球总量中占比趋于稳定，2002—2012 年该份额年平均值为 7.6%。2002 年，中国吸引 FDI 流量在全球排名第三位；从 2003 至 2008 年，中国在全球排名经历一定的波动；2009—2012 年又连续 4 年稳定在第二名，排名仅次于美国，长期为发展中国家吸收 FDI 最多的国家。

（二）服务业吸引外商投资首超制造业

入世以后，外商投资产业结构逐渐发生变化，吸收外资的主角从制造业转为服务业。2002—2012 年，服务业累计吸收外资 3 368.7 亿美元，占全国总量的 38%；同期，制造业利用外资金额为 4 906.6 亿美元，占同期外资金额的 55.5%。动态来看，2002 年服务业吸收外资 121 亿美元，占当年全国总量的 22%；2011 年服务业吸收外资在全国总量占比为 47.6%，首超制造业 2.71 个百分点；自此，服务业和制造业吸收外资在全国总量中的位次开始互换。2012 年，服务业吸收外资继续上升至全国总量的 48.2%。同时，制造业从 2002 年的 66.9% 降至 2012 年的 43.7%。

2012 年，服务业实际使用外资 538.4 亿美元，同比下降 2.6%，高于制造业 488.7 亿美元的水平。从行业分布来看，在 2012 年外商投资总额中，制造业占 43.7%，房地产业占 21.6%，批发和零售业占 8.5%，租赁和商务服务业占 7.3%。

（三）外商投资来源地集中度提升

从实际使用外资金额占比看，中国香港是中国内地最重要的外商投资来源地，2002 年占外商投资流入总量的 33.9%，2012 年上升至 58.7%；日本 2002 年占 7.9%，2012 年排名第二，占 6.6%；2012 年，新加坡成为中国实际使用外资金额的第三大来源地，比重为 5.6%，多年来占比幅度变化不大；韩国从 2002 年的 5.2% 降至 2012 年的 2.7%，排名第四；美国 2002 年占比为 10.3%，2012 年降到 2.3%，由第三位降至第六位，是实际使用外资额占比降幅最大的来源地。

2002 年前五个国家或地区占外商投资总量的 64.8%，2012 年前五个国家或地区的总比重提升到 76.2%。10 年来，除中国香港和新加坡，其他国家或地区的对华投资呈现下降趋势。

（四）外资并购显著增多

外商在华投资的主要方式是绿地投资，跨国并购在中国外商投资中占比较低，但总体呈现逐年稳定增长的态势。

2004—2012 年，外资并购在交易数量和交易金额上增长很快。2004 年，在华跨国并购交易 482 件，占外资总项目数的 1.2%，并购金额为 3.3 亿美元，占中国吸收外资总额的 0.5%。2012 年，跨国并购交易 1 213 件，占外资项目总数的 4.9%，交易金额 45.6 亿美元，占中国实际吸收外资总额的 4.1%。

并购交易的主要方式是股权并购和资产并购，其中以对非国有企业的股权并购为主。2012 年，外资对非国有企业股权的并购交易 1 132 件，实际使用外资金额 40.5 亿美元，同比上涨 31.4%；对非国有企业资产的并购交易 55 件，实际使用外资金额 4.5 亿美元，同比上涨 8.1%；对国有企业股权并购和资产并购的金额都较少，分别为 4 800 万美元和 300 万美元，均比 2011 年下降 95% 以上。

并购交易的主要形式是采用中外合资企业和中外合作企业。2012 年，以中外合资企业形式开展的并购交易 712 件，占并购交易总数的 58.7%；交易金额 30.4 亿美元，占跨国并购实际使用外资总额的比重为 66.7%；以中外合作企业形式开展的并购交易数和交易额分别是 476 件和 12.1 亿美元，所占比重分别为 39.2% 和 26.5%。

并购交易无论从数量还是金额看均主要集中在东部地区。2012 年有 82.6% 的并购交易发生在东部地区，其中广东、江苏、上海最多，合计占交易总量的 63%；68% 的并购交易金额集中在东部地区，为 31 亿美元；交易金额最多的广东、江苏、浙江、上海、辽宁等五个省市合计占到东部地区并购交易总额的 75%。从并购交易金额看，西部地区占全国的比重为 17%，其中四川占西部地区总额的 30%；中部地区占 15%，其中江西占中部地区总额的 40%。

（五）外资集中在东部地区

2012 年，东部地区新设立外商投资企业 2.1 万个，占全国项目总数的 86.2%，同比下降 8.9%；东部地区使用外资金额为 925.1 亿美元，占全国实际使用外资总额的 82.8%，同比下降 4.2%。中部地区新设立外商投资企业 2 327 个，占全国比重的 9.3%，同比下降 14.7%；中部地区实际使用外资金额 92.9 亿美元，占全国比重的 8.3%，同比上升 18.5%。西部地区新设立外商投资企业 1 106 个，占比 4.4%，同比下降 20%；西部地区实际使用外资金额 99.2 亿美元，占比 8.9%，同比下降 14.3%。从各省（自治区、直辖市）新设立企业数来看，江苏、广东、上海、浙江、北京位列前五，合计占全国企业总数的 70.6%；从各省（自治区、直辖市）实际使用外资金额来看，排名前五的地区是江苏、广东、上海、浙江、辽宁，合计占比为 64.3%。

四、高质量发展阶段（2013 年以后）

（一）外商投资总体稳健发展

2013 年以来，中国外商投资总体增长缓中趋稳，稳中有进。2013—2017 年，中国外商投资年复合增长率从 2002—2012 年的 7.8% 降至 2.7%，增速有所放缓。在国内经济转型的攻坚阶段、国际市场风险加大的背景下，中国外商投资虽增速放缓，但仍保持稳步增长的势头。2017 年，全国新设立外商投资企业 35 652 家，同比增长 27.8%；实际使用外资 1 310.4 亿美元，同比增长 4%，实现平稳增长。

2013 年以后，中国吸引 FDI 流量在全球总量占比进一步提升，夯实了全球引资大国的地位。2013—2017 年，中国吸引 FDI 流量在全球总量占比从 2002—2012 年平均值 7.6% 升至 8.4%。2013 年，中国吸引 FDI 总量在全球排名第二位；2014 年，中国排名首次升为全球首位，随后 2015—2016 年下降至第三位，2017 年恢复到第二名，2018 年，在全球外国直接投资（FDI）连续三年下降的情况下，中国吸引外资总量逆势增长 4%，达 1 390 亿美元，继续稳居全球第二大外资流入国之位。

（二）外商投资质量提升

外资总体发展呈现出与我国经济转型升级相吻合的新特征。随着中国经济进入新常态，我国利用外资结构也在不断调整，与国内供给侧结构性改革目标相匹配，外资质量提升取得积极进展。2013 年以来，高技术产业引进外资年均增长 11.7%，2016 年占比达 19.1%，比 2012 年提高 5 个百分点。外资企业高新技术产品进出口年均增长 10.4%、出口年均增长 17%，均高于全国平均水平。外资研发中心超 2 400 家。2017 年，高技术产业实际吸收外资同比增长 61.7%，占比达 28.6%，较 2016 年底提高了 9.5 个百分点。高技术制造业实际使用外资 665.9 亿元，同比增长 11.3%。其中，电子及通信设备制造业、计算机及办公设备制造业、医疗仪器设备及仪器仪表制造业同比增长 7.9%、71.1% 和 28%。高技术服务业实际使用外资 1 846.5 亿元，同比增长 93.2%。其中，信息服务、科技成果转化服务、环境监测及治理服务同比分别增长 162%、41% 和 133.3%。2019 年 1—9 月，实际使用外资稳步增长，全国新设立外商投资企业 30 871 家，实际使用外资 6 832.1 亿元人民币，同比增长 6.5%（折 1 007.8 亿美元，同比增长 2.9%，未含银行、证券、保险领域数据）。2020 年 1 月，全国新设立外商投资企业 3 485 家，实际使用外资 875.7 亿元人民币，同比增长 4%，基本上延续了去年以来的平稳增长势头。其中，高技术产业吸收外资表现尤为突出。

（三）服务业利用外资占据主导地位

服务业占比逐渐增加，目前服务业利用外资占据主导地位。2017 年全年，服务业实际使用外资金额为 954.4 亿美元，占外资总量份额的 73.6%，比 2016 年份额增加 3.3 个百分点；2019 年 1—9 月，高技术服务业实际使用外资 1 292 亿元人民币，同比增长 61.3%；2020 年 1 月，高技术服务业实际使用外资 229.5 亿元人民币，同比增长 45.5%。由此可见，服务业尤其是高技术服务业在我国利用外资中占据着主导地位。2017 年，制造业实际使用外资为 335.1 亿美元，在外资总量的份额为 25.8%，服务业份额是制造业份额的 2.85 倍。2011 年，我国服务业利用外资在总量中的比重首超制造业，此后服务业利用外资的比重不断增加，2019 年 1—7 月，服务业实际使用外资 3 715.7 亿元，同比增长 9.3%，占比达到 69.7%。截至 2019 年，服务业已成外商投资的首选。2019 年 1—9 月，高技术制造业实际使用外资 746 亿元人民币，同比增长 13.7%。其中，医药制造业、医疗仪器设备及仪器仪表制造业、电子及通信设备制造业实际使用外资同比分别增长 40.7%、33.1% 和 10.7%。2020 年 1 月，高技术制造业实际使用外资 84 亿元人民币，其中，医药制造业、医疗仪器设备及仪器仪表制造业实际使用外资同比分别增长 10.5% 和 118.9%。

利用外资的外部环境和内部条件都发生了深刻变化，造成我国利用外资产业结构发生巨大变化。自加入世界贸易组织以来，我国很好地承接了全球制造业产业转移的机遇，制造业利用外资高速发展，我国成为全球制造业大国。随着我国人口红利的逐渐减少，要素成本上升，资源环境压力不断加大，我国传统制造业一度面临着产能过剩、转型升级的挑战，大量的劳动密集型外资撤离中国，导致制造业外资在新增外资总量的占比大幅下降。同时，服务业利用外资增长迅猛，及时填补了制造业利用外资减少的空白。有人就此产生了制造业利用外资不再重要，将其归入夕阳产业等观念，这也对地方的招商引资环境产生了一定影响。

（四）外商投资来源仍较为集中

外商投资来源地趋于平衡，但仍较为集中。传统发达国家对华投资一改以往颓势，增长迅猛。美国、欧盟 28 国对华投资增长分别为 129.8% 和 35.6%。其中，英国、德国对华投资同比增长分别为 96.8% 和 96.6%，而 2015 年美国和欧盟 28 国对华投资同比增长分别为 −2% 和 4.6%。

2018 年前十位国家或地区（以实际投入外资金额计）实际投入外资总额 1 284.6 亿美元，占全国实际使用外资金额的 95.2%，同比增长 3.1%。

（五）东部吸引外资继续占主导地位

中国东部利用外资占据主导地位。2017 年，全国各省市实际利用外资高达 18 993.56 亿美元，其中东部利用外资 16 230.61 亿美元，占比 85.45%；中部利用外资 1 492.37 亿美元，占比 7.86%；西部地区利用外资最低，为 1 270.58 亿美元，占比 6.69%。

努力促进外资区域布局不断优化。东部地区具有优越的区位，因长期对外开放形成了优良的营商环境、成熟的产业生态环境，较高的科技创新水平、高素质人才聚集等有利于高端制造、高技术服务业等产业聚集，形成了吸引外商投资的新优势。为促进外商投资的区域平衡发展，国务院出台了《关于支持沿边重点地区开发开放若干政策措施的意见》（国发〔2015〕72 号），两次修订《中西部地区外商投资优势产业目录》，增加鼓励条目 228 条，以增强中西部和沿边地区对外商投资的吸引力。

第二节　中国利用外资存在的主要问题

一、我国利用外资存在的突出问题

（一）金融危机后中国出现不利于外商投资的舆论

全球金融危机后欧美经济增长乏力，中国超过日本成为世界第二大经济体，并逐渐成为拉动世界经济增长的重要引擎。随着中国经济实力的不断壮大并且成为世界外汇储备第一大国，国内"不差钱"的论调、轻视跨国公司的论调不断抬头，导致部分外国投资者产生了"中国不再欢迎外商投资"的误解，对中国吸收外商投资的基本政策产生了一定的质疑。

（二）中国外商投资出现下降趋势

2008年全球金融危机发生后，在中国的外商投资始终保持较高的增长速度。但是，从2011年年底开始，中国利用外资出现了下降趋势。究其原因，从外部看，世界经济复苏乏力、欧债危机、美国等发达国家鼓励产业回归，以及发展中国家加大引资优惠力度都影响了中国利用外资规模的增长；从内部看，要素成本的过快增长削弱了中国吸收外资的成本优势。

（三）服务业吸收外资过多集中于房地产业

虽然中国通过政策引导外商投资产业分布，服务业也成为外商进入的主要行业，但是由于长期以来中国对外商进入服务业限制较多，尤其是金融、电信、铁路、民航和交通等领域行政垄断现象依然突出，导致中国服务业引资结构还存在很大问题，如外资主要集中在房地产等高利润行业等，这也直接导致中国外商投资质量不高。

（四）中西部承接国内外产业转移的力度还有待加强

由于特殊的政策倾斜，改革开放40多年来，外商对中国的投资主要集中在东部沿海地区。截至2019年，中国80%以上的外资集中在东部地区。尽管随着中部崛起和西部大开发战略的深入实施，外商加大了在中西部投资的速度，但相对东部来说，中西部市场经济环境和产业配套能力都相对较弱，承接国内外产业转移的力度还需不断加强。

（五）来自欧美等发达国家的投资还需不断增加

由于法律和政策的滞后，外资并购未能在中国成为主要的外资投资方式，导致发达国家资本进入较难，在一定程度上阻碍了发达国家对中国的投资，并且造成中国高质量外资进入量太少。金融危机后，由于部分发达国家实施"再工业化"战略，欧债危机不断深化，加之中国与部分国家在政治上的分歧，导致发达国家对华投资前景堪忧，如何采取有效措施促进发达国家资本加大对华投资是中长期内需要深入思考的问题。

二、我国外商投资立法面临的问题

随着中国投资地位的转变以及对外开放向纵深推进，中国开放型经济已经站在了新的起点上，面临的国内外环境正发生深刻而复杂的变化。中国的外商投资立法也面临着亟须充分认识发展的新趋势并适时做出调整的任务，以继续发挥法律保障在经济发展中的促进作用。

（一）投资地位发生转变

随着投资地位的变化，一方面，作为主要的资本输入国，我们更关注提高吸收外资的质量，优化培育外资结构，引导外资向促进产业升级、地区均衡的方向发展；另一方面，作为重要的资本输出国，我们更关注减少对外投资的壁垒，维护中国投资者的投资待遇和投资权利，以在全球范围内寻找更多的发展空间。随着周边新兴经济体加大引资政策的优惠力度，以及发达国家吸引产业回流政策陆续出台，无论是出于更为有效地利用外资的目的，还是出于保护本国对外投资利益的需求，中国外商投资立法都必须对外国投资者的利益予以更多关注，以减少本国法律在投资方面的各项限制，为外商投资提供更完善的环境，进一步发挥法治建设对经济增长的促进作用。

（二）自主开放，逐步推进

自改革开放以来，中国对外商投资一直实行审批制。这为中国外资管理工作的顺利开展起到了积极的推动作用。然而，经过多年的发展，随着吸引外资规模的持续扩大，这种审批制出现了一些弊端，如审批程序复杂、审批时限过长、行政成本和营商成本较高等，下放审批权限、简化核准流程成为推进扩大开放的重要抓手。目前，关于究竟应当重点监管外资企业的设立行为，还是应当重点监管外资企业的经营活动已经成为关注的焦点，而中国也开启了对解决这一问题的重要尝试。2013 年 9 月 29 日，中国（上海）自由贸易试验区正式挂牌成立，与国际投资、贸易通行规则相衔接的基本制度将在上海先行先试，其中就包括外商投资管理制度的变革。

（三）协议开放，同步并行

自国际金融危机爆发以来，世界经济复苏进程一波三折，充满了不确定性。在世贸组织多哈回合谈判裹足不前的背景下，区域经济一体化方兴未艾，自贸区建设成为世界经济发展的潮流。全球经济治理体系面临深刻变革，发达国家正全力推进新一轮经济全球化，积极促进一系列双边、多边国际投资贸易协议谈判。特别是美国和欧洲绕开世贸组织开展《跨太平洋伙伴关系协定》（TPP）、《跨大西洋贸易与投资伙伴协议》（TTIP）等"高水平"的自贸区谈判，试图构建世界贸易新规则，对国际经贸环境影响深远。其中，新一轮国际贸易投资规则的核心内容包括"负面清单"和"准入前国民待遇"两大内容。相关规则将彻底改变中国改革开放以来的外资管理体制。在对外商签投资协定的过程中，中国以"外资三法"为核心的外商投资法律体系也将面临整体性调整，亟须建立起安全、高效、公开、透明并与国际接轨的外资管理体制。

三、我国利用外资注意要点

（一）总体开放宽松的外资准入政策

一是尽量扩大允许投资的领域范围。很多国家和地区率先在区内放开一些服务业领域的投资准入。二是尽量减少投资的相关限制。在投资程序上，只要在相关部门登记备案即可。区内企业向外投资也相对自由便捷。对外资股权限制较少，如迪拜杰贝阿里自由贸易园区外资可 100% 独资，不受阿联酋公司法中规定的外资 49%、内资 51% 条款的限制。三是外资实行国民待遇。例如，鹿特丹保税港区允许外国公司投资当地任何部门，并且在法律上与当地公司享有同等权利。

（二）维护外资准入政策的灵活性

市场开放是一个持续、动态的过程。总体而言，当前我国产业发展和产业政策均处于不稳定、不成熟状态，随着形势的变化，有的产业会逐步放开，有的产业会施加限制，也可能会对新出现的敏感部门或新的经济活动领域施加限制。这种宏观调控使例外产业难以锁定。在放宽市场准入条件的同时，也可以相应设置一些保险闸，减小可能的冲击。例如，从整体上限制准入前国民待遇的适用范围，将某些要素排除在外，包括特定的投资领域（公用事业）、特定的投资类型（主权财富基金投资）、特定的政策领域（税收措施）等，但设限的领域和措施应尽可能客观，具有可操作性，不应泛化，否则试点准入前国民待遇就会失去意义。

（三）在负面清单的形式和要素上进一步和国际接轨

上海自贸试验区所施行的负面清单模式，与国际上双边、多边自由贸易协定（FTAs）中的"不符措施"和"保留条款"在形式及要素方面仍有较大差距。国际FTAs 的保留条款形式更简洁，要素更严密，覆盖范围更大，功能也更强。关键问题还有保留条款的有效维护，这就对政府治理体系和治理能力有很高要求，否则形式再好也只能流于一纸空文。因此，负面清单管理模式要进一步优化，须牵动制度层面深化改革，与全球高标准贸易投资规则对接，将中国的国际投资准入管理模式提升到TTIP 和 TPP 水平。具体形式为双边投资协定（BIT）范本及 FTAs 协定的保留条款，包括六大核心要素：部门（指保留条款所针对的部门）、子部门（指保留条款实施所针对的特定子部门）、行业分类（指保留条款所针对的国内行业分类代码）、保留条款的类型（特指保留条款所针对的职责条款，如国民待遇、最惠国待遇等）、政府级别（指对保留条款进行维护的政府级别）、措施（指保留条款实施过程中，对其要素进行详细描述的法律、法规和其他措施）。这既符合国际标准，使外商更容易理解，也可以避免负面清单的保留行业及特别管理措施目录太细太长。

第三节　"负面清单"制度：自贸区建设的一次创新

随着自贸区的建立，"准入前国民待遇"和"负面清单"一时间成为网络热词："准入前国民待遇"是指在企业设立、取得、扩大等阶段给予外国投资者及其投资不低于本国投资者及其投资的待遇；"负面清单"是针对当前的正面清单而言，是指凡是针对外资的与国民待遇、最惠国待遇不符的管理措施，或业绩要求、高管要求等方面的管理措施均以清单方式列明。负面清单管理是将对外国投资者进入有条件限制的项目或禁止外国投资者进入的项目标明在清单中，清单以外的项目则允许投资者自由进入，是遵循"法无禁止者皆可为"的原则进行的外资管理模式。

实施负面清单管理有利于我国适应国际发展趋势、坚持世界贸易体制规则，是我国扩大对外开放、提升开放型经济水平的实质性举措。至今，自贸区已推出多版《负面清单》。其中，前两版由上海市政府制定，之后的由国家发改委制定。

一、2013 年版负面清单

2013 年 10 月 1 日，上海市政府公布了《中国（上海）自由贸易试验区外商投资准入特别管理措施（负面清单）（2013 年）》（以下简称《负面清单》）。从内容上看，上海自贸区的负面清单是按照《国民经济行业分类及代码》（2011 年版）分类编制的，包括 18 个行业门类。其中，S（公共管理、社会保障和社会组织）和 T（国际组织）这两个行业门类不适用负面清单。负面清单共涉及 18 个门类，89 个大类，419 个中类，1 069 个小类，共 190 条管理措施。在 1 069 个产业小类中，大概 17.8% 有特别的管理措施。其中，使用禁止字样的有 38 条、限制字样的有 74 条（限制项有 152 个）。

对负面清单之外的领域，将外商投资项目由核准制改为备案制（国务院规定对国内投资项目保留核准的除外），将外商投资企业合同章程审批改为备案管理。

除列明的外商投资准入特别管理措施，还包括禁止（限制）外商投资国家以及中国缔结或者参加的国际条约规定禁止（限制）的产业，禁止外商投资危害国家安全和社会安全的项目，禁止从事损害社会公共利益的经营活动。

自贸试验区内的外资并购、外国投资者对上市公司的倡议投资、境外投资者以其持有的中国境内企业股权出资，应当符合相关规定要求；涉及国家安全审查、反垄断审查的，应按照相关规定办理。

香港特别行政区、澳门特别行政区投资者在自贸试验区内投资参照负面清单执行。内地与香港特别行政区、澳门特别行政区签署《关于建立更紧密经贸关系的安排》及其补充协议，我国签署的自贸协定中适用于自贸试验区并对符合条件的投资者有更优惠的开放措施的，应按照相关协议或协定的规定执行。

《负面清单》出台之后争议纷纷。有专家认为，该份清单"流于形式、无实质突破"。具体说来，上海自贸区负面清单罗列的特别措施共 190 项，其中禁止类 38 项，限制类 152 项。而《外商投资产业指导目录》中，禁止类 36 项、限制类 78 项、鼓励类中的限制措施约 43 项，共约 157 项。两者的吻合度高达 100%。

首先，"禁止外商投资类"。目录中的禁止类共 36 项，几乎全部都可以在自贸区的负面清单里找到对应项，甚至连表述语言都完全一致（"危害军事设施安全和使用效能的项目"除外）。原本目录中没有列入禁止类的，在负面清单里却列为禁止项目，包括禁止盐的批发；禁止投资文物拍卖；禁止投资文物商店；禁止直接或间接从事和参与网络游戏运营服务；禁止投资经营因特网数据中心业务；禁止投资经营性学前教育、中等职业教育、普通高中教育、高等教育等教育机构。

其次，"限制类"。目录中限制类共 78 项，全部都可以在自贸区负面清单里对应找到；目录中外商投资鼓励类项目中，对外资股权也有约 43 项限制措施，也基本体现在负面清单中。负面清单共有限制类措施 152 项，远多于目录中的 121 项。

二、2014 年版负面清单

2014 年 7 月 1 日，第二个负面清单出台。该版负面清单遵循了进一步提高开放度、增加透明度、与国际通行规则相衔接的三项原则。在基本框架上，仍采用了"说明"和"特别管理措施（列表）"的架构，以及《国民经济行业分类及代码》（2011年版）行业分类，包括 18 个行业门类，不包括社会组织和国际组织两个行业门类。

"说明"中保留了"兜底条款"和"衔接条款"。"兜底条款"是指"除列明的外商投资准入特别管理措施,禁止(限制)外商投资国家以及中国缔结或者参加的国际条约规定禁止(限制)的产业,禁止外商投资危害国家安全和社会安全的项目,禁止从事损害社会公共利益的经营活动";"衔接条款"是指负面清单与内地及港、澳等地区相关投资协议的关系。

(一)2014年版负面清单的改进

与2013年版相比,2014年版负面清单的改进之处如下。

1. 投资口径的拓展

"说明"部分指出,适用"外商投资企业设立和变更",其中"变更"两字是新增添的,增添"变更"两字,表明其适用于外资企业的设立、获取和扩大等方面,衔接了国际投资规则。《美国双边投资协议2012年范本》对投资采用"宽口径",涵盖准入前国民待遇(设立、获取、扩大)和准入后国民待遇(管理、经营、运营、出售或其他投资处置方式),并包括直接投资和间接投资等多种投资形式,如投资企业、股权、债权、期货、期权、交钥匙、知识产权、许可、租赁、质押等。

2. 特别管理措施列表结构的改变

2014年版负面清单采用"特别管理措施+保留行业(主要为中类行业)"的形式,而2013年版采用"保留行业+特别管理措施"的形式。二者的区别在于重点强调哪一个,即哪一项放在前面。保留行业是指某行业中存在对外资的特别管理措施,但不是指整个行业的禁止。由于大多数特别管理措施的实际针对面很窄,属于模式级别,大部分小于国民经济小类行业,将特别管理措施位置放在保留行业前面,一则可避免造成整个保留行业均被禁止或限制的错觉,二则含义表达更为精准。负面清单(2014年版)将涉及不同代码的同一行业不同环节的相关措施做了归并和统一表述。

3. 特别措施数量变化和提高开放度

2014年版特别管理措施由原190条调整为139条,调整率达26.8%。在减少的51条中,因扩大开放而实质性取消14条,因内外资均有限制而取消14条,因分类调整而减少23条。在实质性取消的14条管理措施中,服务业领域有7条。例如,取消对进出口商品认证公司的限制;取消对认证机构外方投资者的资质要求;取消投资国际海运货物装卸、国际海运集装箱站和堆场业务的股比限制;取消投资航空运输销售代理业务的股比限制等。内外资均有限制而取消的主要涉及高耗能、高污染的制造业领域以及色情、赌博等内容。

从开放的角度看,与2013年版相比,2014年版负面清单取消了14条特别管理措施，放宽了 19 条，进一步开放比率达 17.4% [（14+19）/190]。放宽的 19 条管理措施中，涉及制造业领域 9 条，基础设施领域 1 条，房地产领域 1 条，商贸服务领域 4 条，航运服务领域 2 条，专业服务领域 1 条，社会服务领域 1 条。例如，原"限制投资原油、化肥、农药、农膜、成品油（含保税油）的批发、配送"放宽为"限制投资农药、农膜、保税油的批发、配送"；原"限制投资船舶代理（中方控股）"放宽为"除从事公共国际船舶代理业务的，外资比例不超过 51% 外，限制投资船舶代理（中方控股）"等。

4.特别管理措施的清晰表述

2013 年版负面清单外资准入无具体限制条件的 55 条特别管理措施大幅缩减为 2014 年版的 25 条。文字表述力求准确和量化、便于理解和可操作。例如，明确了投资直销的条件，即投资者须具有 3 年以上在中国境外从事直销活动的经验，且公司实缴注册资本不低于人民币 8 000 万元；明确了投资基础电信业务的条件，即外资比例不得超过 49% 等。

（二）2014 年版负面清单不符措施和保留行业的分布

2014 年版负面清单特别管理措施有 139 条，含限制性措施 110 条，禁止性措施 29 条。按三大产业划分，分别为 6 条、66 条（含制造业 46 条）和 67 条。按 18 个产业门类分布，H 住宿和餐饮业、Q 居民服务业等两大门类为"双无"，对外资没有禁止和限制措施；D 电力、热力、燃气和水供应，E 建筑业，J 金融业，Q 卫生和社会工作等四个门类为"无禁有限"，对外资无禁止措施，但有限制措施；其余 12 个门类为"双有"，对外资有禁止并且有限制措施。将限制类措施进一步划分为"模式限制""股比限制"和"模式股比双限制"三种类型。"模式限制"是指限制外资投资某一领域或经营模式，仅是定性描述，没有量化的限制条件，如"限制投资硼镁铁矿石加工（第 20 条）"；"股比限制"是指对外资股权比例的限制，如中方控股、合资合作，或者具体股比要求，如外资比例不超过 49%、不超过 65% 等；"模式股比双限制"是指在投资领域和股权比例均有限制。三种类型的限制类措施分别为 27 条、40 条和 43 条，分别占比24.5%、36.4% 和39.1%。其中，"股比限制"与"模式股比限制"总共为 83 条，可划分为"中方控股"和"合资合作"两大类，分别有 48 条和 35 条。

三、2015 年版负面清单

2015 年 4 月 8 日，国务院办公厅颁发《自由贸易试验区外商投资准入特别管理措施（负面清单）》，即 2015 年版负面清单，统一适用于上海、天津、福建、广东四大自贸区。改版清单呈现出"开放度更高，制造业比例大降""透明度提升，条目打开'大门'""完整性增强，增平行限制措施"三大看点。2015 年版"负面清单"比 2014 年版减少 17 条，比 2013 年版减少了 68 条。

此次发布的自贸区"负面清单"依据《国民经济行业分类及代码》（2011 年版）划分为 15 个门类、50 个条目、122 项特别管理措施。其中，特别管理措施包括具体行业措施和适用于所有行业的水平措施。未列出的与国家安全、公共秩序、公共文化、金融审慎、政府采购、补贴、特殊手续和税收相关的特别管理措施，按照现行规定执行。自贸试验区内的外商投资涉及国家安全的，需按照《自由贸易试验区外商投资国家安全审查试行办法》进行安全审查。《自贸试验区负面清单》自印发之日起 30 日后实施，并适时进行调整。

四、2016 年版负面清单

2016 年 1 月 27 日，国务院发布中国四大自贸区负面清单，具体内容如下：

《自由贸易试验区外商投资准入特别管理措施（负面清单）》（以下简称《自贸试验区负面清单》）依据现行有关法律法规制定，已经国务院批准，现予以发布。负面清单列明了不符合国民待遇等原则的外商投资准入特别管理措施，适用于上海、广东、天津、福建四个自由贸易试验区（以下统称自贸试验区）。

《自贸试验区负面清单》依据《国民经济行业分类及代码》（2011 年版）划分为 15 个门类、50 个条目、122 项特别管理措施。其中，特别管理措施包括具体行业措施和适用于所有行业的水平措施。

《自贸试验区负面清单》中未列出的与国家安全、公共秩序、公共文化、金融审慎、政府采购、补贴、特殊手续和税收相关的特别管理措施，按照现行规定执行。自贸试验区内的外商投资涉及国家安全的，需按照《自由贸易试验区外商投资国家安全审查试行办法》进行安全审查。

《自贸试验区负面清单》之外的领域，在自贸试验区内按照内外资一致原则实施管理，并由所在地省级人民政府发布实施指南，做好相关引导工作。

香港特别行政区、澳门特别行政区投资者在自贸试验区内投资参照《自贸试验区负面清单》执行。内地与香港特别行政区、澳门特别行政区签署《关于建立更紧密经贸关系的安排》及其补充协议，我国签署的自贸协定中适用于自贸试验区并对符合条件的投资者有更优惠的开放措施的，应按照相关协议或规定执行。

《自贸试验区负面清单》自印发之日起 30 日后实施，并适时进行调整。

五、2017 年版负面清单

2017 年 6 月 5 日，国务院批准并印发《自由贸易试验区外商投资准入特别管理措施（负面清单）（2017 年版）》。此次修订进一步放宽外商投资准入，是实施新一轮高水平对外开放的重要举措。要求各地区、各部门要认真贯彻执行，增强服务意识，提高监管水平，有效防控风险。实施中的重大问题，要及时向国务院请示报告。

《自由贸易试验区外商投资准入特别管理措施（负面清单）（2017 年版）》（以下简称《自贸试验区负面清单》）依据现行有关法律法规制定，已经国务院批准。负面清单列明了不符合国民待遇等原则的外商投资准入特别管理措施，适用于自由贸易试验区（以下简称自贸试验区）。

《自贸试验区负面清单》依据《国民经济行业分类及代码》（2011 年版）划分为 15 个门类、40 个条目、95 项特别管理措施，与上一版相比，减少了 10 个条目、27 项措施。其中，特别管理措施包括具体行业措施和适用于所有行业的水平措施。

《自贸试验区负面清单》中未列出的与国家安全、公共秩序、公共文化、金融审慎、政府采购、补贴、特殊手续、非营利组织和税收相关的特别管理措施，按照现行规定执行。自贸试验区内的外商投资涉及国家安全的，需按照《自由贸易试验区外商投资国家安全审查试行办法》进行安全审查。

《自贸试验区负面清单》之内的非禁止投资领域，需进行外资准入许可；《自贸试验区负面清单》之外的领域，在自贸试验区内按照内外资一致原则实施管理。

香港特别行政区、澳门特别行政区投资者在自贸试验区内投资参照《自贸试验区负面清单》执行。内地与香港特别行政区、澳门特别行政区签署《关于建立更紧密经贸关系的安排》及其补充协议，我国签署的自贸协定中适用于自贸试验区并对符合条件的投资者有更优惠的开放措施的，应按照相关协议或协定的规定执行。

表 4-2 展示了《自由贸易试验区外商投资准入特别管理措施（负面清单）（2017 年版）》比 2016 版减少的措施。

表 4-2　自由贸易试验区外商投资准入特别管理措施（负面清单）（2017 年版）比 2016 年版减少的措施

大　类	领　域	比 2016 年版减少的特别管理措施
采矿业	金属矿及非金属矿采选	1. 贵金属（金、银、铂族）勘查、开采，属于限制类

续　表

大　类	领　域	比 2016 年版减少的特别管理措施
采矿业	金属矿及非金属矿采选	2. 锂矿开采、选矿，属于限制类
制造业	航空制造	3. 3 吨级及以上民用直升机设计与制造需中方控股
		4. 6 吨 9 座以下通用飞机设计、制造与维修限于合资、合作
	船舶制造	5. 船用低、中速柴油机及曲轴制造，须由中方控股
		6. 海洋工程装备（含模块）制造与修理，须由中方控股
	汽车制造	7. 新建纯电动乘用车生产企业生产的产品须使用自有品牌，拥有自主知识产权和已授权的相关发明专利
	轨道交通设备制造	8. 轨道交通运输设备制造限于合资、合作（与高速铁路、铁路客运专线、城际铁路配套的乘客服务设施和设备的研发、设计与制造，与高速铁路、铁路客运专线、城际铁路相关的轨道和桥梁设备研发、设计与制造，电气化铁路设备和器材制造，铁路客车排污设备制造等除外）
		9. 城市轨道交通项目设备国产化比例须达到 70% 及以上
	通信设备制造	10. 民用卫星设计与制造、民用卫星有效载荷制造须由中方控股
制造业	矿产冶炼和压延加工	11. 钼、锡（锡化合物除外）、锑（含氧化锑和硫化锑）等稀有金属冶炼属于限制类
	医药制造	12. 禁止投资列入《野生药材资源保护管理条例》和《中国珍稀濒危保护植物名录》的中药材加工
交通运输业	道路运输	13. 公路旅客运输公司属于限制类
	水上运输	14. 外轮理货属于限制类，限于合资、合作
信息技术服务业	互联网和相关服务	15. 禁止投资互联网上网服务营业场所
金融业	银行服务	16. 外国银行分行不可从事《中华人民共和国商业银行法》允许经营的"代理发行、代理兑付、承销政府债券"

续　表

大　类	领　域	比 2016 年版减少的特别管理措施
金融业	金融业	17. 外资银行获准经营人民币业务须满足最低开业时间要求
		18. 境外投资者投资金融资产管理公司须符合一定数额的总资产要求
	保险业务	19. 非经中国保险监管部门批准，外资保险公司不得与其关联企业从事再保险的分出或者分入业务
租赁和商务服务业	会计审计	20. 担任特殊普通合伙会计师事务所首席合伙人（或履行最高管理职责的其他职务），须具有中国国籍
	统计调查	21. 实行涉外调查机构资格认定制度和涉外社会调查项目审批制度
		22. 评级服务属于限制类
	其他商务服务	23. 因私出入境中介机构法定代表人须为具有境内常住户口、具有完全民事行为能力的中国公民
教　育	教　育	24. 不得举办实施军事、警察、政治和党校等特殊领域教育机构
文化、体育和娱乐业	新闻出版、广播影视、金融信息	25. 禁止从事美术品和数字文献数据库及其出版物等文化产品进口业务（上述服务中，中国入世承诺中已开放的内容除外）
文化、体育和娱乐业	文化娱乐	26. 演出经纪机构属于限制类，须由中方控股（由"为本省市提供服务的除外"调整为"为设有自贸试验区的省份提供服务的除外"）
		27. 大型主题公园的建设、经营属于限制类

注：《自由贸易试验区外商投资准入特别管理措施（负面清单）（2017 年版）》与 2016 年版相比，共减少了 10 个条目、27 项措施。其中，减少的条目包括轨道交通设备制造、医药制造、道路运输、保险业务、会计审计、其他商务服务等 6 条，同时整合减少了 4 条。

六、2018 年版负面清单

《自由贸易试验区外商投资准入特别管理措施（负面清单）（2018 年版）》如表 4-3 所示，该清单在一、二、三产业全面放宽市场准入，涉及金融、交通运输、商贸流通、专业服务、制造、基础设施、能源、资源、农业等各领域，共推出 22 项重大开放措施。党的十八大以来，我国逐步形成和完善了自贸试验区的外商投资准入负面清单，并在 2017 年首次提出在全国范围内实施的外商投资准入负面清单。近年来，外资限制措施已从 180 项左右减少至 60 多项，减少了近三分之二。2018 年版负面清单比 2017 年版的 63 条减少了 15 条，进一步缩小了外商投资审批范围。

表 4-3　自由贸易试验区外商投资准入特别管理措施（负面清单）（2018 年版）

序号	领域	特别管理措施
一、农、林、牧、渔业		
（一）	种植业	1. 小麦、玉米新品种选育和种子生产的中方股比不低于 34% 2. 禁止投资中国稀有和特有的珍贵优良品种的研发、养殖、种植以及相关繁殖材料的生产（包括种植业、畜牧业、水产业的优良基因） 3. 禁止投资农作物、种畜禽、水产苗种转基因品种选育及其转基因种子（苗）生产
（二）	渔业	4. 禁止投资中国管辖海域及内陆水域水产品捕捞
二、采矿业		
（三）	有色金属矿和非金属矿采选及开采辅助活动	5. 禁止投资钨、钼、锡、锑、萤石勘查、开采 6. 禁止投资稀土勘查、开采及选矿（未经允许，禁止进入稀土矿区或取得矿山地质资料、矿石样品及生产工艺技术） 7. 禁止投资放射性矿产勘查、开采及选矿
三、制造业		
（四）	印刷业	8. 出版物印刷须由中方控股
（五）	中药饮片加工及中成药生产	9. 禁止投资中药饮片的蒸、炒、炙、煅等炮制技术的应用及中成药保密处方产品的生产
（六）	汽车制造业	10. 除专用车、新能源汽车外，汽车整车制造的中方股比不低于 50%，同一家外商可在国内建立两家及两家以下生产同类整车产品的合资企业（2020 年取消商用车制造外资股比限制；2022 年取消乘用车制造外资股比限制以及同一家外商可在国内建立两家及两家以下生产同类整车产品的合资企业的限制）
（七）	通信设备制造	11. 卫星电视广播地面接收设施及关键件生产

序号	领域	特别管理措施
（八）	其他制造业	12. 禁止投资宣纸、墨锭生产
四、电力、热力、燃气及水生产和供应业		
（九）	核力发电	13. 核电站的建设、经营须由中方控股
（十）	管网设施	14. 城市人口 50 万以上的城市燃气、热力和供排水管网的建设、经营须由中方控股
五、批发和零售业		
（十一）	烟草制品	15. 禁止投资烟叶、卷烟、复烤烟叶及其他烟草制品的批发、零售
六、交通运输、仓储和邮政业		
（十二）	水上运输业	16. 国内水上运输公司须由中方控股（不得以经营或租用中国籍船舶或者舱位等方式变相经营国内水路运输业务及其辅助业务；水路运输经营者不得使用外国籍船舶经营国内水路运输业务，但经中国政府批准，在国内没有能够满足所申请运输要求的中国籍船舶，并且船舶停靠的港口或者水域为对外开放的港口或者水域的情况下，水路运输经营者可以在中国政府规定的期限或者航次内，临时使用外国籍船舶经营中国港口之间的海上运输和拖航） 17. 国内船舶代理公司须由中方控股
（十三）	航空客货运输	18. 公共航空运输公司须由中方控股，且一家外商及其关联企业投资比例不得超过 25%，法定代表人须由中国籍公民担任（只有中国公共航空运输企业才能经营国内航空服务，并作为中国指定承运人提供定期和不定期的国际航空服务）
（十四）	通用航空服务	19. 通用航空公司的法定代表人须由中国籍公民担任，其中农、林、渔业通用航空公司限于合资，其他通用航空公司限于中方控股
（十五）	机场和空中交通管理	20. 民用机场的建设、经营须由中方相对控股 21. 禁止投资空中交通管制
（十六）	邮政业	22. 禁止投资邮政公司（和经营邮政服务）、信件的国内快递业务
七、信息传输、软件和信息技术服务业		
（十七）	电信	23. 电信公司：限于中国入世承诺开放的电信业务，增值电信业务的外资股比不超过 50%（电子商务除外），基础电信业务须由中方控股（且经营者须为依法设立的专门从事基础电信业务的公司）。上海自贸试验区原有区域〔28.8 平方公里〕试点政策推广至所有自贸试验区执行

序号	领域	特别管理措施
（十八）	互联网和相关服务	24. 禁止投资互联网新闻信息服务、网络出版服务、网络视听节目服务、互联网文化经营（音乐除外）、互联网公众发布信息服务（上述服务中，中国入世承诺中已开放的内容除外）
八、金融业		
（十九）	资本市场服务	25. 证券公司的外资股比不超过51%，证券投资基金管理公司的外资股比不超过51%（2021年取消外资股比限制） 26. 期货公司的外资股比不超过51%（2021年取消外资股比限制）
（二十）	保险业	27. 寿险公司的外资股比不超过51%（2021年取消外资股比限制）
九、租赁和商务服务业		
（二十一）	法律服务	28. 禁止投资中国法律事务（提供有关中国法律环境影响的信息除外），不得成为国内律师事务所合伙人（外国律师事务所只能以代表机构的方式进入中国，且不得聘用中国执业律师，聘用的辅助人员不得为当事人提供法律服务；如在华设立代表机构、派驻代表，须经中国司法行政部门许可）
（二十二）	咨询与调查	29. 市场调查限于合资、合作，其中广播电视收听、收视调查须由中方控股 30. 禁止投资社会调查
十、科学研究和技术服务业		
（二十三）	研究和试验发展	31. 禁止投资人体干细胞、基因诊断与治疗技术开发和应用 32. 禁止投资人文社会科学研究机构
（二十四）	专业技术服务业	33. 禁止投资大地测量、海洋测绘、测绘航空摄影、地面移动测量、行政区域界线测绘，地形图、世界政区地图、全国政区地图、省级及以下政区地图、全国性教学地图、地方性教学地图、真三维地图和导航电子地图编制，区域性的地质填图、矿产地质、地球物理、地球化学、水文地质、环境地质、地质灾害、遥感地质等调查
十一、水利、环境和公共设施管理业		
（二十五）	野生动植物保护	34. 禁止投资国家保护的原产于中国的野生动植物资源开发
十二、教育		

序号	领域	特别管理措施
（二十六）	教育	35. 学前、普通高中和高等教育机构限于中外合作办学，须由中方主导（校长或者主要行政负责人应当具有中国国籍且在中国境内定居；理事会、董事会或者联合管理委员会的中方组成人员不得少于1/2；外国教育机构、其他组织或者个人不得单独设立以中国公民为主要招生对象的学校及其他教育机构，不包括非学制类职业技能培训），但是外国教育机构可以同中国教育机构合作举办以中国公民为主要招生对象的教育机构 36. 禁止投资义务教育机构、宗教教育机构
十三、卫生和社会工作		
（二十七）	卫生	37. 医疗机构限于合资、合作
十四、文化、体育和娱乐业		
（二十八）	新闻出版	38. 禁止投资新闻机构（包括但不限于通讯社）（外国新闻机构在中国境内设立常驻新闻机构、向中国派遣常驻记者，须经中国政府批准。外国通讯社在中国境内提供新闻的服务业务须由中国政府审批。中外新闻机构业务合作，须中方主导，且须经中国政府批准） 39. 禁止投资图书、报纸、期刊、音像制品和电子出版物的编辑、出版、制作业务（但经中国政府批准，在确保合作双方的经营主导权和内容终审权并遵守中国政府批复的其他条件下，中外出版单位可进行新闻出版中外合作出版项目。未经中国政府批准，禁止在中国境内提供金融信息服务）
（二十九）	广播电视播出、传输、制作、经营	40. 禁止投资各级广播电台（站）、电视台（站）、广播电视频道（率）、广播电视传输覆盖网（发射台、转播台、广播电视卫星、卫星上行站、卫星收转站、微波站、监测台及有线广播电视传输覆盖网等），禁止从事广播电视视频点播业务和卫星电视广播地面接收设施安装服务（对境外卫星频道落地实行审批制度） 41. 禁止投资广播电视节目制作经营（含引进业务）公司（引进境外影视剧和以卫星传送方式引进其他境外电视节目由国家新闻出版广电总局指定的单位申报。对中外合作制作电视剧（含电视动画片）实行许可制度）
（三十）	电影制作、发行、放映	42. 电影院建设、经营须由中方控股（放映电影片，应当符合中国政府规定的国产电影片与进口电影片放映的时间比例。放映单位年放映国产电影片的时间不得低于年放映电影时间总和的2/3） 43. 禁止投资电影制作公司、发行公司、院线公司以及电影引进业务（但经批准，允许中外企业合作摄制电影）

序号	领域	特别管理措施
（三十一）	文物保护	44.禁止投资文物拍卖的拍卖公司、文物商店和国有文物博物馆（禁止将不可移动文物及国家禁止出境的文物转让、抵押、出租给外国人。禁止设立与经营非物质文化遗产调查机构；境外组织或个人在中国境内进行非物质文化遗产调查和考古调查、勘探、发掘，应采取与中国合作的形式并经专门审批许可）
（三十二）	文化娱乐	45.文艺表演团体须由中方控股

七、2019 年版负面清单

《自由贸易试验区外商投资准入特别管理措施（负面清单）（2019 年版）》（以下简称《自贸试验区负面清单》）统一列出股权要求、高管要求等外商投资准入方面的特别管理措施，如表 4-4 所示，该清单在保证稳定性和连续性的基础上，进一步缩减和优化了管理措施，丰富了信息公开内容，使整个清单更加成熟完善，以清单为主要形式的市场准入负面清单制度体系不断健全。

一是纳入"地方国家重点生态功能区和农产品主产区产业准入负面清单（或禁止限制目录）"，取消各地区自行编制发布的市场准入类负面清单 23 个，"全国一张清单"管理模式更加完善。

二是及时纳入新设立的措施，增列部分符合清单定位的措施，进一步丰富地方性措施，确保合法有效准入措施的全部纳入。

三是放开一批有含金量的措施，移出部分不符合清单定位的措施，持续推动缩短负面清单长度。

四是公布清单措施主管部门，完成清单事项统一编码，为实现"一目了然、一网通办"奠定基础。

五是广泛听取并吸收有关部门、各地区、相关行业协会和市场主体的意见建议，更加全面准确地反映市场主体的诉求和期盼。

该清单相比 2018 年版减少了 20 项。2019 年版清单的出台，有利于进一步发挥市场在资源配置中的决定性作用，推动市场准入门槛的不断放宽，有效激发各类市场主体特别是民营经济的活力。

表4-4　自由贸易试验区外商投资准入特别管理措施（负面清单）（2019年版）

序　号	特别管理措施
一、农、林、牧、渔业	
1	小麦、玉米新品种选育和种子生产的中方股比不低于34%
2	禁止投资中国稀有和特有的珍贵优良品种的研发、养殖、种植以及相关繁殖材料的生产（包括种植业、畜牧业、水产业的优良基因）
3	禁止投资农作物、种畜禽、水产苗种转基因品种选育及其转基因种子（苗）生产
二、采矿业	
4	禁止投资稀土、放射性矿产、钨勘查、开采及选矿（未经允许，禁止进入稀土矿区或取得矿山地质资料、矿石样品及生产工艺技术）
三、制造业	
5	禁止投资中药饮片的蒸、炒、炙、锻等炮制技术的应用及中成药保密处方产品的生产
6	除专用车、新能源汽车外，汽车整车制造的中方股比不低于50%，同一家外商可在国内建立两家及两家以下生产同类整车产品的合资企业（2020年取消商用车制造外资股比限制；2022年取消乘用车制造外资股比限制以及同一家外商可在国内建立两家及两家以下生产同类整车产品的合资企业的限制）
7	卫星电视广播地面接收设施及关键件生产
四、电力、热力、燃气及水生产和供应业	
8	核电站的建设、经营须由中方控股
9	城市人口50万以上的城市供排水管网的建设、经营须由中方控股
五、批发和零售业	
10	禁止投资烟叶、卷烟、复烤烟叶及其他烟草制品的批发、零售
六、交通运输、仓储和邮政业	
11	国内水上运输公司须由中方控股（不得以经营或租用中国籍船舶或者舱位等方式变相经营国内水路运输业务及其辅助业务；水路运输经营者不得使用外国籍船舶经营国内水路运输业务，但经中国政府批准，在国内没有能够满足所申请运输要求的中国籍船舶，并且船舶停靠的港口或者水域为对外开放的港口或者水域的情况下，水路运输经营者可以在中国政府规定的期限或者航次内，临时使用外国籍船舶经营中国港口之间的海上运输和拖航）

序　号	特别管理措施
12	公共航空运输公司须由中方控股，且一家外商及其关联企业投资比例不得超过 25%，法定代表人须由中国籍公民担任（只有中国公共航空运输企业才能经营国内航空服务，并作为中国指定承运人提供定期和不定期国际航空服务）
13	通用航空公司的法定代表人须由中国籍公民担任，其中农、林、渔业通用航空公司限于合资，其他通用航空公司限于中方控股
14	民用机场的建设、经营须由中方相对控股
15	禁止投资空中交通管制
16	禁止投资邮政公司（和经营邮政服务）、信件的国内快递业务
七、信息传输、软件和信息技术服务业	
17	电信公司：限于中国入世承诺开放的电信业务，增值电信业务的外资股比不超过 50%（电子商务、国内多方通信、存储转发类、呼叫中心除外），基础电信业务须由中方控股（且经营者须为依法设立的专门从事基础电信业务的公司）。上海自贸试验区原有区域〔28.8 平方公里〕试点政策推广至所有自贸试验区执行
18	禁止投资互联网新闻信息服务、网络出版服务、网络视听节目服务、互联网文化经营（音乐除外）、互联网公众发布信息服务（上述服务中，中国入世承诺中已开放的内容除外）
八、金融业	
19	证券公司的外资股比不超过 51%，证券投资基金管理公司的外资股比不超过 51%（2021 年取消外资股比限制）
20	期货公司的外资股比不超过 51%（2021 年取消外资股比限制）
21	寿险公司的外资股比不超过 51%（2021 年取消外资股比限制）
九、租赁和商务服务业	
22	禁止投资中国法律事务（提供有关中国法律环境影响的信息除外），不得成为国内律师事务所合伙人（外国律师事务所只能以代表机构的方式进入中国，且不得聘用中国执业律师，聘用的辅助人员不得为当事人提供法律服务；如在华设立代表机构、派驻代表，须经中国司法行政部门许可）
23	市场调查限于合资、合作，其中广播电视收听、收视调查须由中方控股
24	禁止投资社会调查

序　号	特别管理措施
十、科学研究和技术服务业	
25	禁止投资人体干细胞、基因诊断与治疗技术开发和应用
26	禁止投资人文社会科学研究机构
27	禁止投资大地测量、海洋测绘、测绘航空摄影、地面移动测量、行政区域界线测绘，地形图、世界政区地图、全国政区地图、省级及以下政区地图、全国性教学地图、地方性教学地图、真三维地图和导航电子地图编制，区域性的地质填图、矿产地质、地球物理、地球化学、水文地质、环境地质、地质灾害、遥感地质等调查
十一、教育	
28	学前、普通高中和高等教育机构限于中外合作办学，须由中方主导（校长或主要行政负责人应当具有中国国籍且在中国境内定居；理事会、董事会或者联合管理委员会的中方组成人员不得少于1/2）。外国教育机构、其他组织或者个人不得单独设立以中国公民为主要招生对象的学校及其他教育机构（不包括非学制类职业技能培训），但是外国教育机构可以同中国教育机构合作举办以中国公民为主要招生对象的教育机构
29	禁止投资义务教育机构、宗教教育机构
十二、卫生和社会工作	
30	医疗机构限于合资、合作
十三、文化、体育和娱乐业	
31	禁止投资新闻机构（包括但不限于通讯社）。外国新闻机构在中国境内设立常驻新闻机构、向中国派遣常驻记者，须经中国政府批准。外国通讯社在中国境内提供新闻的服务业务须由中国政府审批。中外新闻机构业务合作，须中方主导，且须经中国政府批准
32	禁止投资图书、报纸、期刊、音像制品和电子出版物的编辑、出版、制作业务（但经中国政府批准，在确保合作中方的经营主导权和内容终审权并遵守中国政府批复的其他条件下，中外出版单位可进行新闻出版中外合作出版项目。未经中国政府批准，禁止在中国境内提供金融信息服务）
33	禁止投资各级广播电台（站）、电视台（站）、广播电视频道（率）、广播电视传输覆盖网（发射台、转播台、广播电视卫星、卫星上行站、卫星收转站、微波站、监测台及有线广播电视传输覆盖网等），禁止从事广播电视视频点播业务和卫星电视广播地面接收设施安装服务（对境外卫星频道落地实行审批制度）

序　号	特别管理措施
34	禁止投资广播电视节目制作经营（含引进业务）公司（引进境外影视剧和以卫星传送方式引进其他境外电视节目由国家新闻出版广电总局指定的单位申报。对中外合作制作电视剧（含电视动画片）实行许可制度）
35	禁止投资电影制作公司、发行公司、院线公司以及电影引进业务（但经批准，允许中外企业合作摄制电影）
36	禁止投资文物拍卖的拍卖公司、文物商店和国有文物博物馆（禁止不可移动文物及国家禁止出境的文物转让、抵押、出租给外国人。禁止设立与经营非物质文化遗产调查机构；境外组织或个人在中国境内进行非物质文化遗产调查和考古调查、勘探、发掘，应采取与中国合作的形式并经专门审批许可）
37	文艺表演团体须由中方控股

第四节　"负面清单"制度创新评析

一、构筑对外投资服务促进体系

2013 年 9 月 27 日，国务院批准了中国（上海）自由贸易试验区总体方案，明确了在中国（上海）自由贸易试验区（以下称"自贸区"）改革境外投资管理方式、构筑对外投资服务促进体系，包括对境外投资开办企业实行以备案制为主的管理方式、对境外投资一般项目实行备案制、加强境外投资事后管理和服务以及支持自贸区内各类投资主体开展多种形式的境外投资。

随后，上海市人民政府制定并公布了相关的配套法规，包括《中国（上海）自由贸易试验区管理办法》《中国（上海）自由贸易试验区境外投资项目备案管理办法》《中国（上海）自由贸易试验区境外投资开办企业备案管理办法》等。自贸区的两套境外投资备案管理办法分别对境外投资项目和境外投资开办企业做出规定，与发改委和商务部门分管项目投资和企业设立的自贸区外管理体制思路相同。自贸区管理委员会（以下简称"管委会"）同时作为权限内企业境外投资项目和境外投资开办企业的备案机关。与此同时，2013 年 12 月 2 日，为加大对自贸区实体经济发展以及跨境投融资的金融支持，中国人民银行发布《关于金融支持中国（上海）自由贸易试验区建设的意见》（以下简称《人行30条意见》），在创新自贸区特有账户监管体系、探索投融资汇兑便利、扩大人民币跨境使用以及深化外汇管理改革等诸多方面，指明了改革的方向，并提出将按照风险可控、稳步推进的原则，尽快制定相应细则，组织实施改革措施。

（一）境外投资项目管理

1.自贸区外境外投资项目管理

自贸区外，发改委境外投资项目核准包括项目前期信息报告制度和项目核准制度。其中，项目核准制度对一般项目和特殊项目做出了区分。对于中方投资额1亿美元及以上的境外收购和竞标项目，中国企业在对外开展实质性工作之前，须向国家发改委报送项目信息报告。

对于一般项目的核准，中方投资额3亿美元及以上的资源开发类、中方投资额1亿美元及以上的非资源开发类境外投资项目，由国家发改委核准。地方企业实施的中方投资额3亿美元以下的资源开发类、中方投资额1亿美元以下的非资源开发类境外投资项目，由省级发展改革部门核准；中央管理企业实施的上述境外投资项目，由企业自主决策并报国家发改委备案。其中，对地方企业实施的中方投资额3 000万美元以上至3亿美元以下的资源开发类、中方投资额1 000万美元以上至1亿美元以下的非资源开发类境外投资项目，省级发展改革部门在下发核准文件前，须报国家发改委登记。

对于特殊项目的核准，前往未建交、受国际制裁国家，或前往发生战争、动乱等国家和地区的投资项目，以及涉及基础电信运营、跨界水资源开发利用、大规模土地开发、干线电网、新闻传媒等特殊敏感行业的境外投资项目，不分限额，由国家发改委核准，或由国家发改委审核后报国务院核准。

属于国家发改委或国务院核准的项目，企业需提交项目申请报告。国家发改委在20个工作日内完成核准或向国务院提出审核意见，经批准可延长10个工作日。

2.自贸区内境外投资项目管理

自贸区内，管委会对注册地在自贸区的地方企业实施的上海市权限内的境外投资一般项目，实行备案制管理。参考上海市的核准权限，适用管委会备案的境外投资项目限额为资源开发类的中方投资额3亿美元以下、非资源开发类的中方投资额1亿美元以下。限额以上的境外投资项目仍由国家发改委核准。

对于特殊项目的核准，自贸区内的规定与自贸区外基本一致，区别仅在于增加了发改委认定"敏感国家和地区"和"敏感行业"的权力。

自贸区保留了项目前期信息报告制度和地方重大境外投资项目的登记制度。对于中方投资额 1 亿美元及以上的境外收购和竞标项目，须向国家发改委报送项目前期信息报告。对于地方企业实施的中方投资额 3 000 万美元以上至 3 亿美元以下的资源开发类、中方投资额 1 000 万美元以上至 1 亿美元以下的非资源开发类境外投资项目，虽然由管委会备案，但须报国家发改委登记。

适用备案制管理的企业仅须上报自贸区境外投资备案表并提交相关材料，无须制作项目申请报告。管委会在 5 个工作日内出具境外投资项目备案意见。

与自贸区外类似，取得项目备案意见是办理其他手续的前提，企业必须凭项目备案意见办理商务、外汇、海关、税务等相关手续。

（二）境外投资开办企业管理

1.自贸区外境外投资开办企业管理

自贸区外，商务部门对设立境外投资实体进行核准并颁发《企业境外投资证书》。在与我国未建交国家的境外投资、特定国家或地区的境外投资、中方投资额 1 亿美元及以上的境外投资、涉及多国（地区）利益的境外投资或设立境外特殊目的公司，由商务部核准。地方企业实施的中方投资额 1 000 万美元及以上至 1 亿美元以下的境外投资、能源矿产类境外投资或需要在国内招商的境外投资，由省级商务主管部门核准。

上述境外投资的投资主体须提交申请书和其他相关文件。属于商务部核准的境外投资，核准期限为 30 个工作日；属于省级商务主管部门核准的境外投资，核准期限为 20 个工作日。

中央管理企业实施 1 亿美元以下的境外投资和地方企业实施的中方投资额 1 000万美元以下的境外投资只须提交《境外投资申请表》，前者由商务部核准，后者由省级商务主管部门核准。商务部门的核准期限为 3 个工作日。尽管自贸区外金额较小的境外投资的商务部门核准适用简易程序，但是在项目核准阶段仍然需要由省级发展改革部门核准。

2.自贸区内境外投资开办企业管理

自贸区内，管委会对注册在自贸区的企业实施权限内境外投资，实行备案管理。涉及与我国未建交国家〔地区〕的境外投资、特定国家（地区）的境外投资、涉及多国（地区）利益的境外投资、设立境外特殊目的公司的境外投资、能源矿产类境外投资、需要在国内招商的境外投资等，仍按照《境外投资管理办法》执行，由相应商务部门核准。

自贸区对境外投资开办企业未能明确管委会的管理权限，上述保留核准制的境外投资类型中删除了中国企业实施的"中方投资额 1 亿美元及以上的境外投资"和地方企业实施的"中方投资额1000万美元及以上、1亿美元以下的境外投资"，似乎有意提高企业备案的规模上限。

通常情况下，申请境外投资备案的企业仅须提交境外投资备案申请表及其法人身份证明文件。管委会在收到申请材料后，会在5个工作日内完成备案并制发《企业境外投资证书》。

境外投资开办企业的程序在取得项目备案意见之后进行。企业必须持《企业境外投资证书》办理外汇、海关、外事等相关手续。

（三）境外投资的跨境融资政策

1. 自贸区外境外投资的跨境融资政策

自贸区外，中国人民银行以及外管局分别对企业的账户资金划转以及本外币跨境融资进行监管。在企业账户监管方面，目前除部分试点政策的特殊许可之外，境内区外企业在境内银行只能开设境内账户，该账户内资金的跨境划转受中国人民银行与外管局的相关监管，无法如离岸账户内的资金一般跨境自由划转，因此当其被用于为境外投资开办的企业提供融资支持时，就会受到诸多限制。

具体而言，如果境内区外企业拟借入外债为其自身境外投资提供资金支持，当借入外汇外债时，内资企业的中长期外债须经发改委批准，短期外债须经外管局核定余额，该类外债资金可以用于符合其经营范围的境外新设投资或并购投资，但不得用于放款；当借入人民币外债时，除部分试点地区另有规定外，其他试点地区也受限于上述相关部门的批准。

如果境内区外企业拟向其境外投资开办的企业提供股东资金支持，可采取向境外被投资企业提供对外放款的方式。当选择以外汇进行对外放款时，其放款额度的确定与展期、以外币资金池作为放款来源等事项均须获得外管局的核准。相较而言，选择以人民币对外放款的监管则较为宽松。

另外，如果境内区外企业拟为其境外投资开办的企业的境外贷款提供对外担保（即"内保外贷"），当选择以外汇进行对外担保时，其担保的设立及履约均须获得外管局的核准和登记；但选择以人民币进行对外担保时，虽然"人行简化政策"同样提出了宽松的监管措施，但未明确如何与外管局规定的事前核准和登记手续的衔接问题，因此仍存在一定的不确定性。

2. 自贸区内境外投资相关的跨境融资政策

自贸区内，中国人民银行出台的《人行30条意见》对现行账户资金划转以及本外币跨境融资政策做出了较大突破，进一步便利了区内企业对其境外投资开办的企业提供跨境融资支持。

在企业账户监管方面，区内企业可通过设立本外币自由贸易账户，实现分账核算管理，开展《人行 30 条意见》中提及的投融资创新业务，该账户与境外账户、境内区外非居民账户以及其他自由贸易账户之间可自由划转资金，与区外普通结算账户之间也可以就经常项下业务、偿还贷款、实业投资以及其他符合规定的跨境交易需要划转资金（视同跨境资金划转管理）。

《人行 30 条意见》允许注册在自贸区内的中外资企业、非银行金融机构以及其他经济组织根据经营需要按规定从境外融入本外币资金，有利于区内企业从境外获得融资成本更低的资金用于其境外投资、并购和为境外被投资企业提供资金支持。特别是中国人民银行制定了进一步的细则，明确具体资质要求、额度管理和操作规则，支持区内企业（包括中资企业）直接从境外融入利率较低的人民币资金。

《人行 30 条意见》提出区内企业可以利用其自由贸易账户办理跨境融资、担保等业务，当条件成熟时，账户内本外币资金还可自由兑换。鉴于该自由贸易账户能与境外账户实现自由资金划转，因此区内企业利用该账户内的资金对其境外投资开办的企业进行对外放款或内保外贷等融资支持，将可能不再受限于区外烦琐且互相矛盾的行政审批程序，从而给区内企业的跨境融资带来极大的便利。

综上，自贸区作为推进改革和提高开放型经济水平的"试验田"，突破了部分现行的境外投资的管理制度，将自贸区内企业境外投资由核准制改为备案制，并通过自由贸易账户推动相关跨境融资活动的发展，提高了境外投融资便利化的程度。

二、审批体制改革创新

（一）暂停实施相关法律法规

现有的外资准入实行核准制，参照的外资审批相关法律为《中华人民共和国外资企业法》《中外合资经营企业法》《中华人民共和国中外合作经营企业法》和《中华人民共和国公司法》，第十二届全国人民代表大会常务委员会第四次会议于 2016 年 8 月 26 日授权国务院在自贸区内对负面清单之外的领域暂停实施上述前三部法律以及暂时停止《中华人民共和国文物保护法》的有关规定，标志着我国自 20 世纪 80 年代初开始实施的这三部法律终结了其生命，而代之以实施《自由贸易试验区外商投资准入特别管理措施（负面清单）》。

（二）将核准制改为备案制

现有的审批体制是先由外国投资者将公司设立或变更的章程、合同等一系列文件送交地方商务主管部门，地方各级商务主管部门再根据《外商投资产业指导目录》和投资金额，分配自己的审批权限，对章程和合同进行审批，颁发"外商投资企业批准证书"并批复给企业，企业根据商务主管部门批准的经营范围到工商部门进行登记。自贸区将外资准入的审核制改为了备案制，实行"负面清单"管理，外国投资者将自己所从事的经营内容和"负面清单"进行比对，清单以外的项目不用经过商务主管部门核准，可直接到工商部门进行登记，办理营业执照。这给现有外资审批体制带来了巨大变革，使政府对外资管理的重心由注重事前审批转向了事中跟踪、事后监管，以自贸区倒逼政府职能转型，收缩政府边界，进一步简政放权，深化行政审批制度改革，是我国政府从长期以来的全能型政府向服务型政府、监管型政府转变的重大一步，也是"无限政府"向"有限政府"转变的有益尝试。原有的审批体制，即按照《外商投资产业指导目录》进行审批，已经不能适应不断发展的投资形势，对于出现的新型业态和新的经营形式，审批人员显得有点无章可循和束手无策。取消审批放开准入，实行负面清单管理，使外国投资者对经营决策和执行有了一种稳定的预期，只要是清单以外的，就不再受政府审批的约束，充分尊重了投资者的微观主体地位，有利于外国投资者充分发挥自身优势进行经营业态和内容上的创新。同时，取消审批通过制度创新提高了政府的办事效率，降低了审批人员的寻租空间。

（三）对外国投资者实施商事登记制度改革

1. 取消公司注册资本的最低限额

现有的审批规则是对外国投资者的注册资本要求按照《中华人民共和国公司法》规定，有限责任公司为一人有限责任公司时，最低注册资本为 10 万元人民币，其余情况下最低注册资本为 3 万元人民币。法律法规对注册资本有明确规定的除外，自贸区内工商部门对企业的注册资本由实缴登记制改为了认缴登记制，取消了注册资本的最低限额，允许外国投资者可以以任意金额设立企业，大大方便了资金不足的创业型公司的设立。当然，取消企业的最低注册资本限额虽然可以以任意低的资金注册公司，但毕竟注册资本是一个企业规模和竞争实力的象征，如果企业要在市场中具有竞争力，还需要有和公司经营范围匹配的注册资金。同样，取消注册资本的最低限额也不代表注册资本越高越好，因为政府还会对企业后续的资金到位情况实施监管。

2. 取消对出资期限的规定

《中华人民共和国外资企业法》规定，外国投资者应当在公司营业执照签发之日起 90 天内至少缴纳注册资本的 15%，其余在三年内缴清。在实际操作中，也可按照

《中华人民共和国公司法》规定，首期出资不低于公司注册资本的20%，其余在两年内缴清。自贸区取消了对区内成立外资企业实收资本的登记、出资期限的限制，以及不再收取外资验资报告，允许"零首付"创办公司，对于资金不充足的外国投资者可以不必非在前三个月内到位首期注册资本，这在一定程度上降低了首创企业的资金成本，提高了资金运作效率，而且避免了在实际验资中出现的由中介公司进行"垫资"等的作假行为。

3. 取消虚拟注册

在自贸区设立企业取消了虚拟注册，必须要有最少20平方米的独立办公场地和简易的办公设备。这在一定程度上避免了当下一些外国投资者为取得税收优惠或政策扶持只注册不经营，也不缴纳注册地的租赁费等情况的发生，提高了不认真从事企业经营的外国投资者的作假成本。

4. 取消公司法人资格成立前的前置审批

自贸区内实行"先照后证"登记制，在公司营业执照取得前不需要一切前置审批，公司营业执照取得后即可开展一般性经营活动，在取得相关许可证和批准文件后再进行相应内容的许可活动。而在当前的外资管理体制中，在"外商投资批准证"和工商"营业执照"取得前都存在前置审批，以商务部门批准后、工商登记前居多，这给企业进行日常的业务开展和合同的签订带来了极大不便。比如，成立一家咨询公司，如果经营范围中有"代理记账"业务，在商务部门进行审批之前，必须要在财政局获得前置资格许可，否则此项业务内容就不可写在经营范围中。现在实行"先照后证"，则企业可先获得营业执照，从事企业管理咨询、投资咨询等其他业务，需要从事"代理记账"业务时再去相关部门获得行政许可。再比如，一家从事生产兼贸易的公司，现有的审批体制要求必须在工商部门登记之前获得环保部门的环评许可，实行"先照后证"后，企业获得营业执照取得法人资格后，就可直接从事贸易相关经营内容，只需在将要从事生产相关业务时再办理环评许可。因此，取消前置审批大大促进了企业自主经营的主动性和投资的便利化。

5. 取消对外资企业的联合年检

在当前的外资管理体制中，每年商务、工商、税务等相关部门都要联合办公对区内企业进行年检，耗费大量的时间、人力和物力。商事登记制度改革取消了联合年检而代之以企业年报公示制度，把政府对企业的监管变成了企业自身的自我约束和自我体检，大大节省了政府各部门和企业的人力、物力和时间成本。

6. 简化程序，提高效率

在现有的审批体制下，以浦东新区为例，在企业所有材料齐备的情况下，商务部门承诺5个工作日可获得外资企业批准证书，工商部门承诺5个工作日可获得营业执照，如果再加上在营业执照之前办理其他资质许可的时间，起码要三周时间企业才可正式获得营业执照。现在自贸区内对外资企业从事负面清单以外的项目实行备案制，遵循登记中的"先照后证"原则，在资料齐全的情况下，外资企业只要四个工作日就可获得营业执照，大大提高了办事效率。

7. 对外国投资者放开境内人民币直接投资

近年来，随着人民币升值和外币的相对贬值，很多企业要求以人民币形式进行注册。2011年以前，对外资企业以人民币注册要求其以等值的外币按照出资当天的汇率进行折算，或者允许境内设立的外资企业以获得的利润转增资或新设企业。2011年10月12日，商务部《关于跨境人民币直接投资有关问题的通知》规定允许境外投资者以合法获得的境外人民币依法开展直接投资活动，进一步促进了外资的投资便利化。随着自贸区内对外开放程度的不断提升和金融体制改革的推进，实施"一线放开，二线管住"的原则，在确保"国家安全、金融稳定、社会安宁"的原则下，逐步允许人民币资本项目可兑换、人民币跨境使用和利率市场化，将进一步尝试放开外国投资者以境内合法获得的人民币进行直接投资。吸引外资重在引智，对外国投资者放开境内人民币直接投资，可以吸引更多的技术和知识密集程度高的高新技术产业和金融业等高端服务业，避免外资撤离风险，同时提高外商投资的便利化程度。

第五章 开放型经济背景下中国自贸区金融领域改革

第一节 自贸区建设与人民币国际化进程

按照国际货币基金组织的资本项目开放度的 7 大类分类和 40 小类标准判断，人民币资本项目（除了在个别项目上还存在额度限制外）实际上已基本开放。值得注意的是，现在世界上没有一个国家毫无保留地实行资本项目开放。虽然人民币国际化有赖于资本项目的更加开放，但它不构成绝对和必要条件，因为资本项目开放的国家很多，它们的货币也并非都是国际货币。

随着自贸区账户和人民币的两个资金池的扩容和便利性的发展，资本项目可兑换额度将越来越大。在可预测的几年内，中国的资本项目一定会"水到渠成"全部开放。因此，我们更要放眼在资本项目完全开放后人民币的国际化，未来 30 年是资本项目开放后继续人民币国际化的 30 年。人民币国际化是否能真正提升中国整体国民福利，需要人们认真考虑近期目标与长远目标是否达到动态均衡。

一、人民币从"负债"国际化转向"资产"国际化

过去近 40 年，中国实体经济借改革开放的东风，通过外向型经济充分利用境内外两种资源，使制造业得以长足发展。这不仅提升了中国企业在国际市场上的竞争力，而且使中国企业积累了大量外汇储备。由于人民币还不是"外汇"，并且中国本土资本市场也难以确保这种资产的价值维持，这种积累的大量外汇储备不得不以美元的形式逗留在美国（多数以美国国库券的形式存在）。也就是说，中国的对外资产多数是美元，而美元自从《布雷顿森林协定》后就开始不断"放水"，美元危机不断，中国对外资产面临不断贬值的风险。目前，人民币国际化是通过中国对外负债形成的。

换言之，人民币在中国香港、伦敦、澳大利亚等的离岸市场上交易量的增加，多

数来自这些国家（地区）向中国的出口。一方面，中国要让渡国内市场，进口这些国家（地区）的产品；另一方面，支付给它们人民币（正在升值的资产），才能使这些国家和地区居民获得人民币的所有权（特里芬难题式的国际货币）。通俗地说，目前的人民币国际化是一种人民币"负债"国际化。中国的对外资产长期处于"不对称"状态：资产（美元）在不断贬值，负债（本币）在不断升值。长此以往，中国的福利就会受到侵蚀。

　　未来30年，人民币的国际化要改变这种状况。自贸区要承担起"转变"这种资产负债动态的不对称的责任。"把境外负债人民币转化为资产人民币"是自贸区最大的功能和贡献之一。自贸区账户（五类）让境外的人民币"回流"，让区内注册的企业利用回流的"负债"人民币到境外投资（变为"资产"人民币），这是一个长期的过程。人民币资本输出将随着中国跨国企业的脚步走遍全球，这是国家经济强盛的标志。让中国企业到竞争最激烈和陌生多变的环境中，能生存下来的企业才是最具生命力的。

　　未来30年，金融服务实体经济可能更多面向的是海外"丝绸之路经济带"。尤其是横跨亚欧大陆的经济带是人民币走出去的最大"亮点"。因为这条经济带还未被美元完全占领。这个地带不是东南亚的"亚洲美元区"。日元国际化的最初战场是东南亚，这是原来美元的势力范围，这意味着日本要侵蚀美元的领地。美国凭借本土的市场强势，不允许东南亚向美出口使用日元标价。东南亚总体的购买力有限，日资企业在东南亚生产的产品不可能都在东南亚当地销售，最终市场必然会转向美国，而返销日本市场的比重也不会大，日本市场毕竟狭小，无法容纳大量来自东南亚的出口。20世纪90年代初，日本"宫泽喜一计划"（日元国际化计划）将优惠利率贷款给东南亚，企图让东南亚企业利用日本的优惠贷款在日资企业的产业链上使用日元，但最终还是以"不了了之"收场。历史证明这种以"补贴式"推行日元国际化的方法是不可持续的。

　　处于长期升值趋势的人民币"负债"国际化，加上本土与离岸的"利差"从某种角度说也是"补贴式"的本土货币国际化。若不及时转换模式，也将被证明"不可持续"。因为随着资本项目的开放，人民币汇率波动幅度将会增大，而汇率波动幅度增大，自然会阻止国际游资在中国资本市场上的"大进大出"（根据利率平价论的原理）。当人民币升值趋势减弱时，人民币"负债"国际化就会迅速下跌（海外的非居民则失去了持有人民币的动机）。亚欧的"丝绸之路经济带"可能让中国绕开美元的势力范围，另辟蹊径，避免重蹈日元国际化失败的覆辙。为此，自贸区加强了人民币资金池的流动性，使其强于外币资金池的流动性。自贸区以及上海国际金融中心在这个过程中促成了中国人民币对外资产负债账户的平衡。

二、上海国际金融中心在匹配"负债"与"资产"国际化中的作用

上海国际金融中心以及各类市场和平台的建设都是为中国长远利益而谋划的。无论什么形式的人民币国际化（资产模式或负债模式）都是在中国境内账户上的居民与非居民的所有权变更。无论哪种形式（存款、贷款、债券、股票、大宗商品和其他衍生品）都需要一个高效率的市场平台的支持。这个平台必须是国际一流的，需要配备国际一流的人才。

未来 30 年，上海要营造人才集聚的"软环境"。没有一流的人才不会出现一流的金融。丝绸之路的源头——长安，就是当时各国文化和商人融合的地方。现在的美国纽约和英国伦敦也是如此。从文化融合中鉴别"一流"，再通过"一流"吸引高端人才，这将是一个叠加效应。第二次世界大战后虽然英国实力不如美国，但伦敦仍然保留其第一大外汇市场的地位。这是因为伦敦通过自身的"金融大改革"的不断更新，适应了变更中的世界经济形势的变化。2016 年 6 月，英国伦敦市场首发 30 亿元人民币债券就是典型案例。此次英国政府发行人民币主权债券，凸显了英国政府将伦敦建成全球最活跃的人民币离岸市场的信心，也创造了人民币国际化的"新里程碑"。这是人民币（资产）国际化的重大进展。而纽约至今却对人民币表现"淡漠"（出于种种原因）。"与时俱进"要求上海国际金融中心承担起未来 30 年中国金融改革开放的重任，融合世界一流的文化、技术和制度变革，避免"刻舟求剑"。在大数据时代，人民币跨境结算和清算系统（CIPS）的完善，与国际资金清算系统（SWIFT）等接轨，不仅降低了人民币跨境结算的成本，而且可以及时发现资金流动的蛛丝马迹，在技术层面上扩大监管覆盖面，资本项目开放也并非想象得那么可怕。

有人认为日元国际化不如意是日本金融改革长期滞后所致，这其实只说对了一部分。30 年前，在日本经济每年以 10% 以上的速度增长时，东京离岸市场的成交量曾经是亚洲第一，超过新加坡和中国香港。然而，金融毕竟是金融，没有实体经济的支撑，就变成了"无本之木"。中国过去 30 年金融改革也相当滞后，人民币国际化目前的地位是凭借中国制造业在世界市场"拼搏"获得的。为此，在论及未来 30 年人民币国际化时，不能有偏颇，不能就金融论金融。人民币"资产"国际化需要中国出口企业"异质性"产品的强势取得。当年日本家用电器产品的强势，迫使进口方接受日元的定价。美元的国际化也是如此，美国不仅有苹果公司的拳头产品，还有全球最强的资本市场。因此，美元可以获得"双向"资产和负债国际化的最佳配合。

由此可以看出，美国的国际收支平衡表是动态的"蝴蝶型"。虽然上海侧重于金

融改革创新，但必须与长三角乃至全中国企业的创新相匹配。单向的"资产"或"负债"本币国际化是难以长足发展的，虽然可以一时地动态向前发展，但毕竟是"跛足"的。在过去 10 年中，人民币的国际化被认为是"跛足"的发展，在未来 30 年中若继续这种"跛足"是相当危险的。金融与实体经济哪一方滞后（没有创新）也会拖后腿，在发展加速中的风险则更大。可以说，相互协调或动态协调需要创新，创新是中国经济发展永恒的追求。

三、"创新"促进本币"负债"与"资产"国际化

人民币国际化是中国未来 30 年的主题。中国经济的发展有赖于货币的刺激，为此货币增长将成为常态。如今，美国、欧元区、日本都在加速货币供给。为了避免在本土出现通货膨胀，货币"溢出"海外将成为常态，竞争国际货币的位置将变得愈加激烈。未来 30 年人民币成为国际货币需要通过"创新"加速，倘若按照常规，则需要更多的时间。历史的事实是当美国人均国民生产总值超过英国 50 年后，通过布雷顿森林体系，美元才取代英镑坐上了世界货币霸主的位置。目前，中国人均国民生产总值还远远不如美国，"创新"不会一蹴而就，需要一定的准备和积累过程。未来 30 年，人民币国际化取决于与其资产负债相匹配的协调发展，不仅需要"资产"国际化方的出口"异质性"，而且需要"负债"国际化方上海国际金融市场的吸引力，两者相互推动。单一"跛足"发展的风险很大，要在动态中协调，而推动两者的动力就是"创新"。

第二节　中国自贸区金融法制环境的改革历程

一、金融改革 1.0 版：金融支持上海自贸区建设的总体政策框架

（一）自贸区金融改革纲领性文件《总体方案》

2013 年 9 月 18 日，国务院批准并印发了《中国（上海）自由贸易试验区总体方案》（以下简称《总体方案》）。此后不久，上海市人民政府会同中国人民银行、银监会、证监会、保监会（简称"一行三会"）据此出台了支持上海自贸区建设的"五十一条意见"，上海的"一行三局"也相应出台了实施细则，确立了金融支持自贸区建设的总体政策框架，由此开启了自贸区金融改革 1.0 版本时代。

《总体方案》作为纲领性文件，对全面深化改革和扩大开放探索新途径以及积累

新经验具有重要意义。它确定了上海自贸区深化金融领域开放创新的主要任务，主要集中在加快金融制度创新和增强金融服务功能两方面。在加快金融制度创新方面，主要表现为以下几点：① 在风险可控的前提下，对人民币资本项目自由兑换进行先行先试；② 金融市场实行利率市场化，包括金融机构资产方价格实行市场化定价；③ 建立与自贸区相适应的外汇管理体制，实现投资便利化；④ 鼓励企业利用境内、境外两个市场资源，实现融资自由化、便利化。在增强金融服务功能方面，主要表现为以下几点：① 推动金融服务业向民营资本和外资金融机构开放，支持设立外资银行和中外合资银行；② 建立面向国际的交易平台，支持股权托管交易机构在试验区内建立综合金融服务平台；③ 支持开展人民币跨境再保险业务，培育发展再保险市场。

（二）自贸区内银行业监管法律规则的框架

2013 年 9 月 28 日，中国银监会发布了《中国银监会关于中国（上海）自由贸易试验区银行业监管有关问题的通知》（以下简称《通知》），支持银行业机构入区发展。

《通知》允许中资银行入区发展，在区内设立分行或专营机构或升格现有网点；支持区内设立非银行金融公司，具体包括支持区内符合条件的大型企业集团设立企业集团财务公司；支持符合条件的发起人在区内申设汽车金融公司、消费金融公司；支持上海直辖内信托公司迁址区内发展；支持全国性金融资产管理公司在区内设立分公司；支持金融租赁公司在区内设立专业子公司；支持外资银行在区内设立子行、分行、专营机构和中外合资银行，并在允许区内外资银行支行升格为分行的同时，适当缩短区内外资银行代表处升格为分行，以及外资银行分行从事人民币业务的年限要求；支持民间资本进入区内银行，用民营资本在区内设立自担风险的民营银行、金融租赁公司和消费金融公司等金融机构，并可参股中、外资金融机构在区内设立中外合资银行。

除了银行及金融机构设立的条件放宽和资本多样化的提升，《通知》在银行业务方面也推出了更多开放措施。《通知》承诺支持区内银行业金融机构发展跨境融资业务，包括但不限于大宗商品贸易融资、全供应链贸易融资、离岸船舶融资、现代服务业金融支持、外保内贷、商业票据等；支持区内银行业金融机构推进跨境投资金融服务，包括但不限于跨境并购贷款和项目贷款、内保外贷、跨境资产管理和财富管理业务、房地产信托投资基金等，并允许中资银行在区内开展离岸银行业务。此外，《通知》对相关程序和监督机制有所涉及，提倡简化准入方式，将区内银行分行级以下（不含分行）的机构、高管和部分业务准入事项由事前审批改为事后报告，且更加强调完善监管服务体系、有效防范风险。

（三）自贸区资本市场改革的探索

2013 年 9 月 29 日，中国证监会发布了《资本市场支持促进中国（上海）自由贸易试验区若干政策措施》（以下简称《措施》），以探索在证券、期货领域的制度改革方向。

《措施》规定了以下几方面的内容：① 同意上海期货交易所在自贸区内筹建上海国际能源交易中心股份有限公司，并依托该平台引入境外投资者参与国内期货交易市场业务；② 在自贸区内设立境内外期货交易双向投资渠道，允许符合条件的自贸区内机构或个人参与境内和境外期货交易市场的交易；③ 允许自贸区内公司在境外的母公司在区内以人民币为单位发行公司债券，探索国际金融资产交易；④ 支持证券期货经营机构在区内注册成立专业子公司，包括风险管理子公司和资产管理子公司；⑤ 支持区内证券期货经营机构开展面向境内客户的大宗商品和金融衍生品的柜台交易。

该《措施》是中国证监会为了响应《总方案》做出的初步政策措施规划，需要后续更加细致的实施规则支撑，这样才能更好地为自贸区金融改革服务。

（四）支持自贸区金融改革的地方性法律文件

2013 年 9 月 29 日，上海市人民政府发布了《中国（上海）自由贸易试验区管理办法》（以下简称《管理办法》）。作为一份综合性的关于自贸区改革的地方规章，《管理办法》的内容几乎涵盖自贸区的各个方面。《管理办法》共分为 6 章，其中第 5 章规定了自贸区金融创新与风险防范机制，符合《总体方案》提出的"要深化金融领域的开放创新，加快金融制度创新，增强金融服务功能"的要求。

根据《总体方案》，《管理办法》在金融创新改革方面明确了以下四方面的举措：① 在资本项目可兑换方面，自贸区实行资本项目可兑换，在风险可控的前提下，通过分账核算方式，创新业务和管理模式；② 在利率市场化方面，在自贸区培育与实体经济发展相适应的金融机构自主定价机制，逐步推进利率市场化改革；③ 在人民币跨境使用方面，自贸区内机构跨境人民币结算业务与前置核准环节脱钩，自贸区内企业可以根据自身经营需要，开展跨境人民币创新业务，实现人民币跨境使用便利化；④ 在外汇管理方面，建立与自贸区发展需求相适应的外汇管理体制，推进贸易投资便利化。

《管理办法》开放了更大的金融主体，允许不同层级、不同功能、不同类型的金融机构进入自贸试验区，允许金融市场在自贸试验区内建立面向国际的交易平台，提供多层次、全方位的金融服务，并且在大力发展金融改革和创新的同时配合国家金融管理部门在自贸试验区建立与金融业务发展相适应的监管和风险防范机制。

必须指出的是，在我国现有的政治法律框架下，《管理办法》所涉及的诸多金融体制改革的内容，严格来说都归属为中央事权，因此很难通过一部地方性的法规予以具体落实。故总体而言，其象征意义要大于实质意义。

（五）纲领性的"央行三十条"

中国人民银行于 2013 年 12 月 2 日发布了《关于金融支持中国（上海）自由贸易试验区建设的意见》（以下简称《意见》），以期形成在人民币国际化和外汇改革方面可复制、可推广的创新业务及管理模式。该《意见》仍未形成具体政策，还需要相关部门推出具体可操作的规则后才可以具体实行，但该《意见》体现了"坚持开放创新、先行先试"的理念，为个人资本项下的放开提供了支持。

二、金融改革 2.0 版：自由贸易账户系统投入

上海自贸区金融改革 2.0 版中最引人瞩目的是自由贸易账户，即 FTA（Free Trade Account）的构建。2014 年 5 月，围绕"贸易和投资便利化"这一主题，金融改革政策全面开始实施，以 FTA 为核心的风险管理系统正式投入运行。自此，自贸区金融改革进入 2.0 版阶段。

（一）人民币跨境使用的制度支持

2014 年 2 月 18 日，中国人民银行上海总部印发了《关于上海市支付机构开展跨境人民币支付业务的实施意见》（以下简称《实施意见》）的通知。该《实施意见》明确了开办跨境人民币支付业务的主体、开办条件、开办内容、备付金管理、风险管理和申请备案等程序性事项，其中支付主体包括注册成立并有互联网支付业务许可的支付机构，具体而言，是指区内注册成立和区外市内注册成立的支付机构，市外注册成立并有互联网支付业务许可的支付机构在试验区内设立的分公司。市外地区注册成立的支付机构在试验区内设立分公司须按照《非金融机构支付服务管理办法》等制度规定，向中国人民银行上海总部（上海分行）进行备案。

2014 年 2 月 20 日，中国人民银行上海总部发布了《关于支持中国（上海）自由贸易试验区扩大人民币跨境使用的通知》，该通知标志着"央行 30 条意见"中关于跨境人民币扩大使用相关政策在自贸区正式落地。通知紧密围绕"服务实体经济，便利跨境投资和贸易"的要求，进一步简化自贸区经常和直接投资项下人民币跨境使用流程，明确人民币境外借款规模与使用范围、跨境电子商务结算和人民币交易服务等创新业务，共包括十大部分：① 国家出台的各项鼓励和扩大人民币跨境使用的政策措施均适用于自贸区；② 自贸区经常和直接投资项下跨境人民币结算；③ 自贸区个人银行

结算账户；④ 自贸区人民币境外借款；⑤ 自贸区跨境双向人民币资金池；⑥ 自贸区经常项下跨境人民币集中收付业务；⑦ 跨境电子商务人民币结算业务；⑧ 关于跨境人民币交易服务；⑨ 关于信息报送；⑩ 关于反洗钱、反恐融资和反逃税。

（二）利率市场化的进一步探索

2014 年 2 月 25 日，中国人民银行上海总部出台了《关于在中国（上海）自由贸易试验区放开小额外币存款利率上限的实施意见》（以下简称《意见》）。自 2000 年 9 月起，中国人民银行就已全面松绑外币贷款利率，允许后者由各金融机构根据国际金融市场利率的变动情况以及资金成本、风险差异等因素自行确定。2005 年，中国人民银行放开了大额外币（300 万美元以上）存款利率上限，可由双方自行协商确定中国人民银行对外币利率的管制仅限于一年期及以内的美元、日元、欧元、港币四个币种的小额外币存款利率上限，各家银行可按中国人民银行公布的利率标准为上限，自主确定实际存款利率。《意见》共 10 条，其中明确指出，中国人民银行上海总部决定自 2014 年 3 月 1 日起放开自贸区内小额外币存款利率上限。目前，"小额"外币存款是指 300 万美元以下或等值的其他外币存款。上海地区金融机构对区内居民外币存款利率自主定价。区内居民包括在区内依法设立的中外资企事业法人（含金融机构）、在区内注册登记但未取得法人资格的组织、其他组织、境外法人机构驻自贸试验区内的机构以及在区内就业一年以上的境内个人。

在松绑小额外币存款利率上限的同时，《意见》对金融机构提出了如下要求。

第一，强化外币利率定价机制建设，完善相关管理制度。着力培育并提高外币存款自主定价能力，以市场供求为基础，合理确定外币存款利率，强化财务硬约束，提高差异化服务水平。

第二，要建立自贸区外币存款利率风险管理体系。利率风险管理体系主要包括确定利率风险的管理目标、管理组织体制、利率风险的评估方法、利率风险限额，制定压力测试实施意见及风险管理措施等内容。

第三，做好区外币存款统计工作，建立外币存款利率每日报价制度。密切关注国内外金融市场利率和汇率动态，合理预测外币利率变动趋势，科学评估区内外利差变动导致外币资金流动的潜在影响，做好利率波动的风险预案。

第四，切实做好风险防控，按政策要求开展业务。具体包括以下几个方面：① 制定自贸区客户资质审核细则，严格开户标准，防止利用虚假身份办理业务进行资金腾挪套利的违规行为；② 建立试验区外币存款利率的监测分析机制，密切追踪分析政策实施后区内外币利率变化情况，并将制定的相关管理办法及时报送中国人民银行上海总部备案；③ 对于不能履行上述规定和要求的金融机构，中国人民银行上海总部将予以内部警告、通报批评、责令整改，并运用宏观审慎管理工具予以处理，直至采取叫停业务等临时性管制措施。此前，大额外币存款利率已没有上限，因此放开小额外币存款利率上限对外币流动市场实际影响不大。2014 年 6 月，中国人民银行总部发布《关于在上海市放开小额外币存款利率上限的通知》，全面放开上海市小额外币存款利率上限。

（三）市场准入监管的改革措施

中国银行业监督管理委员会上海监管局于 2014 年 5 月 12 日颁发了《关于试行中国（上海）自由贸易试验区银行业监管相关制度安排的通知》（以下简称《通知》）。该《通知》还包括三个附件，分别是《关于简化中国（上海）自由贸易试验区内相关机构和高管准入方式的实施细则（试行）》《中国（上海）自由贸易试验区业务风险评估指导意见（试行）》《中国（上海）自由贸易试验区银行业监测报表制度（试行）》。

《通知》正文部分系统阐述了中国银行业监督管理委员会对自贸区银行业的监管原则、思路和主要要求，并重点就自贸区业务的风险评估、统计监测以及自贸区内机构的监管安排、自贸区银行功能布局及资源支持等给予了明确监管指引。三项附件覆盖了银行业监管的事前、事中、事后环节，涉及机构、高管、业务等重要领域，构成了自贸区银行业监管的基本框架，对于引领和规范银行业金融机构推进自贸区业务的创新与稳健发展，探索在更加市场化、法治化、国际化环境下，形成可复制、可推广的有效银行业监管经验具有重要意义。

（四）分账核算业务的启动

2014 年 5 月 22 日，中国人民银行上海总部发布了《关于印发〈中国（上海）自由贸易试验区分账核算业务实施细则（试行）〉和〈中国（上海）自由贸易试验区分账核算业务风险审慎管理细则（试行）〉的通知》，两份细则作为附件随该通知同时下发。

该通知正文部分宣布自贸区分账核算管理制度建设正式启动，并按照先本币、后外币分步推进。附件一《中国（上海）自由贸易试验区分账核算业务实施细则（试行）》共 5 章 35 条，侧重试验区分账核算业务的开展及相关要求，详细规定了上海地区金融机构内部建立试验区分账核算管理制度的具体要求，以及自由贸易账户的开立、账户资金使用与管理等内容。附件二《中国（上海）自由贸易试验区分账核算业务风险审慎管理细则（试行）》共 9 章 38 条，主要根据宏观审慎管理和风险防控的要求，对试验区分账核算业务管理的审慎合格标准、业务审慎合格评估及验收、风险管理、资金异常流动检测预警以及各项临时性管制措施做出了明确规定。上述两项细则表明，上海自贸区规则统一的本外币自由贸易账户体系正式启动建立，开始全面规范区内分账核算业务及其风险审慎管理。

在分析解读上述规则之前，我们首先需要厘清以下几个概念。

（1）试验区分账核算业务是指上海市金融机构依据《意见》设立分账核算单元，并通过自由贸易账户为区内主体提供《意见》第三部分的投融资创新等相关业务，以及按准入前国民待遇原则为境外机构提供相关金融服务。

（2）试验区分账核算单元是指上海市金融机构为开展自贸试验区分账核算业务，在其市一级机构内部建立的自由贸易专用账务核算体系（FTU-Free Trade Accounting Unit），并建立相应的机制实现与金融机构其他业务分开核算。

（3）自由贸易账户是金融机构根据客户需要在自贸试验区分账核算单元开立的规则统一的本外币账户。

（4）区内主体包括区内机构、区内个人以及区内境外个人。区内机构自由贸易账户和境外机构自由贸易账户合称为机构自由贸易账户；区内个人自由贸易账户和区内境外个人自由贸易账户合称为个人自由贸易账户。

自由贸易账号体系的建立拓展了市场主体的业务范围。对境内企业来说，拥有自由贸易账户基本就是拥有了和境外资金自由汇兑的账户，而对境外企业来说，则意味着其可按准入前国民待遇原则获得相关金融服务。具体内容分为以下几个方面。

第一，开展分账核算业务。上海市级金融机构应当按照"标识分设、分账核算、独立出表、专项报告、自求平衡"的要求开展试验区分账核算业务。金融机构试验区分账核算单元吸收的自由贸易账户外币资金余额，除因清算需要必须存放于境内金融机构的，一般不得存放于境内金融机构。如因清算需要存放于境内金融机构的，纳入该清算账户开户金融机构的外债管理。金融机构应按自求平衡原则对分账核算业务进行管理，并建立资金、敞口、杠杆率、流动性和风险控制等业务管理流程。金融机构试验区分账核算单元因向自由贸易账户提供兑换服务而产生的本外币头寸应在区内或境外进行平盘。

第二，自由贸易账号管理。自由贸易账户可办理经常项下和直接投资项下的跨境资金结算。自由贸易分账核算账号主要涉及"FTE""FTN""FTU""FTI""FTF"等不同类别。具体情况如表5-1所示。

表 5-1　自由贸易账号分类

主要分类	具体类别	具体内容
机构账号	区内机构自由贸易账号	适用对象为区内机构在试验区内注册的个体工商户，账号前缀标识为"FTE"
	境外机构自由贸易账号	适用对象为境外机构，只能开立在区内金融机构，账号前缀标识为"FTN"
	同业机构自由贸易账号	适用对象为其他金融机构的试验区内分账核算单元和境外金融机构，账号前缀标识为"FTU"
个人账号	区内个人自由贸易账号	账号前缀标识为"FTI"
	区内境外个人自由贸易账号	只能开立在区内金融机构，账号前缀为"FTF"

金融机构可凭收付款指令办理各类机构自由贸易账户与境外账户、境内区外的非居民机构账户，以及自由贸易账户之间的资金划转。机构自由贸易账户与境内（含区内）机构非自由贸易账户之间产生的资金划转（含同名账户）应以人民币进行，并视同跨境业务管理，金融机构应该按照"展业三原则"要求进行相应的真实性审核。

第三，分账核算体系的建立可打通跨境资金内外联动的四个渠道，初步尝试资本账户开放。同一非金融机构自由贸易账户与其开立的境内其他银行结算账户之间，可办理以下业务项下的人民币资金划转：① 经常项下业务；② 偿还自身名下境内贷款；③ 新建投资、并购投资、增资等实业投资；④ 规定的其他跨境交易。对同一非金融机构的 FT 账户与其境内银行一般账户之间的资金划转，应按上述规定的"3+1"渠道办理。

第四，就具体流程而言，上海市金融机构自发文之日起，提供 FT 服务需要完成四步流程。第一步，按照细则要求启动 FT 分账核算制度建设；第二步，按照标准开展评估和专业评估；第三步，评估合格后向中国人民银行上海总部提出系统接入书面申请；第四步，系统验收合格后才可提供 FT 开户及相关服务。除此流程之外，如参照目前开立离岸账户的流程，审核材料需要各银行支行网点上报总行统一审批，这一过程目前需要一个月。已在自贸区内开立一级分行的银行有望实现对 FT 账户的流程特批，速度明显快于其他银行。

第五，分账核算业务风险审慎管理。中国人民银行上海总部（含中国人民银行上海分行和国家外汇管理局上海市分局，下同）根据金融宏观审慎管理要求，对上海金融机构自由贸易试验区分账核算业务进行监督管理。其内容包括以下几个方面。① 实行业务审慎合格评估及验收。上海金融机构主要采用打分方式对分账核算管理进行专业评估，中国人民银行上海总部按年度组织对金融机构分账核算业务的持续性评估，并根据金融机构准备情况对系统接入情况进行验收。验收采取现场加非现场同步的方式进行。② 区内分账核算业务的宏观审慎管理。对上海市金融机构开办试验区分账核算业务、投融资汇兑等业务以及相关的资金流动进行非现场监测和持续性动态评估管理；建立本外币协调监管工作机制，通过系统采集业务数据，结合国际收支统计申报系统、外债统计监测系统等采集的相关信息，建立非现场监测指标体系，运用宏观审慎管理政策工具实施管理。③ 针对资金异常流动的监测预警和临时性管制。根据日常监测，建立异常资金流动预警机制，并向金融机构发出异常流动预警信号；在一定条件下可对分账核算业务及自由贸易账户的异常资金流动实施干预，包括调整固定工具类的参数和可变工具类的逆转性调节工具等。

自由贸易账号和分账核算管理系统的建成是金融改革 2.0 版的核心内容，该系统与传统系统相比有很大不同。在数据检测方面，传统的管理系统只能一个月或一周汇总一次数据，而自由贸易账号系统能实现每天出数，逐笔实时监测，能监控跨境资金的来龙去脉。此外，该系统全面覆盖了所有市场主体，不仅银行、证券、保险等金融机构可以使用，企业和个人也能开立自由贸易账号。

总而言之，自由贸易账号分账核算体系为自贸区提供了基于审慎监管理念的"电子围网"，能缓冲资金大进大出的潜在风险，为在自贸区先行先试资本项目可兑换等金融领域改革提供了工具和载体，为后续改革，尤其是风险管理体系改革，提供了巨大的空间。

（五）地方性立法的升级

2014 年 7 月 25 日，上海市第十四届人民代表大会常务委员会第十四次会议通过了《中国（上海）自由贸易试验区条例》。该条例共 9 章 57 条，关于金融改革的内容主要集中于第 5 章的"金融服务"，共 8 条，重点提及要在风险可控的前提下，在自贸试验区内创造条件稳步进行人民币资本项目可兑换、金融市场利率市场化、人民币跨境使用和外汇管理改革等方面的先行先试。鼓励金融机构进行自贸试验区金融产品、业务、服务和风险管理等方面的创新，并提出建立国家金融管理部门驻沪机构、市金融服务部门和管委会参加的自贸试验区金融工作协调机制。

该条例具体提出如下改革措施。第一，建立自由贸易账号体系。第二，简化跨境投融资汇兑手续。第三，扩大人民币跨境使用。第四，推进利率市场化建设。第五，改革外汇管理体制。第六，开放金融服务领域。第七，防范金融风险。

三、金融改革 3.0 版：基于自贸账户体系的境外融资全面放开

2015 年 2 月 12 日，中国人民银行上海总部发布了《中国（上海）自由贸易试验分账核算业务境外融资与跨境资金流动宏观审慎管理实施细则》（以下简称《实施细则》。这标志上海自贸区金融改革由此迈入"金改 3.0 版"时代。"金改 3.0 版"时代的重点是围绕上海国际金融中心建设的各个要素，联动推进自贸区金融改革和上海国际金融中心建设，使资本项目可兑换得到全面有序实施；自贸区企业和金融机构境外融资全面放开，上海个人境外投资落地实施；利率市场化全面推进，上海金融市场与国际市场双向开放，金融业准入扩大对内、对外开放；金融监管的负面清单管理全面实施，以自由贸易账户系统为标志的各类强大的事中、事后风险管理和金融安全系统全面到位；安全、快速、同步地推进自贸区建设与上海国际金融中心建设。

（一）境外融资规则的全面创新

《实施细则》是在前期建立自由贸易账户分账核算管理框架下，对区内企业和金融机构开展境外融资做出的符合宏观审慎管理政策框架的制度安排，是对自贸试验区分账核算业务的进一步充实和深化，适用范围为整个自贸试验区，含扩区前和扩区后的范围，注册在试验区内并开立了自由贸易账户的各类企业（不包括分支机构）、非银行金融机构，已建立自由贸易账户管理系统的上海地区金融机构。《实施细则》第 1 章"总则"部分，首先明确了"分账核算境外融资"即为上海地区金融机构通过试验区分账核算单元办理的从境外融入资金的行为和试验区内企业及非银行金融机构通过自由贸易账户从境外融资的行为；其次明确了金融机构主体为中国人民银行、中国银监会、中国证监会和中国保监会批准在上海地区设立的各类法人金融机构和全国性金融机构在上海设立的分支机构，且这些机构已经建立内部试验区分账核算管理制度，接入中国人民银行上海总部的相关系统。《实施细则》后几章明确了自贸区企业和金融机构在境外融入资金的规模、用途以及相应的风险管理办法。

总体而言，该《实施细则》有五大创新之处，分别如下。

第一，扩大了境外融资的规模和渠道，企业和各类金融机构可以从境外融入资金。整体上，为落实中央精神，《实施细则》上调了经济主体从境外融资的杠杆率。企业的融资规模从原来资本的一倍扩大到两倍。银行原来不能从境外融入人民币资金，在新的政策框架下，可以从境外融入本外币资金。非银行金融机构如证券公司

等，也能从境外融入资金。

第二，运用风险转换因子等新的管理方式优化境外融资结构。《实施细则》创造性地使用风险转换因子（包括期限风险转换因子、币种风险转换因子、类别风险转换因子）引导经济主体的境外融资结构。这种新的管理方式鼓励企业和金融机构使用人民币、中长期以及用于支持实体经济的资金，不鼓励短期融资。同时，《实施细则》将表外融资也纳入境外融资的管理范围。

第三，改革事前审批为事中、事后监管。取消了境外融资的前置审批，扩大了经济主体的自主权。借债主体可按照自身资本规模的大小，在核定的规模内，综合考虑期限、币种、融资类别等因素，自主决策以何种方式开展境外融资、融资期限、融资币种等事项，将这些本应属于企业自主决定的权利归还给企业。中国人民银行将根据系统采集到的区内主体境外融资实际情况，进行事中、事后的监测管理，从宏观上把控境外融资的整体风险。

第四，建立了宏观审慎的境外融资风险管理新模式。中国人民银行可根据试验区跨境及跨区资金流动、区内及境内信贷供求情况，对境外融资杠杆率、风险转换因子、宏观审慎政策参数等进行调整，必要时还可采取总体规模调控等应急管制措施。中国人民银行根据系统采集的数据以及试验区经济金融运行和跨境跨区资金流动情况建立相应的风险预警指标体系，并可根据风险防控需要对风险预警指标和宏观调控政策工具进行调整和完善。

第五，在上海率先建立了资本账户可兑换的路径和管理方式。在路径上，全面放开本、外币境外融资。《实施细则》将本外币融资纳入统一的政策框架内，中外资企业或金融机构可依据统一规则，自主选择从境外借用人民币资金还是外币资金。在管理方式上，依托自由贸易账户管理系统，采用风险转换因子等现代管理手段，对风险进行 24 小时逐笔实时监测，确保金融安全。

（二）自贸区境外融资法律规则体系的形成

《实施细则》在上述五项创新的基础上，对具体规则做出了详细的规定。

在境外融资规模方面，各类融资主体境外融资的计算公式如下。

境外融资分账核算境外融资 = Σ境外融资余额 × 期限风险转换因子 × 币种风险转换因子 × 类别风险转换因子

其中，风险因子因币种而不同：境外融资以人民币计价结算的，币种风险转换因子设定为 1，以外币结算的，币种风险转换因子设定为 1.5；风险因子根据境外融资类别也有所不同：表内融资的风险转换因子设定为 1，表外融资（或有负债）的风险转换因子设定为 0.2 和 0.5 两档。

在境外融资计算规则方面，《实施细则》明确了不计入分账核算境外融资的业务类型。① 吸收的存款。金融机构基于自由贸易账户服务，从境外主体吸收的境外本外币存款不计入境外融资；如将吸收的外币存款资金存放在境内机构（含上级法人机构）时，按现行外币外债管理规则计入该机构的外债余额。② 贸易信贷、非融资性担保与人民币贸易融资。区内企业因开展真实跨境贸易产生的贸易信贷（包括应付和预收）和人民币贸易融资不计入其境外融资。金融机构因办理基于真实跨境贸易结算产生的各类人民币贸易融资，不计入境外融资。金融机构因支持实体经济开展国际贸易及投资活动时出具的非融资性担保不计入境外融资。③ 自用熊猫债。区内企业的境外母公司在中国境内发行人民币债券并用于集团内设立在区内全资子公司的，不计入境外融资。④ 集团内资金往来。区内企业主办的集团内跨境资金（仅限生产经营活动产生的现金流和实业投资活动产生的现金流）集中管理业务不计入境外融资。⑤ 转让与减免。在境外融资转增资本或已获得债务减免等情况下，相应融资金额不再计入境外融资。境外融资形成的区内债权资产真实出表，并向境外转让后获得的境外资金不再计入境外融资，原计入的境外融资不变。

以上种类不计入境外融资规模，是为了与中国人民银行总行已经在全国实施的统一政策以及试验区原发布政策相衔接。境外机构在境内发行的人民币债券是我国的债权，与其用于境内所投资的子公司而形成的境内主体对外负债存在对应关系。因此，自用熊猫债不计入境外融资规模。分账核算业务已有明确规定外币资金应存放境外，如果存放境内则按现有规则计入境内机构的外债规模。外币进入自由贸易账户后，外币存款不计入境外融资。

计入分账核算境外融资的业务类型包括以下几种。① 外币贸易融资。金融机构和企业均按 20% 计入境外融资，但考虑到其与跨境贸易的紧密关系，期限转换因子设定为 1。② 表外融资（或有负债）。金融机构因向自由贸易账户客户提供基于真实跨境交易和资产负债币种及期限风险对冲管理服务需要而形成的对外或有负债（包括融资性担保），按 20% 计入境外融资；因自身币种及期限风险对冲管理需要，参与国际金融市场交易而产生的或有负债，按 50% 计入境外融资。③ 其他各类业务。其余各类对外负债均按实际情况计入境外融资余额。

在境外融资上限计算规则方面，《实施细则》给出了境外融资上限的计算公式，即"资本 × 境外融资杠杆率 × 宏观审慎调节参数"。其中，资本包括实收资本（或股本）和资本公积两部分，以最近一期境内注册会计师出具的验资或审计报告为准。

宏观审慎调节参数初始值设定为 1。分账核算境外融资杠杆率按主体类型设定：第一，区内法人企业（分支机构不适用）设定为其资本的 2 倍；第二，非银行金融机构中已建立分账核算单元的区内非银行法人金融机构设定为其资本的 3 倍，非银行金融机构的上海市级分账核算单元设定为其境内法人机构资本的 8%，未建立分账核算单元但在其他金融机构分账核算单元开立自由贸易账户的区内法人非银行金融机构按其资本的 2 倍设定，非银行法人金融机构在区内的直属分公司按境内法人资本的 5% 设定；第三，银行中已建立分账核算单元的区内新设法人银行机构设定为其一级资本的 5 倍，银行上海市级分账核算单元设定为其境内法人机构一级资本的 5%。

境外融资杠杆率设定的考虑因素主要有以下几个方面。一是《实施细则》纳入了外币、短期以及表外三个因素，形成了全口径的境外融资概念。二是为试验区提供自由贸易账户服务的金融机构分账核算单元设在上海市级机构，可用一定的方法计算得出与其境内法人机构资本挂钩的比例，用于支持分账核算业务的境外融资。银行上海市级试验区自由贸易账户分账核算单元的境外融资杠杆率为其境内法人机构一级资本的 5%，非银行金融机构的上海市级试验区自由贸易账户分账核算单元的境外融资杠杆率为其境内法人机构实缴资本的 8%。主要考虑到融资服务应跟得上区内外向型经济的发展需要并兼顾试验区企业"走出去"的需要，同时考虑构建一个资本约束的风险控制机制。三是调整企业和非银行金融机构资本杠杆率中的资本口径。资本采用"实收资本（或股本）+ 资本公积"，而非"所有者权益"，这是因为所有者权益中的未分配利润和盈余公积存在较大的波动性，采用"实收资本（或股本）+ 资本公积"这种方式，其可操作性较强。

（三）构建境外融资的风险控制机制

除具体规则外，《实施细则》还规定了风险防控措施和相应的法律责任。

在宏观调控方面，《实施细则》强调了建立风险预警指标体系，并列举了各项宏观调控政策工具。

关于风险预警指标体系，《实施细则》要求中国人民银行上海总部根据系统采集的数据以及试验区经济金融运行和跨境跨区资金流动情况，建立相应的分账核算境外融资风险预警指标体系，主要的预警指标包括境外融资规模预警指标、境外融资结构预警指标（境外融资货币结构指标、汇率敏感度指标、期限结构指标、期限错配率等）、跨境 / 跨区资金流动预警指标、区内信贷供求预警指标等。风险预警设置 I 级（轻度风险）、II 级（中度风险）以及 III 级（重度风险）三个风险级别。

关于宏观调控政策工具方面，《实施细则》规定了分账核算境外融资参数类调控工具，包括境外融资杠杆率、风险转换因子和宏观审慎调节参数，其他类工具包括延长融入资金的账户存放期限，对融入资金征收特别存款准备金、征收零息存款准备金以及必要时为维护国家金融稳定采取的规模控制等。

中国人民银行上海总部根据风险预警指标体系向金融机构发出相应等级的风险预警，之后可采用宏观调控政策工具进行相应的调节。调节可以采用单一工具或组合工具的方式进行，也可针对单一、多个或全部金融机构进行。金融机构应配合中国人民银行上海总部的宏观调控管理。

在法律责任方面，《实施细则》明确了以下内容。① 未及时或虚假报送分账核算境外融资有关信息的，中国人民银行上海总部将在查实后对涉及的金融机构做出通报批评，限期整改并根据《中华人民共和国中国人民银行法》和《中华人民共和国外汇管理条例》等有关规定进行查处。② 超规模开展分账核算境外融资，或融资款项用途与本细则规定不符的，资金尚未使用的，应原路退回所融入的款项；资金已经使用的，中国人民银行上海总部可根据《中华人民共和国中国人民银行法》和《中华人民共和国外汇管理条例》等有关规定对借款主体进行处罚；情节严重的，可暂停其开展分账核算境外融资业务。③ 对于办理超额分账核算境外融资结算的金融机构，中国人民银行上海总部将责令其整改；对于多次发生办理超额分账核算境外融资结算的金融机构，中国人民银行上海总部可暂停其开展分账核算业务。

自此，上海自贸区金融改革进入了 3.0 版本阶段，而根据 2015 年 4 月 22 日《国务院关于自由贸易试验区工作进展情况的报告》，在这一阶段，以资本项目可兑换和金融服务业开放为目标的金融制度创新有序推进；为配合上海国际金融中心建设，"一行三会"在自贸试验区内推出 51 项创新举措，主要在资本项目可兑换、人民币跨境使用、小额外币存款利率市场化、外汇管理改革 4 个方面先行先试。同时，上海自贸区通过建立监管协调、跨境资金流动监测、"反洗钱、反恐融资、反逃税"等监管机制，完善金融监管和防范风险机制，有效管控了金融风险。

四、金融改革 4.0 版：大金融布局的全面开放与升级

（一）自贸区金融改革的全面升级

2015 年 10 月 29 日，经国务院批准，中国人民银行会同商务部、银监会、证监会、保监会、国家外汇管理局和上海市人民政府正式联合印发《进一步推进中国（上海）自由贸易试验区金融开放创新试点　加快上海国际金融中心建设方案》（以下简称《方案》）。《方案》涵盖六大板块，其中最大亮点要数在全国范围率先实现人民币

资本项目可兑换,"合格境内个人投资者境外投资试点"也将在自贸区账户下实现,这意味着个人海外直接投资的通道将全面铺开。如果说"一行三会"支持自贸区建设的 51 条意见确立了金融支持自贸区建设的总体政策框架是自贸区金融改革的 1.0 版,自由贸易账户系统投入使用意味着自贸区金融改革进入 2.0 版,基于自贸账户体系的境外融资全面放开代表着自贸区金融改革 3.0 版,那么此次整个大金融布局的全面开放升级可以被视为自贸区金融改革进入 4.0 版阶段。《方案》共有 40 条,分为 6 个部分。总体而言,《方案》既是对前一阶段上海自贸试验区金融改革的继续和深化,也是新阶段进一步推进上海自贸试验区和上海国际金融中心建设的纲领性文件。

上海自贸试验区挂牌以来,在国家金融管理部门指导和支持下,经过各方共同努力,基本形成了以探索资本项目可兑换和金融服务业开放为主要内容的金融制度创新框架体系。此次金融改革 4.0 版中对贸易账户业务、投融资汇兑便利、人民币跨境使用、利率市场化、外汇管理改革等一系列金融创新试点的启动,为逐步实现人民币资本项目可兑换奠定了坚实基础。

(二)外汇管理制度改革的进一步推进

"金改 40 条"为我国金融创新指明了未来的发展方向,如何让"金改 40 条"从字面宣言变为具体行动,这离不开每个职能部门的配合与支持。在上海自贸试验区"金改 40 条"发布一个多月后,国家外汇管理局上海分局正式发布《进一步推进中国(上海)自由贸易试验区外汇管理改革试点实施细则》(以下简称《细则》)。根据"金改 40 条"的要求,该《细则》共 5 章,包括 18 条内容。《细则》坚持以服务实体经济、促进贸易投资便利化为出发点,拟重点实施以下四项外汇管理政策创新举措。

(1)外债资金意愿结汇。允许区内企业(不含金融机构)外债资金实行意愿结汇,赋予企业外债资金结汇的自主权和选择权。事实上,上海自贸区 2014 年已率先试点了外商投资企业资本金意愿结汇,并在 2015 年 4 月复制推广到全国;但是在我国现行外汇管理体系下,企业外债结汇,不论金额大小,都需要得到国家外汇管理局的核准,不能按照自己的意愿自由结汇。对区内企业来说,实现外债意愿结汇意味着企业结汇所得人民币资金可划入对应开立的人民币专用存款账户,经银行审核交易的合规性、真实性后直接支付;在结汇资金负面清单管理模式下,外债结汇资金今后只是不得直接或间接用于企业经营范围之外或国家法律法规禁止的支出。

(2)简化经常项目外汇收支手续。区内货物贸易外汇管理分类等级为 A 类的企业外汇收入无需开立待核查账户,这有利于简化交易流程,服务实体经济,促进贸易投资便利化。《细则》颁布当日,中国人民银行就已经完成了细则落地后的首笔试点业务:中芯国际集成电路制造（上海）有限公司贸易项下的外汇收入直接汇入其一般账户，不再通过待核查账户过渡。除此之外，进一步深化资本项目外汇管理政策，便利融资租赁外汇管理，支持上海融资租赁业快速发展，有利于鼓励企业充分利用境内外两种资源、两个市场，便利跨境贸易和投融资。

（3）支持发展总部经济和结算中心。放宽跨国公司外汇资金集中运营管理准入条件，进一步简化资金池管理，其中松绑跨国公司总部外汇资金集中运营管理主要体现在以下六点。

第一，降低门槛要求。对于区内企业备案开展跨国公司外汇资金集中运营管理试点业务，相关备案条件中上年度本外币国际收支规模可由超过1亿美元调整为超过5000万美元，门槛较区外显著降低。

第二，试点外债比例自律管理。跨国公司外汇成员企业借用外债实行比例自律，可借入外债额度标准为企业净资产的1倍，且资产负债率≤75%。外债结汇资金可依法用于偿还人民币贷款、股权投资等。该政策突破了现有中资企业无法借外债的限制，并拓宽了外债结汇资金用途。

第三，优化国际主账户功能。境内银行通过国际外汇资金账户吸收的存款，可按不超过前6个月日均存款余额的50%（含）额度在境内运用；在纳入银行结售汇头寸管理前提下，允许账户资金的10%结售汇。该政策有助于帮助离岸资金上岸，支持境内设立资金运营中心。

第四，简化账户开立要求。允许跨国公司成员经常项目外汇收入无须进入出口收入待核查账户。

第五，简化外汇收支手续。允许银行按照"展业三原则"，审核相关电子单证真实性后办理经常项目外汇收支；允许经常项目和资本项目对外支付购汇与付汇在不同银行办理。

第六，完善涉外收付款申报手续。简化集中收付汇和轧差结算收支申报程序，建立与资金池自动扫款模式相适应的涉外收付款申报方式。

这些都有利于提升跨国公司资金运作效率，促进总部经济集聚。

（4）支持银行发展人民币与外汇衍生产品服务，允许区内银行为境外机构办理人民币与外汇衍生产品交易，这有利于企业规避汇率风险。

除了上述资本项目改革措施以外，《细则》还提出采用负面清单管理理念，坚持简政放权，推进外汇管理依法行政和职能转变。通过取消行政审批、简化单证审核等措施，探索主体监管，提升营商环境。通过有针对性地对市场主体进行动态分类监管，推进外汇管理监管方式从行为转向重点主体，从事前审批转向事后监测分析，从重微观管理转变为重宏观审慎管理，从而构建更加便利、规范、透明、高效的外汇管理体系。

该细则是在总结前期试点政策实施效果的基础上，针对实体经济的现实需求新推出的创新举措，明确了上海自贸区率先实施外债资金意愿结汇、改进融资租赁外汇管理等一系列资本项目改革措施，鼓励企业充分利用境内外两种资源、两个市场，便利跨境投融资。该细则作为完善外汇管理体制机制的重要组成部分，体现了自贸区建设的总体要求和外汇管理理念方式的转变。随着该细则的出炉，中国人民银行上海总部2014年2月发布的《关于印发支持中国（上海）自由贸易试验区建设外汇管理实施细则的通知》也同步废止。

在中国经济进入新常态的改革背景下，上海自贸区作为新时代中国推进改革和提高开放型经济水平的试验田，在金融开放领域肩负着探索与创新的重任。自贸区紧密围绕区内外企业开展跨境贸易，满足投资多元化需求，积极探索金融方式的创新，在金融改革开放的各个领域取得了局部突破和成效。不过，在竞争激烈的国际金融环境下，自贸区当前的金融产品、金融服务与实体企业仍存在一定的差距。在确保安全可控的前提下，如何加快金融开放？如何回应国内金融改革开放的内资需求？如何发挥"可复制、可推广"的金融改革示范效应？对此，上海自贸区的金融改革仍需要加大探索创新的力度。

第三节　中国自贸区金融改革中存在的问题

以上海自贸区金融改革为例，尽管上海自贸区以人民币资本项目可自由兑换作为突破口取得了令人瞩目的成绩，但是上海自贸区金融改革的各个方面是有机的整体，在人民币市场化方面、离岸金融中心建设方面和人民币国际化等方面，上海自贸区在金融创新上没有充分运用中央授予的"先行先试"的"尚方宝剑"，存在谨小慎微有余、大胆试验不足的现象。上海自贸区金融业务发展的现状是在金融机构快速落地的同时，金融业务发展总体却低于预期，业务总量没有出现相应的增长。

上海自贸区是我国金融开放创新先行先试的重要载体，具备国际传统意义上的"自由贸易园区"（FTZ）与"金融自由区"的双重属性。创立伊始，根据《中国（上海）自由贸易试验区总体方案》，"一行三会"发布的"支持上海自贸区51条意见"

和"一行三局"出台的十余项实施细则，对众多涉及金融领域创新的敏感问题指出了明确的改革方向。社会各界对上海自贸区金融创新所涉及的探索资本项目可兑换、利率市场化、金融服务业开放、外汇管理改革和离岸金融等改革内容充满期待。但在过去几年的实践中，除了资本项目可兑换方面有了实质性的发展，其他改革内容的政策及其实施细则出台的速度总体低于预期。我们认为，影响改革进程的因素主要体现在以下几个方面。

一、现有自贸区的管理体制影响决策效率

根据《总体方案》，上海自贸区目前采用的是中央与地方共同管理的双层架构，基本沿用我国先前的保税区管理体制：各地自贸区设立、宏观决策由国务院部委（派驻机构）及对应直属机构和单位负责，区内行政管理与开发工作交由地方政府负责，管委会作为当地政府派出机构负责具体事务执行与协调。现有管理体制存在以下问题：①上海定位于我国"金融改革开放的试验田"，金融改革开放的政策与节奏缺乏协同，细则操作不到位，影响了区内金融机构业务的拓展与创新；②自贸区资金流动的开放性和离岸性需要严密合围的"金融围栏"加以规范，自贸区金融监管应纳入国家宏观审慎监管框架中，完整性与统一性必不可缺，而目前"一区一议"的监管原则不利于金融资源与金融监管协调统一。从目前各地筹备自贸区的情况看，地方政府是具体方案的制定与推动者，在利率、汇率改革和资本账户开放的路径、先后次序上，"一区一议"增加了自贸区金融体系未来在全国范围内复制与推广的难度。针对上述情况，应当统一立法，提升自贸区金融法律层级，加紧建立和完善适用于全国自贸区的法律法规体系的规划和制定，为自贸区金融改革创新提供顶层制度保障。

二、金融制度改革缺乏很好的协同性，具体细则落地慢

由于金融领域相关法律调整没有及时到位，自贸区目前的金融法律总框架的形成仍然有赖于"一行三会"、外汇局等金融监管机构分头研究和出台部门规章。就自贸区金融政策进展而言，2013年12月2日，《中国人民银行关于金融支持中国（上海）自由贸易试验区建设的意见》（"央行30条"）出台，纵观其随后陆续出齐的七条细则，重要制度突破体现在FT账户体系建立，为后续跨境融资便利化、资本项目可兑换改革试验提供了重要载体。但由于FT账户与境内结算账户的资金流动仍按跨境业务实施管理，FT账户的资金和业务便成为"无源之水"，其离岸业务的功能受到严重抑制。同时，行业发展方面的部门细则仍处于酝酿阶段，业务管理办法均未落地，

区内民营银行、金融租赁公司等金融机构的准入门槛；区内银行业金融机构存贷比监管指标调整办法，跨境投融资业务与离岸金融服务办法；区内单位和个人双向投资境内外证券期货市场具体规定；区内保险机构跨境再保险业务及跨境投资范围与比例等涉及银证保监管事项均无明确规定。区内金融机构在缺乏明确法律指引的情况下自然难以有效拓展业务。

法律是改革的制度保障。全国人大常委会授权国务院在上海自贸区有期限停止有关法律规定的行政审批，是出于上海自贸区体制改革、模式创新与现行法律法规可能存在矛盾的现实考虑。同时，基于自贸区战略实施的紧迫性，但那只是一种特别措施和临时手段，而金融市场利率、汇率与投资领域等开放与管制更需要顶层设计与宏观指导，地方各级人民代表大会与政府推动作用有限。在监管机制上可先破后立，设"自贸区金融事务管理局"，尝试大金融监管模式，主动适应国际普遍通行的混业监管模式。

三、对自贸区政策"可复制、可推广"的认识存在偏差

在海外，自贸区金融活动往往被定义为独立于其他领域的特殊活动，其金融市场和业务在国际资本流动影响下必然会带有离岸金融和跨境套利的性质，其监管要求与在岸金融市场有着很大的区别。即使在一些资本项目开放的国家，离岸与在岸金融业务在边界上也有着极为清晰的划分，其在金融政策制定和资金双向流动管制宽松度上通常采取双轨运行模式。

目前，我国资本、利率和汇率管制全面开放的时机尚未成熟，因此在理解中央要求的"可复制、可推广"上，地方政府、金融监管与其他相关部门站在各自出发点对自贸区金融改革制度相容（融）性认识不够清晰，对金融领域开放程度、经验复制推广区域以及在岸与离岸业务发展的侧重点的解读存在较大分歧。上海自贸区金融试点经验与其理解成全国全局性的金融改革先行先试，不如理解为中国更多涌现的"境内关外"地区建立特定金融环境做出改革指引。

四、要改革不等于不要政策

自贸区将是中国参与世界竞争合作的重要平台，这要求自贸区制度环境必须与国际标准接轨，符合国际惯例与准则，且具备国际竞争力，这样才能吸引海外金融资源流入，促进中国经济结构转型和产业升级。从这个角度理解，"要改革"不等于就"不要政策"。在金融领域改革试点方面，在明确自贸区"一线"和"二线"金融业

务边界的基础上，金融监管部门需要加快试验区内投融资汇兑和人民币跨境使用便利化的政策探索，尽快形成与国际规则接轨的金融制度框架：自贸区的金融制度和政策设计上即使不建成"洼地"，也不能脱离全球金融服务体系要求成为缺乏国际竞争力的"高地"，至少应该建成符合国家金融宏观审慎管理目标、有效服务实体经济、与现有国际金融中心站在同等起跑线的"金融开阔平地"。自贸区的金融制度和政策设计应该具备国际竞争力。

第四节　中国自贸区金融领域开放改革创新策略

针对目前自贸区金融改革出现的困境，我们应当采取金融监管模式创新，优化自由贸易账户管控机制，并创造政策优势吸引国际金融机构、业务与人才等措施，进一步加大自贸区金融创新的力度。

一、金融监管模式创新

金融结构变迁决定监管体系的变迁方向。从我国现阶段经济和金融现状看，混业经营程度逐渐加深，宏观金融结构日趋复杂化，目前"分业经营、分业监管"的监管制度框架面临越来越大的挑战压力，统一监管渐成共识。但是，短期内制度整体切换成本较高。因此，在上海自贸区进行"大金融"监管改革试验是一个较为理想的选择，在监管体制上先破后立，主动适应国际普遍通行的金融混业模式，有利于增强自贸区金融吸引力和释放国内金融机构业务创新活力，也为全国范围内探索混业监管框架先行做一个试验。

在监管组织架构上可以借鉴迪拜的经验，设立自贸区统一性监管组织——中国自贸区金融事务管理局，具体负责以下内容：①对全国自贸区内金融市场、在岸及离岸金融活动与机构行为进行监管；②在全国人大常委会授权范围内承担辖区内金融领域的立法与执法工作；③国际监管信息交流与合作。

二、优化自由贸易账户管控机制，增强"一线""二线"资金互动机制

依照"一线宏观审慎，二线有限渗透"的监管原则，中国人民银行《中国（上海）自由贸易试验区分账核算管理业务实施细则（试行）》落地后，上海自贸区自由贸易账户业务正式启动，自贸区企业可以通过该账户在区内开展投资汇兑、经常

与直接投资项下的跨境资金结算，境外人民币离岸市场低成本融资汇兑的路径也已打通。但在建立自贸区与区外境内两者的资金"后向联系"方面还有待探索——设立上海自贸试验区的目的并不是建成一个"飞地"型的离岸中心，而是引领中国金融体系更高层次开放的示范区，这就需要在现有账户自由贸易体系基础上进行投融资汇兑创新，探索区内与境内区外资金流动总量管控模式，即可以按照企业投融资汇兑需求预测实行自贸区"年度总额控制"的模式，中国人民银行等监管部门可以在遵循"有限渗透"原则上分阶段扩大或收缩汇兑额度，同时提升金融机构开展分账核算业务的自主性。按照现有细则，自贸区企业一般结算户向自由账户产生的资金划转视同跨境业务。因此，经办金融机构只须进行交易真实性审核后，即可直接在"总盘子"可用额度范围内按申请人指令办理资金划转，并实时报送中国人民银行外汇管理信息系统，以提高投融资汇兑便利灵活程度。

三、创造政策优势，吸引国际金融机构、业务与人才

2017 年第 21 期"全球金融中心指数"（GFCI）报告排名中，上海在全球 88 个金融中心中位列第 13 位，较上一期排名上升 3 位，为中国地区排名最靠前的城市；在得分上，上海（715 分）与传统国际金融中心（IFC）伦敦（782 分）、纽约（780 分）、新加坡（760 分）仍存在较大分差；在地区金融中心（KFC）的竞争中，新加坡、中国香港继续保持领跑地位，其制度环境、营商环境和人力资源等方面具备独到优势，对国际资本有较强的吸引力。

与海外金融中心比较，上海拥有对内强健的经济与金融腹地、中国内地体系最为完整的金融要素市场、国际化水准基础设施以及优越的地理位置，短板则集中在金融对外开放度与自由化度、业务深度和国际化金融人才欠缺等方面。因此，利用好上海自贸区在利率市场化、资本项目开放和离岸金融等领域先行先试的改革机遇，是上海缩短与传统国际金融中心（IFC）的差距、确立其在地区金融中心（KFC）的竞争优势的重要一环。

第六章　开放型经济背景下中国自贸区物流发展

第一节　自贸区物流发展现状

从全球自由贸易园区的功能定位看，自贸区物流是货物在区内外的实体流动过程中，根据实际需要，将运输、储存、装卸、搬运、包装、流通加工、配送、信息处理等功能有机结合起来，实现区内外客户要求的过程。从机遇角度看，在自贸区自由环境与优惠政策下，贸易量的增加将给物流运输企业带来更多的业务，让企业获得更多的利润，而且自贸区越繁荣，对物流运输业的依赖也越大。自贸区的"政策红利"将辐射全国，带动整个物流运输行业的发展。从需求角度看，自贸区挂牌后，行业龙头企业更加需要高效的物流运输作为支撑它们发展的后盾，货主对物流运输服务在深度与广度上的要求将更为严格，对物流运输服务的质量要求将越来越高。

目前，我国主要三大自贸区均把物流业作为重要发展内容，并根据自身区域特点，制定了具有不同侧重点的物流发展战略。其中，上海自贸区融合港口仓储、海运物流、航空物流、邮政快递、外贸通关、物流金融等综合服务，将建成中国最大的物流"特区"；广东自贸区重点发展航运物流、现代物流、商贸物流，建设"21世纪海上丝绸之路"物流枢纽；天津自贸区重点发展航运物流、航空物流、保税物流、物流金融等。

一、上海自贸区物流发展现状

2014年全年，上海自贸区进出口货值7 623.8亿元，增长8.3%，增速高于全国平均3.7个百分点；2016年，上海自贸区进出口货值达1.2万亿元，占全市进出口总值的41.1%；2018年上海自贸区前10个月进出口总额达到1.21万亿元（约合1 740亿美元），同比增长5.8%。通关效率大幅提升，2014年进口平均通关时间较区外减少41.3%，出口平均通关时间较区外减少36.8%；2018年平均通检时长从2017年年初的 10 天以上，缩减到读秒放行。服务贸易自由化改善了物流业的发展环境，2014 年上海自贸区内航运物流服务收入实现 1 180 亿元，比上年增长 15% 左右；2015 年，上海自贸试验区保税区域完成航运物流服务收入 1 200 亿元，成为上海国际航运中心和国际贸易中心建设的有力支撑；2017 上半年上海自贸试验区航运物流业服务收入增长 18.0%。航运物流业是上海自贸区运行以来受益最直接最明显的领域。得益于扩大对外贸易、实现贸易便利化等举措，上海自贸区进出口规模持续增长，由此带来货物转运、航运服务等业务的迅猛发展。上海自贸区从 28.78 平方千米扩展到 120.72 平方千米后，企业数量骤增。据统计，截至 2019 年 6 月底，上海自贸区累计新设企业逾 5.5 万户，是前 20 年同一区域设立企业数的 1.5 倍。新设企业中，外资企业占比从挂牌初期的 5% 上升到目前的 20% 左右。根据规划，临港新片区到 2035 年，区域生产总值将超过 1 万亿元，相当于再造一个目前的浦东新区。由此可以看出，自贸区扩容的经济集聚效应十分显著。

《上海自贸区物流业服务质量指数研究报告》中显示上海自贸区物流业服务质量指数为 81.09，其中行业支撑质量为 79.47，顾客感知质量为 84.9。质量方面的优势主要体现在自贸区交通运输便捷、政策支持力度大，物流基础设施完备、功能齐全，以及企业生产经营和创新能力强等方面。不足的方面主要表现为物流人才的教育培养相对滞后，专业人才较为缺乏，以及企业的管理水平存在一定的短板，在信息系统应用水平、经营管理制度方面难以达到先进水平。另据《自贸区重点物流企业品牌价值测算方法试点工作报告》，上海自贸区物流企业品牌价值普遍较高。一方面，归功于上海自贸区的政策和资源优势；另一方面，自贸区物流企业自身也十分重视品牌建设，在客户关系维护、市场竞争力提升等方面普遍表现良好。

二、广东自贸区物流发展现状

广东自贸区的现代化物流业呈现快速发展的态势，2015 年上半年入驻前海的现代物流企业新增 5 183 家，截至 2018 年 8 月，前海蛇口自贸片区入驻现代物流企业逾 3.3 万家，供应链企业逾 3 500 家，集聚了信利康、怡亚通、顺丰、嘉里、利丰、东方嘉盛等供应链知名企业。2014 年入驻南沙的航运物流企业新增近 700 家，到 2018 年，累计超过 7 000 家航运物流企业落户南沙。广东自贸区口岸监管部门出台了一系列物流便利化的措施，使整个通关流程的实效提高了 50% 以上，过去在口岸货物运转的时间至少要两三天，现在都缩短在一天以内。广东的国际航运服务功能进一步拓展：江海联运码头、国际邮轮码头、汽车码头启动建设；新开辟 9 条国际班轮航线、7 个"无水港";设立广州航运交易有限公司;加快推进设立航运交易所、航运产业基金和航运保险公司等措施正在实行。

广东自贸区推动区域内的物流要素的集聚,使货物转运、陆运服务、国际中转、仓储等方面产业更加集聚。海运、陆运、航空等集疏运体系更加完善,物流运输基础设施投资增加。一些具有强大实力的物流运输企业抓住机遇,拓宽服务的广度和深度,提升服务质量,以适应国际竞争和市场需求,在国际贸易中扮演重要角色。

三、天津自贸区物流发展现状

天津自贸区抓住发展机遇,主攻通关便利化和物流产业聚集,先后出台了三批 29 项通关便利化措施、三批 24 项检验检疫便利化措施,大幅提高了通关、通检效率,跨境电子商务、保税展示交易和汽车平行进口均实现突破。东疆片区主导产业聚集且效应明显,航运、物流、贸易、租赁等具有国际航运中心特色的产业呈现加速发展态势。2015 年前三季度四个产业新增企业 2 315 家,占新增企业总数的 78%;截至 2018 年,天津自贸区累计新注册企业 5.3 万家。中心商务区片区前三季度已累计新增市场主体 4 128 家,现代物流类企业占 9%。机场片区形成了以香港东方海外、嘉里物流、中远控股、中远散货和中航国际物流等为基础的现代物流业集聚基地。"天津自贸区东疆片区的通关环境可以说在北方地区是最便捷的,同时这里针对跨境电商产业持续创新,为企业发展提供了很好的政策支持",网易考拉天津区负责人崔俊杰表示,现在来自全球各地的跨境商品在这里打包运送,第一时间送到京津冀消费者手中。天津自贸区正成为各大跨境电商平台的华北分拨中心。

第二节 中国自贸区物流政策的现状

自贸区的成立给增速日益减缓的物流业带来新的生机,成为国内物流发展的新推手。《总体方案》中涉及促进物流的相关政策包括政府职能转变、航运服务创新、监管模式创新以及促进物流产业发展四大方面。

一、政府职能转变

政府职能转变的目的是改革创新政府管理方式,有效解决物流业政出多门、职能交叉的问题,提高物流特别是港航物流的效率水平,这也是自贸区实现与国际接轨、加快国际航运中心建设的重要保障。体现政府职能转变的政策主要有以下几个。

（1）国际贸易单一窗口。融合海关、检验检疫、海事、出入境边检、港务等多种服务功能，贸易和运输企业通过一点接入信息平台，实现一次性递交，满足监管部门要求。

（2）市场准入负面清单。试行负面清单市场准入管理模式，体现了"法无禁止皆可为"的理念，鼓励一些领域如制造业、航运、物流业等方面的业务制度创新。

（3）备案管理。研究区外商投资与国民待遇不符的负面清单，改革外商投资管理模式，进一步简化审批程序，满足企业需求。

二、航运服务创新

自贸区对各类国际航运服务提出加快发展和"先行先试"要求，提出了支持国际航运服务发展的优惠政策和便利措施。加大航运服务的开放力度，有利于促进国际航运企业的集聚发展和航运服务水平的提升。

三、监管模式创新

自贸区实行"一线放开，二线安全高效管住"的监管政策，采取了一系列通关便利化措施，如上海海关推出的"先入区，再申报""批量进入，集中申报"等 39 项监管新措施，检验检疫部门推出的"十检十放"等 47 项改革措施，以及海事部门推出的船舶安全作业监管、高效率船舶登记流程等 19 项新制度。这些监管模式创新有利于自贸区进一步提高通关效率，降低企业物流成本。

四、促进物流产业发展

此方面的政策主要有：提供"仓储保税进口"服务模式，实现跨境物流快速发展（跨境通业务）；实施区内自行运输制度，减少企业物流成本，促进企业内部物流发展；区内税率、汇率等多重优惠及自由开放，吸引高端制造业落户，拓宽业务发展；吸引加工、贸易和仓储物流企业聚集，推动物流产业发展等。

第三节 中国自贸区物流实施的效果

一、自贸区海关物流监管政策效果

自贸区海关作为自贸区内重要的国家监督管理机构，本着简政放权、通关便利、功能拓展和安全高效的指导思想，近年内制定和实行了大量的监管新政策。作为自贸区制度试验的先行者，上海海关在海关总署的领导下，先后推出了39项可用于在全国范围内复制推广的政策。其中，2014年出台的政策有先进区后报关，区内自行运输，加工贸易工单式核销，保税展示交易，境内外维修，期货保税交割，融资租赁相关制度，批次进出，集中申报，统一备案清单，内销选择性征税，仓储企业联网监管，智能化卡口验放管理，推进海关AEO（Authorized Economic Operator）互认，企业信用信息公开，企业自律管理，企业协调员制度，一次备案、多次使用，简化无纸通关随附单证，集中汇总纳税，授权试验区内海关办理企业适用A类管理事项、自动审放，重点复核、引入社会中介机构辅助开展海关保税监管和企业稽查、自主报税，海关重点稽核等。

继2014年出台的23项自贸区制度之后，上海海关于2015年再次推出两套各8项举措，分别支持上海科创中心建设和深化上海自贸区改革。8项支持上海科创中心建设的举措包括支持设立张江空运货物服务中心、支持科技创新企业个性化通关服务、优化科技创新企业海关监管模式、支持各类创新企业开展协同创新、支持科技创新中心设立保税仓库、完善离岸服务外包保税监管措施、加强科技创新企业知识产权保护、落实税收优惠政策支持重大科创项目等。8项深化上海自贸区改革的举措包括海关执法清单式管理、离岸服务外包全程保税监管、大宗商品现货市场保税交易、"一站式"申报查验作业、"一区注册、四区经营"、美术品便利通关、归类行政裁定全国适用、商品易归类服务制度等。本轮海关制度创新更加注重贴近企业需求和上海自贸区发展实际。

到目前为止，全国已有多个省市和地区海关复制了上海自贸区海关的新政策。从政策实施得到的反馈数据看，部分政策在促进进出口货物的便捷流通方面发挥了巨大的作用。

（一）进境货物"先进区，后报关"

上海海关在自贸区推行的"先进区、后报关"政策是企业最受欢迎的制度之一。"先进区，后报关"参与企业从最初 7 家增至 419 家，其一线进境商品业务规模占总量 70% 以上。从效果上看，首先，进境货物入区时间得到了大幅缩短，进境货物从港区到区内仓库所经历的时间平均从 2～3 天缩短至半天；其次，企业物流成本显著降低，物流成本平均降低 10%，在部分案例中企业甚至报告其物流成本降低了一半。

（二）区内企业货物流转自行运输

以往货物在不同保税区之间进出，需要办理转关手续，而且必须使用具有海关监管资质的车辆运输，对于企业来说就需要付出额外的转关成本。此政策施行后，企业可以自行运输保税货物，不仅降低了企业的成本，还大幅提高了通关效率。根据试点情况测算，每年周转时间可因此缩短 30 分钟，企业每年节约物流成本约 20 万元。南京海关借鉴此项制度 3 个月以来，办理了自行运输业务 100 多批次，涉及流转货物金额 3 000 万美元，并且下一步还将和上海、重庆、郑州等海关启动跨关区货物自行运输试点。

（三）保税展示交易

到目前为止，全国已有多个城市建立了保税展示交易中心，具体包括天津、贵州、重庆、厦门、衡阳、广州等。以重庆为例，位于保税港区的展示交易中心占地 4.7 万平方米，中心内展示、交易的进口商品达 2 万多种，来源地超过 40 个国家和地区，消费者能够购买到比市场价格优惠 30% 以上的原装进口商品。不仅如此，开展保税展示交易可以使企业节省市场推广费用、减少商品销售的流通环节和降低产品销售的中间成本，并加快物流运作速度。

（四）智能化卡口验放

此项政策及其配套设施已复制到南京、宁波、深圳、张家港等多个海关监管区。实施"智能化卡口验放"后，载货车辆通过卡口时间由几分钟缩短至 30 秒以内，大大提升了通关效率。

（五）境内外维修

此项政策可促进高技术、高附加值、无污染的境内维修业务发展，从而推动加工制造向产业链条中具有高附加值的前后两端延伸。以克诺尔车辆设备（苏州）有限公司为例，该公司是德国克诺尔集团公司在苏州设立的独资企业，主要生产火车、地铁和轻轨的制动系统，多项技术世界领先，同时公司 30% 的销售收入来自售后。随着公司开拓亚太市场，韩国、泰国、日本、新加坡、马来西亚等国家的客户均提出了在苏州工厂维修的需求，但在原有政策框架下，综合保税区外加工贸易企业开展全球维修业务面临很多障碍。针对企业的发展困难和实际情况，海关总署批准克诺尔公司开展境内外维修业务试点，这意味着周边国家市场的产品，无论原产地在哪里，都可以在苏州进行检修。目前克诺尔公司来自亚太地区的维修订单金额已经达到 2 000 万元人民币。

（六）自主报税，自助通关，自动审放，重点稽核

"三自一重"作业模式是指企业登录"关企共用平台"预录入客户端，实现自助式通关，自主如实申报报关单数据，并主动如实申报税款，海关信息系统对于企业申报数据进行自动审放一体作业。优势在于借助信息化系统，实现了 7×24 小时的"在线自助通关"，进一步降低企业通关成本；在自助一站式通关过程中，企业可主动调取有关数据，申报质量得到有效保障，企业在客户端可实现分批进口货物汇总申报，自主如实报税，集中缴纳，并自主打印完税凭证，通过集约化作业简化手续。这一新模式还和通关无纸化、税费电子支付、税单无纸化等多项其他海关改革相契合，企业在平台上可以完成申报并掌握通关进程，进一步优化通关便利体验。尝试"三自一重"模式的试点企业表示，现在办理相关通关业务只需要通过系统向海关发送进口报关单、发票装箱单、报关委托书等电子信息，并预估税金金额，在几分钟内就能收到货物放行信息，完成所有的通关手续。

二、自贸区检验检疫监管政策效果

（一）"十检十放"分类监管模式

该模式基于先检后放的传统模式，衍生出通检通放、快检快放、边检边放、空检海放、即检即放、外检内放、少检多放、他检我放、不检就放等十种监管新模式。从最严格的"先检后放"到最宽松的"不检就放"，根据输出国家或地区质量安全状况由差到好，生产企业及收货企业质量安全保障和控制能力由弱到强、产品固有属性及风险类别由低到高的区别，通过对监测数据的深度挖掘和综合分析，建立起信用等级从劣到优、监管力度从严到松、放行速度由慢到快的全方位、多层次、分梯度的监管模式。依托差别化的监管政策，引导企业主动推动质量提升，积极支持上海地区经济转型升级和重点产业布局调整。

（二）入境货物"先进区，后报检"模式

改变原有先报检后入区方式，对自贸试验区拟入境进区货物，允许区内企业向检验检疫机构申报后，按照指令至入境口岸提货后直接入区，并在规定时限内向驻区检

验检疫机构办理入境货物报检、交单或查验，进一步优化一线验放流程。该政策落地后，配合国检作业全程无纸化和企业信用等级差别化管理措施，显著加快了货物通关速度，提高货物进境入区的效率，降低企业成本，进一步提升贸易便利化水平。

（三）支持跨境电子商务发展

近年来，跨境电子商务快件呈高速增长态势。据上海机场出入境检验检疫局统计，2017 年 1 月～ 10 月，上海空港口岸受理跨境直邮商品 398.7 万批，同比增长 185.8%。而 2016 年 11 月 20 日至 11 月 30 日期间，该口岸进境的直邮电子商品就有 20.24 万票，占 2016 年直邮跨境电商的 9.35%，同比 2015 年增长 9.5 倍。跨境电商货物多品种、小批量频繁进出境的特点对传统的检验检疫模式提出了巨大挑战。上海出入境检验检疫局高度重视跨境电子商务这一新兴业态的影响。为规范跨境电子商务检验检疫监督管理工作，促进跨境电子商务发展，上海出入境检验检疫局制定了《上海出入境检验检疫局跨境电子商务检验检疫管理办法》（以下简称《办法》），该《办法》包括 5 章 24 条内容，明确了检验检疫、电商企业、电商平台和电商物流集中监管场所运营企业在跨境电子商务检验检疫环节中的角色和职能，对跨境电商的规范化运营起到了良好的促进作用。

第四节　中国自贸区物流发展的建议及趋势

随着自贸区战略的深入发展，自贸区货物监管与货物流通会更加便捷，贸易便利化水平会在现有基础上进一步提高，投资与贸易服务政策会更加开放，涉及物流、资金流、商流和信息流的供应链一体化进程会进一步提高。这些将极大促进我国进出口贸易，降低物流成本，提高外资利用水平，使自贸区全球供应链核心枢纽地位逐渐被确立。

一、我国自贸区物流发展的建议

（一）完善启运港退税政策，试行启运港退税与沿海捎带相结合

推广启运港退税政策至长江中上游地区，完善启运港退税运输组织形式。长江中上游地区，尤其是三峡大坝上游地区到上海港运输时间较长，更需要启运港退税政策的支持以加快资金周转。在运输组织方面，启运港退税应将船舶直达运输的组织形式放宽，改为允许船舶中途停靠。只要集装箱在运离启运港后，在沿途港口无装卸作业

即可享受优惠，以此提高船舶满载率。在沿海港口试点启运港退税与"沿海捎带"相结合，将发往上海港沿海捎带的集装箱视为外贸集装箱，享受启运港退税优惠，以此深挖沿海捎带潜在需求。

（二）依托国际贸易单一窗口建设海铁联运信息平台

依托于上海自贸区的国际贸易单一窗口，建设海铁联运信息交易平台，实现港口、海关、检验检疫、铁路部门及道路运输企业之间的数据交换，集成公共信息查询、企业信用度查询、在线交易、集装箱全程可追踪、海关与检验检疫信息查询等功能，提升海铁联运服务水平与运输可靠性，实现一体化服务。

（三）在自贸区内推行针对多式联运的海关监管办法，试点"启运站退税"政策

海关可推出适用于多式联运的监管流程，尤其应试行针对沿海捎带业务与海铁联运的监管方式。在沿海捎带方面，海关须视其出口方式进行监管。在海铁联运方面，海关可借鉴"启运港退税"的相关经验，在成都、蚌埠等主要海铁联运腹地城市试点"启运站退税"政策，并结合国际贸易单一窗口，显示货物信息，提高通关效率。

（四）建设铁路保税站，推进"港站一体化"

将芦潮港铁路集装箱中心站纳入洋山保税港区，建设具有保税、集拼、装卸与换装等功能的铁路保税站，将港口部分功能前置，推进"港站一体化"的建设。出口集装箱到达铁路保税站后即可视同到达保税港区，享受入区退税、站内报关等优惠政策。进口集装箱则从船上卸下后可直接运往铁路保税站进行一系列进口作业。如此，保税港区与铁路保税站之间的衔接程度将大幅提升，有利于打造一条海铁联运绿色通道。

（五）健全海铁联运补贴机制，鼓励船舶运输企业开展海铁联运业务，培育市场主体

目前，外高桥港区与洋山港区均未实现"铁路进港"，港铁之间须额外的短驳运输与装卸作业，影响了海铁联运的竞争力。因此，一方面政府应加快"港铁无缝衔接"的基础设施建设；另一方面，可对开展海铁联运业务的船公司或经营人给予相应的补贴，培育海铁联运市场主体。另外，还可向为铁路杨浦车站、芦潮港集装箱中心与外高桥保税港区、洋山保税港区之间提供集装箱驳运服务的运输公司给予一定补贴，减少货主承担的港铁短驳费用。

（六）加强公路集卡运输监管，适当征收港区拥堵费，引导车辆有序通行

一是相关部门应加强对港区周边集卡与道路货运场站的管理，合理组织港区周边集卡集散，严格治理车辆超载、乱停乱放等现象，保证交通通行顺畅。二是对进出港区的集卡征收一定的港区拥堵费，力图减少进出港区的集卡交通量。三是引导外省市集卡至郊环线通行，形成新的集卡通道。一方面，可避免集卡占用外环线道路资源，缓解外环线道路交通压力；另一方面，则有利于通过郊环线的高速公路通行费用，增加集卡运输成本，促进公路集卡运输转向铁路或水路运输。

（七）建立基于物联网的物流运行感知平台

利用物联网感知、互联和智慧的技术特征，港口装备、船货信息以及港口物流的各种资源和各个参与方可广泛地互联互通，更快速地感知彼此变化并进行协调。在港口、场站、内陆港、物流中心等各物流环节及火车、汽车、船舶等运输工具上布控信息采集、识别、跟踪设备，实现对集装箱运输状态信息的实时监测，以及装船、装车、倒箱、换装、仓储等关键作业环节的智能化管理。完善物流调度指挥中心信息化功能设计，打造国内一流的生产调度指挥中心。

（八）加快引进和培养物流科技人才

现代物流业是兼有知识密集和技术密集、资本密集和劳动密集特点的综合性服务行业，发展现代物流业必须有一大批善于运用现代信息手段、精通物流业务、懂得物流运作规律的人才。应加强物流管理人才和紧缺专业技术人才队伍的建设，拓宽人才引进渠道，加快建立市场化人才聘用机制，充分满足多层次物流人才的需求，重点契合现代物流转型发展对复合型、高层次人才的引进要求。同时，促使企业理顺内部机构设置和职责分工，明确中远期人才培养与引进目标，并建立健全人才保障机制，完善人才选拔任用机制、人才教育培训机制、人才交流引进机制和人才考核激励机制。

（九）强化客户思维，掌握跨境电商发展需求

由于目前跨境电子商务形式多样，经营的商品品种繁多，所涉及检验检疫风险大小各不相同，加上地方政府、电商、物流企业和消费者诉求各不相同，情况比较复杂，因此出入境检验检疫部门应该采取"客户思维"，深入电商平台、物流仓储等各个环节调查研究，摸清跨境电子商务运作模式，为检验检疫政策的制定和监管措施的出台提供科学的决策。对于企业和消费者特别关心的奶粉、保健品以及空气净化器等产品以跨境电子商务形式进境遇到的通关和检验问题，要集中调查研究并尽快出台解决方案。同时，应认真收集、研究国内外跨境电子商务相关政策法规，结合我国跨境电子商务发展情况，制定相关检验检疫制度，并即时解决发现的问题。

（十）探索电子商务平台监管方式

紧抓电子商务连接企业、货物、人员的桥梁作用，积极发挥电子商务平台的载体

作用，要求电子商务平台运营商建立对经过平台交易物品的审核机制。同时，开展对电子商务平台的信用管理，建立信用等级制度，根据不同的信用等级实施不同的监管模式，营造重视信誉、重视质量的氛围。此外，要利用好电子商务平台的互联互通、受众面广、影响力大的优势，将出入境检验检疫监管阵地前移，在跨境电子商务平台上搭建出入境检验检疫模块，既能向公众加强出入境检验检疫法律法规的宣传引导，也能掌握跨境电子商务的第一手数据和资料，为实施出入境检验检疫监管提供依据和大数据支撑。

二、我国自贸物流发展趋势

以自贸区为枢纽的全球供应链体系，能够将各类服务供应商（包括装卸、加工、运输、仓储、报关、配送、金融、商业服务等）和客户（包括付货人和船公司等）有效结合成一体，形成供应链各要素集聚，并把正确数量的商品在正确的时间配送到正确地点，实现整个供应链成本最低。

（一）全球供应链呈现一体化发展趋势

经济全球化的浪潮使国际市场竞争日益激烈，国家或地区之间的竞争形式上升为以协同商务、协同竞争和共赢原则为商业运作模式的、由合作伙伴组成的供应链与供应链之间的竞争。自贸区将供应链的系统延伸至整个世界范围，在全面、迅速地了解世界各地消费者需求偏好的同时，就其进行计划、协调、操作、控制和优化，在供应链中的核心企业与其供应商以及供应商的供应商、核心企业与其销售商以及最终消费者之间，依靠现代网络信息技术支撑，实现供应链的一体化和快速反应运作，达到物流、价值流和信息流的协调通畅，以满足全球消费者需求。

（二）自贸区物流发展环境持续优化，物流要素集聚效应显著

在自贸区自由环境与优惠政策下，贸易量的增加将给物流运输企业带来更多的业务，让企业获得更多的利润。

我国自贸区均把物流业作为重要发展内容，其中，上海自贸区明确了融合港口仓储、海运物流、航空物流、邮政快递、外贸通关、物流金融等综合服务，将成为中国最大的物流"特区"。广东自贸区将重点发展航运物流、现代物流、商贸物流，建设"21世纪海上丝绸之路"物流枢纽。天津自贸区发展重点在于航运物流、航空物流、保税物流、物流金融等。福建自贸区重点发展保税物流、商贸物流、冷链物流等。

广东、天津、福建等自贸区物流相关产业集聚效应明显，围绕航运、物流、贸易、租赁等具有国际航运中心特色的产业呈现加速发展态势。

（三）自贸区金融创新能力升级，供应链金融功能进一步提升

自贸区金融创新对于维护供应链的生存、提高供应链资金运作的效力、降低供应链整体的管理成本具有重要作用。此外，自贸区金融创新，特别是人民币跨境结算，不仅能为国际贸易往来频繁的企业提供便利，也将为正在发展、完善中的跨境电子商务、跨境采购等新经济业态带来更大的发展空间。同时，跨国公司将会更多地把总部或区域总部、结算中心、采购中心等高增值全球供应链节点布局到自贸区，形成一个资金相对自由进出的运营平台，打造全球供应链枢纽。

我国自贸区均将人民币资本项目可兑换、利率市场化、人民币跨境使用、金融机构资产方价格的市场化定价、面向国际的外汇管理改革试点、外汇管理体制等金融制度创新提升到重要位置，对符合条件的民营资本和外资金融机构全面开放，支持在试验区内设立外资银行和中外合资银行等，金融服务功能增强。在上海自贸区，包括上海黄金交易所"国际板"、上海期货交易所的国际能源交易中心、中国外汇交易中心的国际金融资产交易中心等金融交易平台都已正式运行。

（四）自贸区投资与贸易自由化程度不断提高

随着自贸区的自由贸易、自由流通以及国家相关政策的落实，进出口贸易会更加活跃。自贸区高效的进出口贸易与国内贸易密切相关，进出口贸易的活跃势必带动国内贸易的流通，在这个过程中物流仓储企业也将获得更多的市场需求，实现贸易与物流联动发展。自贸区的建立极大提升了国际中转与国际贸易功能，吸引大量高端制造、加工、贸易、仓储等物流企业落户，促进货物贸易与服务贸易自由化，强化国际贸易功能集成，促进贸易转型升级，拓展新型贸易方式。

自贸区以转口贸易、服务贸易、离岸服务为核心，以高度自由化的贸易体制为基础，实行符合国际规范的经济体制和运行机制，对服务供应链对接国际标准和规则具有积极作用。自贸区内开展跨境电子商务、融资租赁、高端维修、大宗商品交易、离岸贸易、文化版权交易、软件信息贸易等新型贸易业态，将自贸区供应链的外延由传统的以货物为主扩大为货物、服务、技术、文化等多位一体。深耕以技术、品牌、质量、服务为核心的贸易功能，创新贸易监管、退税、支付等方面的政策，形成贸易竞争新优势，深化自贸区供应链的内涵，提升我国在全球贸易价值链中的地位。

（五）自贸区信息化水平不断提高，"互联网＋"渗透供应链各个环节

自贸区强调利用互联网信息技术，加快建设集商品交易、结算、金融服务和物流服务于一体的交易平台。其中，商品交易平台利用信息技术，整合贸易操作需求，实现商品线下交易线上化。同时，政府工作报告明确提出要扩大跨境电子商务综合试点，一系

列支持性政策出台，政策红利持续释放。互联网金融是目前传统金融机构转型升级、发展新业务的有力补充。在互联网快速发展的推动下，传统的金融业务开始衍生出多种多样的新型金融业务，在融资、保险以及证券等领域体现明显。航运电商平台打造了一站式海运服务平台，电子化的信息交互使订舱下单等流程变得更加快捷，大大降低了企业运营成本。目前，国内大多数航运电商均提供运价查询、在线订舱、船期检索、到货通知、单证浏览等功能，"互联网＋"渗透至自贸区供应链各个环节。

第七章　开放型经济背景下中国自贸区与文化贸易建设

第一节　中国自贸区建设与文化贸易发展现状

一、自贸试验区建设对中国文化贸易发展的意义

在过去 20 年间，包括广播、电视、新闻、出版、表演艺术、电影在内的文化产业创造出巨大的社会财富，同时推动了全球文化贸易额以惊人的速度持续增长。依托 5 000 年的历史文化，中国的文化贸易本应该很发达，但现实情况是持续位居全球对外文化贸易逆差国前列，文化贸易的发展水平与我们应有的国际地位极不相称，文化企业整体实力不强，出口规模较小；文化产品竞争力不强，出口产品大多为文教娱乐及设备器材等硬件产品，文化软件类产品很难"走出去"，品牌价值和影响力与所谓的"年轻"国家都相距甚远，高附加值领域仍由发达国家占据贸易主导地位。据统计，目前，中国是仅次于美国的世界第二大文化硬件产品出口国，但在文化贸易的"软件贸易"领域，包括电影、电视、演出、动漫、游戏等方面却非常薄弱，文化出口贸易逆差比较高；文化贸易地区结构不合理，出口主要集中于亚太地区，进入欧美地区的产品很少；贸易主要集中在文化产品的加工贸易，原创的文化产品较少。值得借鉴的是，韩国在过去 10 年间，借助影视、网络游戏和卡通动漫三大文化产业，文化娱乐业规模扩大了 5 倍，并逐渐向亚洲其他国家和地区蔓延，进一步带动了国内其他文化货物的出口。

此外，从当前全球文化贸易的格局看，文化贸易高度集中于少数几个发达国家之间，产业内贸易成为文化贸易的主要贸易模式。而中国的文化产业内贸易却始终游离于全球文化贸易的边缘，反映外贸竞争力的文化贸易产业内贸易指数远低于国际平均水平。因此，中国虽然拥有丰富的历史和自然文化资源，但并没有将其转变为竞争优势，文化产业仍然处于幼稚阶段，文化产品在国际市场上处于边缘地位。

近年来，由于文化产业具有成本低、利润大、附加值高等特点，逐渐被各国确立为支柱性产业，占 GDP 比重越来越大，国际文化贸易也得到迅速发展。美国等发达国家的文化产业已经形成规模经济效应，并同时向全世界推广其文化产品，而其他发展中国家也纷纷采取行动发展对外文化贸易。改革开放 40 年来，虽然我国的文化产业与对外文化贸易在国家政策的扶持下发展迅速，但是作为新兴产业，文化产业在我国尚属"幼稚产业"。我国文化产业发轫于改革开放之初，历经计划经济、市场经济、加入 WTO、受国际金融危机的冲击和洗礼，目前正处于爬坡起步阶段。从文化产业和文化贸易的发展规模看，我国文化产业并不发达，文化贸易国际竞争力相对较弱。

总体说来，我国文化贸易发展现状主要有三大特征：一是虽然目前文化产业和文化贸易的发展速度较快，但供给质量和水平欠佳；二是文化服务的出口贸易比率较低，长期存在逆差；三是对外文化贸易结构不合理，内容较为单一。近年来，文化贸易中的结构失衡问题仍然存在，但是发生了一些改变。我国相继在上海、北京、深圳等地建立国家对外文化贸易基地，在各项利好政策的推动下，本土的文化创意企业品牌效应在加强，核心产品增长明显；同时，党的十八届四中全会通过了《中共中央关于全面推进依法治国若干重大问题的决定》（以下简称《决定》），《决定》指出，制定文化产业促进法，把行之有效的文化经济政策法定化，健全促进社会效益和经济效益有机统一的制度规范。《决定》对我国文化产业的发展给予了突出的关注与保障，文化产业的发展与我国经济发展新常态相适应，必将成为我国经济发展的新动力。

金融危机后，全球贸易和投资规则加速重构，包括投资自由化、服务贸易开放等关键内容的新全球贸易秩序正在形成。在这样的趋势面前，中国需要"再入世"，以负责任大国的形象，参与国际自由贸易新规则的制定。2013 年，党的十八届三中全会做出了"在推进现有试点基础上，选择若干具备条件的地方发展自由贸易园（港）区"的决策，这是党中央以开放促改革，挖掘改革红利的重大举措。在实施中国（上海）自贸试验区战略后，又规划完成津、闽、粤自贸（园）区建设的战略布局。2017 年 3 月 31 日，国务院又批复成立中国（辽宁）自由贸易试验区、中国（浙江）自由贸易试验区、中国（河南）自由贸易试验区、中国（湖北）自由贸易试验区、中国（重庆）自由贸易试验区、中国（四川）自由贸易试验区、中国（陕西）自由贸易试验区 7 个自贸区。同时，积极推进"亚太自贸区"战略。由此可见，中国正在推进和形成多层次、立体化的自贸区战略格局，并借此实现对国际经贸新规则对接与压力测试平台，进而谋取国际经贸新规则制定的参与权、引导权或话语权。

自由贸易试验区的设立是以自贸区作为开放型经济发展的体制机制创新突破口，

完成党的十八大提出的"全面提高开放型经济发展水平"这一战略任务的"试验田"。自由贸易试验区实施的试验性优惠政策为提升自由贸易试验区乃至全国文化贸易国际竞争力带来了很好的机遇，对促进文化资源优化配置及文化产业转型升级，加速文化贸易新型业态的发展，培育一批具有国际竞争力的外向型文化企业，加快文化企业的集聚起着重要的推动作用。沪、津、粤自由贸易试验区作为我国探索对外开放的新领域，在文化产业方向的探索尤为关键，这无疑会为文化服务扩大开放注入新的活力，为中国对外文化贸易的提升提供崭新的平台。目前，沪、津、粤三大自由贸易试验区出台的与文化产业、文化贸易相关的管理措施存在着明显差异。另外，自由贸易试验区定位明确，区域化指向明显：上海面向全球，天津面向东北亚，广东则侧重中国港澳地区。因此，天津、广东自由贸易试验区建设必然会对全国文化产业的分布及竞争力产生重要影响，同时对上海对外文化贸易的发展形成挑战。

从理论上看，国内外文献针对负面清单管理模式对文化产业影响的论述并不十分集中。因此，在负面清单管理模式下，自由贸易试验区的文化产业发展理论亟待探讨与研究，从而为文化业进一步管理体制改革与扩大对外开放寻求新机遇与新发展；从过去几十年其他国家与城市的实践与发展经验看，韩国、美国、印度等国家不断探索与积累了大量文化产业与文化贸易发展的先进经验，形成了各自特色鲜明的文化产业与文化贸易发展模式。

本书正是在自由贸易试验区建设的背景之下，通过对我国沪、津、闽、粤自由贸易试验区实施的对文化产业、贸易政策等多方面的解读，以及对我国当前文化贸易发展现况与问题的分析，挖掘沪、津、闽、粤自由贸易试验区的政策安排对我国文化贸易发展的深层意义。

二、自由贸易试验区与中国文化贸易发展情况

中国对外文化贸易实力在区域分布方面很不平衡，文化产品和文化服务贸易的优势主要集中在北京、上海、广东、江苏和浙江 5 个经济最发达、科技和人才竞争力较强、国际化程度较高的省份。2019 年，我国文化贸易保持平稳快速发展。文化产品进出口总额 1 114.5 亿美元，同比增长 8.9%。其中，出口 998.9 亿美元，增长 7.9%；进口 115.7 亿美元，增长 17.4%；贸易顺差 883.2 亿美元，规模扩大 6.8%。

（一）上海自由贸易试验区建设与上海对外文化贸易发展情况

19 世纪以来，世界各国的文化元素纷纷入驻上海，使上海在很多方面成了全国得风气之先、开风气之先者。近年来，上海更是凭借其独特的地理位置优势和国家政

策的支持，不断发展成为国内各种新型文化事业和产业的发轫之地，形成了自己独具特色的"海派文化"。上海自由贸易试验区对外资进入采取负面清单的管理模式后，促使更多的文化业外资不断流入上海，对其本土的"海派文化"发展造成影响。同时，外资带来的不仅是更多的运营资金，还伴随着国外文化的流入，其中不乏走在时代前端的创新文化，而"海派文化"有着趋时求新、多元包容的特点，这为国外文化在上海的成长创造了有利条件，势必会使"海派文化"融入更多的国外文化因素，从而使上海文化产业国际化程度进一步加强。另外，上海作为建设中的全球金融、经济、贸易、航运中心城市，作为联合国教科文组织评定的全球创意城市，在全球产业升级和产业转型的趋势下，大量吸引全球优秀人才到为实体经济服务的文化创意设计等服务出口领域，其中包括工业设计、建筑设计、平面设计、时尚设计等。同时，上海作为重要港口和金融中心，承担着连接海外与内地的文化产业联动发展的重要任务。与其他内地城市相比，上海具有更好的工业基础，拥有更多的对外贸易优势和政策优势，文化产业集聚水平高，经济水平较高，有广阔的文化产业市场。上海文化贸易的主体将会更加多元化，不同所有制的企业出现在上海文化贸易中，民营文化企业不仅为上海文化贸易的发展注入了新的活力，还在其中扮演着越来越重要的角色。

中国（上海）自由贸易试验区自 2013 年 9 月 29 日揭牌成立以来，开放政策与制度创新不断推进，推动了上海文化产值持续增长，文化产业结构不断优化，对外文化出口贸易持续增强。2018 年，上海文化产业实现增加值 2 193.08 亿元，占地区生产总值的 6.09%，占我国文化及相关产业总增加值（41 171 亿元）的 5.33%。文化产业已经成为上海的支柱性产业之一。同时，文化产业结构不断优化，以广告服务、设计服务为主的创意设计类实现增加值 549.27 亿元，占文化产业增加值的 25.05%。

在产业开放政策的促进下，外资对上海文化贸易发展的促进作用进一步实现质和量的飞跃。

1. 产业结构持续优化

（1）内容创作生产发力。2018 年，以出版服务、广播影视节目制作、创作表演服务、数字内容服务、内容保存服务、工艺美术品制造等为主的内容创作生产类实现增加值 579.73 亿元，占文化产业增加值的 26.43%；以新闻服务、报纸信息服务、广播电视信息服务、互联网信息服务为主的新闻信息服务类实现增加值 184.37 亿元，占文化产业增加值的 8.41%；以出版物发行、广播电视节目传输、广播影视发行放映、艺术表演、互联网文化娱乐平台、艺术品拍卖及代理等为主的文化传播渠道类实现增加值 183.23 亿元，占文化产业增加值的 8.35%。近年来，随着以数字技术为载体的新兴文化产业形态迅速崛起，文化产业呈现内容化、移动化、智能化、深融合的特点，文化内容创作生产成为产业发展的核心竞争力之一，文化产业内容创作生产能力显著提升，优质文化内容不断涌现，出版、影视、新闻等传统产业转型升级步伐加快，全球影视创制中心建设有序推进，在网络视听内容、网络文化等数字化内容生产方面的国内产业高地地位不断巩固。

（2）创意领域释放活力。在文化核心领域中，以广告服务、设计服务为主的创意设计类实现增加值549.27亿元，占文化产业增加值的25.05%。近年来，以创意设计、时尚产业为代表的新兴文化领域呈现出创新、融合、开放的产业特征，而互联网文化娱乐平台等新型传播渠道和文化内容平台也为新兴产业发展提供了重要载体和窗口。随着文化创意设计与相关产业加快融合，上海文化新兴领域产业空间布局不断优化，为上海文化产业提供了浓厚的创意氛围和全新的市场活力。

（3）文化娱乐休闲发展。以娱乐服务、景区游览服务和休闲观光游览服务为主的文化休闲娱乐服务类实现增加值53.27亿元，占文化产业增加值的2.43%。随着居民出行方式多样化程度不断提高，旅游市场环境日趋改善，相关消费需求旺盛，"文旅融合"促使文化休闲消费更加活跃。在市场供给能力日益增强，带动国内文化消费持续增长的背景下，上海市加快文旅融合步伐，积极发挥文化场馆、城市演艺、文化节庆等在文化娱乐休闲消费方面的促进作用，释放综合产业带动力，为文化休闲产业提供了广阔的发展前景。

（4）文化消费终端升级。2018年，上海市文化产业在文化相关领域中的文化消费终端生产类实现增加值136.5亿元，占文化产业增加值的6.22%。随着民众生活水平提升，市民对文化艺术等文化消费的需求日益高涨，虚拟现实、可穿戴智能设备等技术的蓬勃发展催生了一批数字化的新兴文化消费终端，成为市民文化消费的新选择。上海市围绕优化文化消费的目标，大力支持文化消费新业态发展，推动文化元素融入商业业态，积极推动展览、演出、节庆等文化项目与商圈、商街、商场联手，形成一批品牌化文商联动项目，不断扩大"上海艺术商圈"等合作模式，进一步激发"夜间经济"活力，在增添文化风景线的同时为市民文化消费提供了崭新空间。

（5）文化装备生产增长。2018年，上海市文化装备生产增加值为188.97亿元，占文化产业增加值的8.62%，较上一年有较大幅度增长。此外，文化辅助生产和中介服务增加值为273.07亿元，占文化产业增加值的12.45%。近年来，上海在文化装备领域持续发力，加快实施文化装备产业链布局，上海市文化装备产业空间形态初步显现。同时，依托长三角国际文化产业博览会等平台，上海市加快"引进来"和"走出去"步伐,推动建立文化装备产业发展专项金融支持体系,为文化装备企业发展提供支持,积极发挥文化装备产业在提升传统制造业转型升级过程中的重要作用,实现文化装备生产规模的高速增长。

2. 文化贸易总量稳步提升

近年来,上海加大文化领域对外开放力度,充分利用中国国际进口博览会的举办以及自由贸易试验区建设的战略机遇加快发展文化贸易,大力支持"一带一路"沿线企业发展,积极培育对外文化贸易示范基地和交易平台,打造国际艺术品交易中心,不断提升对外文化贸易国际竞争力和品牌影响力。2018年,上海文化产品和服务进出口总额达101.7亿美元,同比增长11.6%,继续保持贸易顺差。其中,文化贸易进口额49.5亿美元,比上年增长6.5亿美元,同比增长15.1%;文化贸易出口额52.2亿美元,比上年增加4.1亿美元,同比增长8.5%。文化产品贸易持续增长,图书、报纸、期刊、音像制品及电子出版物、工艺美术品及收藏品、文化用品、印刷专用设备等文化产品进出口均实现同比增长。文化服务贸易实现高速增长,视听和相关服务、广告服务、展会服务进出口增势明显。出口结构持续优化,核心层出版物以及广告、展会等文化服务出口金额稳步提升。进口增势保持良好,工艺美术品及收藏品进口额大幅提升,增幅达到63.5%。

3. 影视产业持续扩容

面对影视市场政策不断革新的新形势,上海加快推动建设全球影视创制中心,擦亮"上海电影"金字招牌,加强资本助力,强化科技赋能,带动影视整体产业链持续创新发展。影视艺术创作精品涌现。2019年,上海共有169部电影完成立项备案,出品完成片102部,比2018年增长19%,其中33部"上海出品"进入院线上映,年度累计票房约52亿元,在2019年的国产片总票房中占比12.7%。共有9部上海出品的电影票房过亿元,其中《飞驰人生》《攀登者》均进入全年国产片票房排名前十位。上海以庆祝中华人民共和国成立70周年为创作重点,坚持与人民共情共鸣共振,推动电影《攀登者》、电视剧《特赦1959》《国家孩子》《小欢喜》热映热播,中国与哈萨克斯坦首部合拍影片《音乐家》在哈萨克斯坦成功举行首映典礼。2019年,23部上海出品影片在海内外各知名电影节上获得奖项,另有3部作品入围国际A类电影节的主竞赛单元。在中国电影金鸡奖上,《地久天长》《我不是药神》《挑山女人》《送我上青云》收获六项大奖,电影《我不是药神》、电视剧《大江大河》和《黄土高天》入选"五个一工程"优秀作品奖,《大江大河》还获得第25届上海电视节白玉兰奖等五项大奖。影视市场规模持续提升,全市影院数量增至400家,银幕数增至 2 505 块，影院数量与银幕数继续位列全国城市第一位。2019 年，上海地区观影人次达到 8 649.19 万，比 2018 年同期增长 17.09%，影院票房为 38.64 亿元，蝉联年度全国城市票房冠军。全市以松江科技影都建设为重要支撑点，"1+3+X"影视产业发展格局逐步形成，电影工业体系不断完善，双创文化产业投资母基金与华策影视签订战略合作协议，共同组建长三角影视产业基金，昊浦影视基地、上海影视乐园二期建设项目取得阶段性进展。各区影视产业布局不断完善，如松江区发布《关于促进上海影视产业发展的实施办法》，对影视企业提出 16 条扶持措施；杨浦区发布"电竞＋影视网络视听产业政策"；浦东新区成立中国影视后期产业百人论坛；普陀区筹划电影宫项目，逐步形成各区影视产业错位竞争发展的格局。

　　4. 艺术品交易氛围浓厚

　　围绕建设世界重要艺术品交易中心的目标，上海着力解决艺术品交易领域交易成本偏高、流通环节手续繁杂、配套服务不够完善等问题，为艺术品交易提供更好的营商环境和政策体系，推动全市形成交易活跃、主体丰富、人才集聚、服务优质、产业链成熟的艺术品交易市场。艺术博览会发展势头喜人，2019 年上海共举办各类专业型艺术博览会 8 场，较 2018 年增加 2 场。首届国际艺术品交易月成功举办，徐汇海关常驻办公机构在西岸设立，为艺术家及艺术机构等提供涵盖报关、报检等环节的一站式通关服务；挂牌成立"上海国际艺术品交易中心"，对纳入交易平台登记备案的艺术机构实行补贴和奖励，包括对纳入交易月的艺术机构实施交易服务"三免三补"；启动"上海国际艺术品交易服务平台"，实现线上线下相结合，建成艺术品"一网通办"服务窗口，提供工商登记、展览审批、通关报检、银行开户、外汇结算、财税申报、奖励及补贴申报等多项服务，为艺术品交易提供一站式服务平台。首届国际艺术品交易月共计推出各类大型艺术博览会、拍卖、展销、展览活动 112 场，各大博览会参观人数超 50 万人次，境内外艺术品展示、展销、拍卖累计货值突破百亿元。其中，第六届西岸艺术与设计博览会共有 109 家全球顶尖画廊参展，展出超过 3 000 件艺术作品。在四天展期之内，博览会接待了近 5 万名参观者，吸引世界各地众多藏家、美术馆博物馆馆长、策展人以及艺术家等业内人士到访。第七届 ART021 上海廿一当代艺术博览会吸引了 110 家来自 18 个国家 57 座城市的顶尖画廊携手国际知名及新晋艺术家呈现数千件涵盖油画、纸本、雕塑、装置、影像等类别的当代艺术设计佳作。首届艺术与设计创新未来教育博览会吸引了来自海内外 30 多家艺术名校及知名机构参与，期间举办 70 余场工作坊和 4 场艺术教育论坛。画廊经营国际化、品牌化程度提升，上海现有画廊数量约 450 家，数量稳步增长，多家国际知名画廊入驻上海，如马凌画廊、大田秀则画廊、艾可画廊等入驻西岸，贝浩登画廊、阿拉里奥画廊从北京迁入上海落户外滩，为上海艺术品一级市场带来新的活力。艺术品交易市场发展迅速，全市现有文物拍卖企业约70家，2019年成交额超过45亿元，较2018年同比增长59%。2019年2月，致力传播青年工美艺术家优秀作品的"与大师同行"中国工艺美术品原创首发平台在上海正式发布；11月，上海文物商店举办2019年艺术品展销会；12月，艺术典藏类的全国性专业委员会——中国文化管理协会艺术典藏委员会在上海成立。

5. 出版产业改革深化

上海出版产业聚焦打响出版"文化品牌"，深入推进出版创新驱动、转型发展，破除制约发展的瓶颈问题。2019年，围绕庆祝中华人民共和国成立70周年和上海解放70周年主线，上海出版界策划、出版了一批精品主题出版物，如《战上海》《细节的力量——中国共产党人的伟大实践》《70年邮票看中国》（以上两种入选中宣部2019年重点主题出版物选题）、《革命者》《可爱的共和国人》、"中国系列"丛书、《中国交响乐70年》《中国寻路者》《上海相册：70年70个瞬间》《1949上海解放日志》《日月新天：上海解放亲历者说》《五月的鲜花：纪念上海解放七十周年连环画专辑》等，其中《战上海》获得第十五届"五个一工程"优秀图书奖特别奖。国家重点出版物规划实施成效显著，上海有28家出版社的54个项目获2019年度国家出版基金资助，全国占比为7.1%；8家出版社的25个项目获2019年度国家古籍整理出版专项经费资助，全国占比为28.74%；入选"十三五"国家出版规划第三次增补项目15个，总入选数达338个，全国占比9.89%。以"壮丽70年，奋斗新时代"为主题，上海书展暨"书香中国"上海周成功举办，推出16万余种精品图书和1 200余场阅读文化活动，在全市设立100个分会场，掀起全民阅读热潮。积极打造国际童书品牌，第七届上海国际童书展共吸引来自32个国家和地区的418家展商及102位嘉宾，其中海外展商186家，海外嘉宾57位，展览总面积达到25 000平方米，展会三天的参观总人次达到40 978，其中专业观众人次达16 145，再次刷新展会记录；展会同期举办的各项专业活动及阅读推广活动达345场。绿色印刷继续高质量发展，《长三角区域印刷业一体化发展升级指南》正式发布，2019印刷包装产业论坛暨百强颁奖活动中，上海13家印刷企业入选全国百强，名列全国第二位，上海紫丹食品包装印刷有限公司的《环保纸餐盒智能制造研发项目》、上海出版印刷高等专科学校的《柔性版水墨印刷废水膜处理中水回用及废渣再生利用资源化》入选2019中国印刷业创新大会印刷绿色化重点项目。上海新闻出版职业技术学校入选首批中国印刷业高技能人才教育培训基地。实体书店迎来新一轮发展期，2019年上海新开西西弗书店、上海华润时代广场定制店、上海体育学院绿瓦体育书店、中版书房上海交大店等近30家实体书店，整体呈现高颜值、高体验感、高附加值、融合式复合经营等特点，迅速成为申城"网红店"或地标式书店。

6. 动漫游戏稳中向好

围绕建设具有全球影响力的动漫游戏原创中心，全市聚集产业要素资源，动漫游戏产业呈现稳中向好态势。伽马数据《上海游戏出版产业数据调查报告》显示，2018年上海网络游戏销售收入达712.6亿元，移动游戏销售收入达到393.2亿元，增长率为17.6%，高于中国移动游戏市场实际销售收入15.4%的增长率。在新三板挂牌游戏企业中，上海共有17家，占全国比重达到19%，仅次于北京。上海3家企业入选通过认证动漫企业，分别为上海咔咖文化传播有限公司、上海渔阳网络技术有限公司、上海峰尔网络科技有限公司。全市积极发挥"源头""码头"作用，第十五届中国国际动漫游戏博览会（CCG EXPO）成功举办，吸引迪士尼、万代、哔哩哔哩、腾讯视频等350余家海内外企业参展，现场交易额逾2.57亿元，意向交易额达21.3亿元；展会共迎来观众24.1万人次，公众板块近600场精彩活动轮番上演，数百个项目在专业板块发布，其中半数以上为全球或中国首发。首届"原创艺术精品游戏大赛"在全国率先举办，共征集参赛作品179款，其中参赛企业64家、高校11所，获奖作品在ChinaJoy展厅展示。动漫游戏与金融对接融合加强，中国银行上海市分行与上海炫动汇展文化传播有限公司签署《推动动漫游戏产业健康发展战略合作协议》，共同打造动漫展示空间。

7. 网络文化潜力释放

围绕巩固国内网络文化龙头地位，将上海打造成为中国网络视听内容创制高地的目标，依托产业积累、文化积淀、资源集聚、技术先进和人才密集等优势，上海网络文化精品内容不断涌现，网络视听产业发展能级逐步提升。目前，上海网络影视内容出品数量位居全国第二，仅次于北京，逐渐成为中国网络视听内容创制高地。有竞争力的市场主体进一步壮大，上海网络视听企业纷纷在垂直视听领域加紧发力，哔哩哔哩持续深耕内容生态产业链，上市后市值一度突破70亿美元大关，2019年第三季度财报显示其营收达到18.59亿元，同比增长72%，成为国内二次元领域龙头企业；PP视频通过战略转型，精耕体育领域，企业估值达到100亿元，入围2019年中国互联网企业100强榜单主要品牌。领军企业增速均高于全国在线视频市场增速，成为行业内的主要竞争力量，喜马拉雅、蜻蜓FM、阿基米德三家沪上音频网站占据了全国音频行业超过80%的市场份额，喜马拉雅估值达到200亿元，蜻蜓估值达到60亿元，全国网络音频战略中心地位进一步稳固。传统影视剧公司加紧转型升级，克顿传媒、耀客传媒、柠萌影业、慈文传媒等影视公司纷纷投入网络自制剧市场，腾讯影业、企鹅影视、时悦、兴格等影视内容制作机构生产的网络剧数量和质量不断提升。新兴网络视听内容制作机构积极打造原创品牌，喜剧脱口秀领域"独角兽"企业笑果文化连续打造了《吐槽大会》《脱口秀大会》等脱口秀节目，企业估值已超50亿元。绘梦动画专攻二维动画创作，企业估值超过10亿元，打造出《狐妖小红娘》《一人之下》《从前有座灵剑山》《中国惊奇先生》等动画精品。视听产业平台逐步搭建，2019上海网络视听产业周成功举办，助力重大项目签约落地，苏宁体育集团、文广互动及五星体育宣布合资成立"宁动体育"，整合优质资源，探索体育版权运营模式创新；上海市网络视听行业协会与央视《决不掉队》栏目启动专项扶贫项目战略合作。各区配套政策体系进一步完善，杨浦区出台影视网络视听产业发展"35条"政策，影视网络视听企业在该区可享受办公用房补贴、经营性扶持、上市奖励、人才补贴和营商服务等五大普惠政策；普陀区积极打造互联网影视产业发展高地，全力推动"金沙江路互联网影视产业集聚带"建设；浦东新区设立文化创意（影视）产业发展专项资金，支持媒体业、艺术业、工业设计业、时尚业、休闲娱乐业等文化创意产业的发展。

此外，自贸区（新片区）建设推动文化市场有序开放。上海文化产业充分发挥自贸试验区的引领带动作用，以自贸试验区临港新片区揭牌为契机，推动文化市场有序开放，深化文化产业制度创新，提升发展能级。2019年，自贸区文化产业保持增长，全年文化贸易额达400亿元，艺术品进出境额85亿元，进出境艺术品数量近4 500件，版权快速登记量22 000余件。2019年11月，国务院印发《关于在自由贸易试验区开展"证照分离"改革全覆盖试点的通知》，部署在全国自贸试验区开展"证照分离"改革全覆盖试点，在文化、广电、影视、新闻出版、旅游等涉企经营许可方面，为企业提供更多便利化服务，标志着文化领域企业经营许可事项全面迈入了"快车道"。重点文化企业和项目加快落户自贸区，上海自贸试验区国际艺术品交易中心与中国国家博物馆、国家图书馆等开展文创产品项目合作，上海东方汇文国际文化服务贸易有限公司入选自贸区第二届制度创新十大经典样板企业。文化服务平台集聚引领作用进一步显现，中国（上海）自贸试验区版权服务中心和上海国际艺术品保税服务中心于9月正式启动，为自贸区的文化服务业对外开放、营造良好的知识产权保护环境提供重要载体和支撑。

（二）天津自贸试验区成立后文化贸易发展情况

近年来，天津文化产业发展取得显著成绩，文化产业经济总量已具一定规模，一批骨干文化企业已经涌现，文化产业正处于快速发展时期。以滨海新区为代表的文化产业园，以高文化含量、高科技含量、高附加值的动漫、计算机软件产品赢得市场，成为文化产业中的生力军。目前，国家数字出版基地、国家滨海广告产业园、国家动漫产业综合示范园、中国天津 3D 影视创意园区、国家影视网络动漫试验园、国家影视网络动漫研究院等国家级项目相继落户在天津滨海新区，天津初步形成文化科技产业集群地。

2014 年，天津共有 9 家文化出口企业和 3 个文化出口项目入选"2013—2014 年度国家文化出口重点企业和国家文化出口项目"，已经成为我国文化产品出口的中坚力量。2014 年上半年，天津口岸出口文化产品价值 15.2 亿元人民币，比上年同期（下同）增长 11.1%。2014 年上半年，天津口岸文化产品出口的主要特点如下。

（1）以一般贸易方式出口为主。2014 年上半年，天津口岸以一般贸易方式出口文化产品价值 10.8 亿元，增长 7.4%，占同期天津口岸文化产品出口总量的 71.1%。

（2）以外商投资企业和民营企业出口为主。2014 年上半年，天津口岸外商投资企业出口文化产品价值 6.9 亿元，增长 16.2%；民营企业出口文化产品价值 6.2 亿元，增长 6.5%，两者占同期天津口岸文化产品出口总量的 86.2%。

（3）主要出口至美国和欧盟。2014 年上半年，天津口岸出口文化产品至美国价值 5.2 亿元，增长 41%；出口至欧盟价值 3.9 亿元，增长 9.2%，两者合计占同期天津口岸文化产品出口总量的 59.9%。

（4）主要出口产品为通过电产生或扩大声音的键盘乐器、未列名贱金属雕塑像及其他装饰品、打击乐器和铜管乐器。按照产品商品编码分类，2014 年上半年，天津口岸出口通过电产生或扩大声音的键盘乐器价值 2.9 亿元，增长 50.5%；出口未列名贱金属雕塑像及其他装饰品价值 2.1 亿元，增长 31.2%；出口打击乐器价值 2.1 亿元，增长 4.5%；出口铜管乐器价值 1.5 亿元，逆势下降 2.4%，四者合计占同期天津口岸文化产品出口总量的 56.6%。

2015 年，天津重点文化项目共有 58 项，总投资为 119.6 亿元。重点文化项目分为公共文化服务、文化产业和文化产品创作生产三大类，包括公共文化设施、公共文化服务平台、文化创意街区、媒体融合、互联网信息媒体服务平台、文化娱乐节目、电影电视等 15 个类别。

截至 2017 年 8 月，中心商务区各类企业总数已超过 2 万家，注册资本总额近

1 200亿元。其中，落户了上影股份、完美世界、万达慕威时尚、开心麻花、派乐影视、孔雀山文化、可为互娱、鲲鹏世纪、鸣涧娱乐等业内知名影视文化企业400余家，注册资金超过50亿元，已初步形成涉及IP研发、制作、发行、营销、衍生品开发及产权交易的影视文化产业链。

为进一步促进影视文化产业培育发展，围绕影视文化企业在财税、融资、人才、产业服务等方面的发展痛点、难点，中心商务区构建起财政扶持、人才支持、专项补贴、产业基金等多位一体的政策支持体系，制定了在全国范围内力度最大、受众最广、优势最强的《关于促进影视文化产业发展的二十条政策措施》，包括财政扶持、人才奖励、各类补贴、产业基金等最契合企业发展需求的扶持政策。同时，中心商务区有着友好的落户政策，可以帮助符合条件的影视文化人才落户天津，让企业和人才可以在中心商务区这样"宜居宜业"的地方"安家立业"，在更好的居住和办公条件下，以更充沛的热情发展事业。该措施主要内容有五个方面。

第一，加大财政扶持力度，壮大市场主体。中心商务区对在辖区注册、纳税、纳统的各类影视文化企业及相关服务业企业，根据其对中心商务区的实际贡献程度给予一定的财政扶持，其中被认定为龙头文化企业的，至2020年底另外再给予一定的财政扶持。同时，对入区影视文化企业聘用或签约合作的核心创作人才、高中级人才及业务骨干、龙头文化企业的核心人才、影视文化企业创始人等都将给予一定的财政扶持。

第二，设立产业发展专项资金，补贴产业发展。由中心商务区区级财政每年安排2亿元，专门用于扶持注册在中心商务区、实际入驻办公且办公人数超过20人的影视文化企业成长发展；鼓励建设和运营剧本创作、IP孵化、产业培育、专业培训、技术引进和研发、特效后期、展示交易等平台服务载体，对其购置专业设备按最高不超过50%的比例给予专业设备补贴；给予贷款融资贴息扶持，贴息比例最高为贷款利息的50%。此外，支持影视文化企业股改上市，对拟在主板、创业板上市的企业，给予总额500万元以上奖励。对被认定为国家文化出口重点企业和重点项目的，分别在国家和天津市奖励的基础上再给予最高50万元的文化出口专项资金奖励。

第三，鼓励就业落户，加强人才支撑。对2020年末以前与入区龙头文化企业签署1年（含）以上劳动（聘用）合同的核心创作人才和高级人才按照1 800元/月的标准给予相应补贴，中级人才和业务骨干按照900元/月的标准给予相应补贴，期限为1年。在中心商务区内注册、纳税、经营的影视文化公司及其职工，可办理人才绿卡，享受落户政策，也可享受"就业即落户"政策。除此之外，还可叠加享受天津市

"特殊贡献落户"等其他的落户政策。

第四，鼓励设立中心商务区影视文化产业引导基金，同时引入有实力的社会资本，用于投资扶持区内重点文化产业项目和在中心商务区创作摄制的优秀影视作品。

第五，提供专门政策和服务，支持创新业务和重点项目。对在中心商务区设立的为影视文化企业提供影视商业保理、知识产权和设备融资租赁、影视担保、影视保险等创新型金融服务的企业和金融机构，经认定，可采取"一企一策"的方式，为企业提供专门的政策创新支持和政府服务支持。同时，鼓励影视版权跨境交易、剧本版权跨境交易、影视衍生品跨境交易、艺术品保税展示、影视设备保税租赁、中外合拍影视作品合作平台等自贸试验区创新业务，对经认定的弥补区域产业空白和创新业务模式的企业，可采取"一企一策"的方式，为企业提供专门的政策创新支持和政府服务支持。

天津自贸试验区在关税方面有很多政策创新的空间，在此基础上有效利用中心商务区的核心区域、南端的大面积盐碱地，正在规划影视拍摄基地。该保税影视拍摄基地将分三期建设，包含影视前期拍摄区、影视后期制作及研发区、影视服务区、关联产业孵化区四大产业板块。这个基地一期规划有 32 个摄影棚，总建筑面积达 49 万平方米，包括摄影棚的配套设施、后期的制作中心、演员公寓等未来的一些配套服务的整体设施。基地建成以后，能够实现 10 到 15 个剧组同时拍摄，每年能达到 400 集的影视作品的产量。

（三）福建自贸试验区成立后文化贸易发展情况

经过多年培育，福建文化产业集聚发展态势逐步显现，对文化产业发展的示范和带动效应也在不断扩大。近年来，福建文化产业发展较快，对经济社会建设的促进作用越来越明显，在数字动漫、数字电视、数字出版、网络广播影视等新兴文化业呈现出快速发展的态势。

据统计，2014 年，福建文化系统共有艺术表演团体 74 个，全省共有公共图书馆 88 个，文化馆 96 个，博物馆 98 个。文化系统各类艺术表演团体演出 1.02 万场、年度首演剧目 158 个、观众 858.21 万人次，其中政府采购公益性观众 233.60 万人次；各级公共图书馆组织各类讲座 2 120 次，书刊文献外借 2 036.91 万册，总流通人数 1 965.81 万人次；各级文化馆组织举办展览 856 个，组织文艺活动 2 935 次、培训班 4 789 期和公益性讲座 445 次，共有 591.86 万人次参加；博物馆共举办 288 个基本陈列和 466 个展览，共有 1 954.85 万人次参观。2014 年末，全省共有影院 160 个、银幕 746 块，年度电影票房 9.81 亿元；全省有广播电台 7 座、电视台 7 座、广播电视台 66 座、教育电视台 1 座，有线电视用户 718.40 万户，有线数字电视用户 598.33 万户，年末广播节目综合覆盖率为 98.3%，电视节目综合覆盖率为 98.7%。2014 年，出版图书 3 793 种，总印数 0.68 亿册；报纸 42 种（不含校报、副刊），总印数 11.58 亿份；期刊 176 种，总印数 0.46 亿册；音像电子出版物 57.01 万盒（张）。年末全省共有各级各类档案馆 114 个。

据海关统计，2014 年 1—10 月，福建共出口文化产品 78.8 亿元人民币，较上年同期增长 2.1%。福建文化产品出口主要有以下特点。

（1）1 月份、7 月份达到高点，10 月份出口同比、环比均下降。

（2）主要以一般贸易方式出口文化产品 73.2 亿元人民币，增长 2.1%，占同期福建文化产品出口总值的 92.9%；海关特殊监管方式出口 3.7 亿元人民币，增长 2.9%，占 4.7%；加工贸易方式出口 1.9 亿元人民币，增长 0.8%，占 2.4%。

（3）民营企业出口文化产品 55.1 亿元人民币，增长 7.6%，占同期福建文化产品出口总值的 69.9%；同期，外商投资企业出口 17.5 亿元人民币，下降 15%，占 22.2%；国有企业出口 6.2 亿元人民币，增长 16%，占 7.9%。

（4）对美国出口文化产品 28.5 亿元人民币，下降 0.9%；对欧盟出口 27.3 亿元人民币，增长 13.3%，上述两者合计占同期福建文化产品出口总值的 70.8%。

（5）出口视觉艺术品 73.7 亿元人民币，增长 2.1%，占同期福建文化产品出口总值的 93.5%；出口印刷品 2.5 亿元人民币，下降 4.7%，占 3.2%。

2014—2015 年，有 27 家企业被认定为福建省文化出口重点培育企业，获专项资金扶持。此外，中央大力支持福建省重点文化产业项目建设，中央财政下达福建省文化产业发展专项资金 10 065 万元，大力支持福建文化产业发展。2014 年，厦门市大力扶持文化产业运营平台建设，一是搭建文化产业交流交易平台，做大做强文博会、图书交易会、厦门国际动漫节等重点文化展会，推动文化产业深度对接，共同发展；二是支持中国移动手机动漫基地、中国电信手机动漫中心、中国联通手机动漫基地（筹）、4399 网络游戏运营中心、厦门（华辰）国际艺术品交易中心、海峡收藏品交易中心和中国工艺集团工艺品交易所（及黄金、钻石交易中心）等重大项目建设发展，进一步提升厦门文化创意产业的影响力。

2017 年 1—10 月，福建省外贸进出口总值 9 551.9 亿元，同比增长 13.6%。其中，进口 3 648.7 亿元，增长 30.4%；出口 5 903.2 亿元，增长 5.3%。数据显示，美国、东盟和欧盟位居福建省贸易伙伴前三位。从产品类别看，文化产品出口增长抢眼，1—10 月共计出口 166.3 亿元，同比增长 22.1%。据海关统计，2019 年 1—5 月，福建出口文化产品 112.8 亿元，同比增长 35.3%，保持强劲增长态势。近年来，福建加快文化产业发展，并大力实施"走出去"发展战略。2018 年，中国（福建）自贸试验区厦门片区成为首批 13 个国家文化出口基地之一。海关数据显示，1—5 月，福建玩具、珠宝首饰、雕塑工艺品、花画工艺品和金属工艺品等出口规模均超 10 亿元，是文化产品出口的拳头产品。其中，出口玩具 27.9 亿元，同比增长 1.1 倍；雕塑工艺品 19.1 亿元，同比增长 20.2%；珠宝首饰 18.6 亿元，同比下降 6.3%。这些文化产品出口远销海外 180 个国家和地区，美国、欧盟是主要出口市场。1—5 月对美国出口 32.6 亿元，同比增长 30.2%；对欧盟出口 29.6 亿元，同比增长 59.4%。三者合计占同期福建省文化产品出口总值的 71.1%。

尽管福建文化产业发展成效显著，但也存在诸多问题：一是文化产业发展水平不高，尚未成为全省的支柱产业；二是文化产业结构不尽合理，区域产业发展不平衡；三是文化产业政策法规体系不健全，文化资源未能得到有效配置；四是文化产业高端复合型人才较为缺乏，文化人才政策仍需健全。

（四）广东自贸试验区成立后文化贸易发展情况

2013 年，广东 21 家国家级文化产业示范园区、基地共实现收入总额 976.2 亿元，利润总额 129.8 亿元，纳税总额 119.3 亿元。广东聚集了全国 70% 以上的演艺设备生产企业，在企业数量、就业人数、生产产值等方面均居世界前列。2013 年，广东演艺设备行业出口总额约为 22 亿元，约占全国同行业出口额的 70%。同时，广东的游戏游艺设备生产在全球市场份额超过 20%。2013 年，中山市游戏游艺设备产品出口总额约为 2.46 亿美元，占该市销售总额的 56%。2013 年，广东电视频道境外落地取得新成效，广州广播电视台收购美国华语电视台天下卫视，使广东在境外落地播出的电视频道达到 9 个，位居全国前列。虽然广东文化产品出口数量有所增长，但文化贸易逆差现象仍未得到根本改变，文化产品和服务出口渠道还比较狭窄，输出的文化产品价格远远低于引进的同类产品。据商务部统计，2013 年，广东核心文化产品进出口总额为 86.63 亿美元，其中出口总额 82.24 亿美元，占全国总量近 1/3，位居全国首位。此外，广东文化贸易出口市场已经覆盖近 150 个国家和地区，其中美国、欧盟、中国香港出口市场合计约占广东文化产品出口总值的 80%。

据海关统计，2014 年 1—11 月，广东出口文化产品价值 490 亿元，比上年同期（下同）增长 1.2 倍。当期，广东文化产品出口主要有以下特点：①文化产品月度出口额大幅飙升，11 月份出口 50.8 亿元，同比增长 1.1 倍，环比下降 13.2%，同比连续 5 个月倍增。②以加工贸易出口为主。当期，广东以加工贸易方式出口文化产品价值 326 亿元，增长 2.5 倍，占同期全省文化产品出口总值（下同）的 66.5%；一般贸易出口 133.2 亿元，增长 23.8%，占 27.2%。③外商投资企业出口占七成以上。当期，广东外商投资企业出口文化产品价值 365.9 亿元，增长 1.7 倍，占 74.7%；民营企业出口 106.4 亿元，增长 43.4%，占 21.7%；国有企业出口 17.8 亿元，下降 1.2%，占 3.6%。④视听媒介为主要出口品种。当期，广东出口视听媒介产品 239.4 亿元，暴增 4 777 倍，占 48.9%；出口印刷品 121.2 亿元，增长 5.3%，占 24.7%；出口视觉性艺术品 101.6 亿元，增长 29.7%，占 20.7%。2016 年，广东文化产品进出口 437.9 亿美元，其中出口 418.1 亿美元，居全国榜首，实现贸易顺差 398.3 亿美元，仅游戏业出口营收就达 176 亿元，出口的国家和地区 100 多个。

总体来看，近年来广东对外文化贸易呈现出有以下几点。

（1）以网络游戏、动漫等为代表的文化新型业态产品和服务成为出口市场的一大亮点。目前，广东全省网络游戏海外营业额超过 100 亿元，广州网易计算机系统有限公司、珠海金山软件公司、深圳中青宝互动网络股份有限公司、广州菲音信息科技有限公司、深圳第七大道科技有限公司等企业相继实现了网络游戏产品"走出去"。深圳市腾讯计算机系统有限公司除网络游戏外，还向海外市场输出微信产品，并先后在印度和俄罗斯投资互联网业务。此外，深圳华强文化科技集团公司的动漫产品累计出口超过 7 万分钟，输出到 100 多个国家和地区，并进入尼克频道等国际主流媒体；UC 优视成为全球使用量最大的第三方移动浏览器提供商，是中国和印度最大的移动浏览器提供商。

（2）重点企业和品牌项目不断涌现，文化出口产品科技含量和附加值不断提高。深圳华强文化科技集团股份有限公司向伊朗、南非、乌克兰等国家成套出口大型文化科技主题公园，公司研制的环幕 4D 电影系统输出到美国、加拿大等 40 多个国家和地区。广东省出版集团有限公司的对外合作从单一的版权转让发展为联合出版、成品出口、渠道共享、股权合作、印刷、复制服务、数字出版等多形态、多领域的深层次合作，每年进出口贸易总额超过 2 亿元，年均实物出口销售实际超过 100 万美元，连年实现版权贸易顺差；集团旗下广东新世纪出版社的《少年文摘》杂志出口到东南亚、澳大利亚等多个国家和地区，每年出口近 20 万册，成为国内出口量最大的期刊。广州市杂技艺术剧院有限责任公司创作的杂技剧《西游记》在国外签约演出达 150 场。广州珠江钢琴集团公司累计出口钢琴达 120 万架，占全球市场份额 20%，成为全球最大的钢琴制造商。

（3）文化制造业产品出口优势突出。随着 LED 舞台灯具在国际范围内的兴起，广东演艺设备企业紧跟国际市场潮流，同步研发新产品，由传统的舞台电脑灯及时转向生产、出口 LED 灯具。目前，广东聚集了全国 70% 以上的演艺设备生产企业，在企业数量、就业人数、生产产值等方面均居世界前列。

（4）新闻媒体海外合作步伐加快。南方报业传媒集团入股泰国历史最悠久的华文媒体《星暹日报》，并与巴拿马《拉美侨声》合作推出新版；广州日报社与澳大利亚《星岛日报》合作出版《广州日报·澳洲版》，与北美洲《明报》合作出版《广州日报·北美版》；羊城晚报报业集团在澳大利亚悉尼出版《澳洲新快报》；《汕头特区报》与泰国华文报纸《京华中原联合报》合作出专版。2013 年，广东电视频道境外落地取得新成效，广州广播电视台收购美国华语电视台天下卫视，使广东在境外落地播出的电视频道达到 9 个，位居全国前列。目前，广东电视台国际频道、南方卫视、深圳卫视等频道在北美、东南亚及我国港澳台地区的覆盖影响不断扩大，南方卫视全球付费用户数突破 12 万，覆盖收视实现双丰收。此外，民营文化企业也成为进军海外市场生力军。广州俏佳人文化传播有限公司继 2009 年在美国成功收购国际视听传播公司后，成为覆盖北美地区（包括洛杉矶、纽约、休斯敦、西雅图、达拉斯、奥斯丁、温哥华等地）范围最大、收视人群达到 1 亿以上的华人电视媒体。

第二节　自贸区建设对我国文化贸易产生的影响

一、自贸试验区管理制度创新对我国文化贸易的影响

从理论上看，针对负面清单管理模式对文化产业影响的文献论述并不十分聚焦，因此对自贸试验区文化产业发展的相关理论亟须探求与研究。文化产业同一般产业相比，其产品不少都带有思想文化的特殊性，导致外商投资文化产业领域常因涉及思想文化领域而受到禁止或限制，如禁止外资投资新闻媒体、出版机构等。在 2013 年上海自贸试验区对外资实行负面清单管理模式之前，我国一直实行《外商投资产业指导目录》模式，这种模式规定所有的外商投资只能在规定范围内活动。在实施负面清单管理模式之后，扩大了外资可进入的文化领域，将外商投资企业合同章程审批改为备案管理，这对提高外资进入效率、增强市场主体经济活力意义重大。

首先，自贸试验区的文化服务开放措施不仅会给开放产业带来直接的发展机遇，

从长远看还将拓展文化创新业态，推进产业跨界交融发展，产生文化与金融、投资、科技、网络、教育等行业相结合的新业务、新业态；其次，由于自贸试验区在行政审批、金融服务、财税支持等方面实施先行先试的政策优势，大大降低了文化贸易的交易成本，增加了交易机会；再次，"一线放开，二线安全高效管住，区内货物自由流动"的创新监管服务模式，大大推动了文化产业的市场化和文化贸易的发展，对于出版产业，光碟、印刷机械、相关设备的交易，国际艺术品拍卖、展览与广告、教育和培训等各种服务，甚至作为中小文化企业的孵化器来说都意味着机会；最后，大型国际文化服务企业入驻自贸试验区，使国际文化企业的先进开发和管理经验进入中国，倒逼中国文化企业深入变革。因此，无论短期还是长期，这些开放举措都将促进中国文化贸易竞争力的提升。

自贸试验区针对文化产业领域的相关优惠政策无疑将有利于加快文化产业在自贸试验区内及周边的进一步集聚，进而提升中国文化贸易国际竞争力并对全国形成很好的示范作用。综观发达国家文化业与文化贸易发展的历史经验，文化产业集聚对提升一国文化贸易竞争力、提升城市的等级和功能定位起着重要和积极的作用，而自贸试验区优惠政策将会凝聚形成文化企业集聚带，并进一步构造符合中国经济与社会发展的文化产业空间组织模式及文化产业核心城市群和"文化产业城市圈"的发展模式。

二、负面清单管理对文化产业集聚的影响

从国内外的文化产业发展状况看，文化产业集聚发展已经成了一种比较普遍的现象。在我国，文化产业的发展主要集中在北京、上海、广东等经济发达地区。文化产业的竞争力受到产业集聚能力的影响，文化产业的集聚有利于文化资源的优化配置与有效利用；有利于利用市场信息，形成对各种文化资源的吸纳能力和辐射能力；有利于提高创意能力，节约文化资源的流通成本；有利于文化能力向社会能力的转化，在消化吸收现代高新技术的同时，以产业集群的方式改造社会扩大再生产的方式和途径，进而达到为社会发展提供智力支持和文化生态环境的目的。同时，文化产业的集聚发展又与文化市场的管理制度、无障碍流通与开放的文化市场体系有关。

文化产业的集聚和布局是文化产业资源配置的一种空间状况，它既受到客观社会经济条件的制约和影响，又受到主观产业政策尤其是政府相关管理政策的影响，而空间成本因素是影响文化产业空间布局的重要因素之一。随着卫星传输系统和互联网的快速发展，内地和沿海接受信息的能力差距正在逐渐缩小，但偏远地区的文化产业发展仍然与沿海地区有较大差距。正是由于空间成本的存在，文化产业才在诸如上海、

东京、洛杉矶等交通便利、经济发达的地区形成以大城市为中心的文化产业带。一个地区形成文化产业集聚带，是依托当地的经济、社会、历史等文化资源要素禀赋，而文化产业自身的特点决定了集聚本身的空间成本的节约和相应要素禀赋的丰富。由于受经济、社会、历史等条件的影响，不同区域的文化发展要素不同，各地文化产业发展条件的差异也是显著的。

负面清单对文化产业集聚有重要影响，负面清单管理模式既影响着上海自由贸易试验区的开放程度，又影响着外国直接投资的水平和上海自贸试验区的市场化程度。有学者量化分析了 FDI 对上海产业集聚的影响，结果表明，上海 FDI 和其产业集聚程度存在长期稳定关系，从长期来看，两者的变化方向是一致的。外商直接投资增加会诱导产业集聚的发展，产业集聚程度提高也会进一步带来外资的流入，由此看来，负面清单的实施必会影响开放程度，进而提高 FDI 水平，从而进一步推动文化产业集聚发展。另外，我国东部地区文化产业专业化程度对文化产业效率有正向影响，说明东部地区文化产业集聚程度与专业化程度较高，能够充分利用集聚经济带来的对文化生产与服务效率的提升效应。在这个基础上，负面清单管理模式将通过推动文化产业集聚，带动上海文化产业和服务效率的提升。

文化产业不同于其他产业，具有自己独有的特性：一方面，文化产业与国家民族文化性格、文化特质有紧密联系，这决定了文化产业的发展具有民族特色和传统性质；另一方面，负面清单不仅在相关行业上为外资企业标明了投资"禁区"，还在某种程度上展现了不同文化间的相关差异。对于外资来说，相关产业的不可为正是中国作为独特文化特征的国家所展现的一种独特性。对于文化产业发展本身，保持独特性不仅有利于文化安全，还有利于外资进行选择性进入。和自由放任相比，负面清单能够使文化产业进行有序集聚，从而有意识、有重点地进行文化产业竞争力的发展和产业升级。另外，负面清单有利于刺激文化产业集群的产生，规避集群内部的不正当竞争，同时对文化产业集聚外部的相关配套设施有指导作用。

产业集聚是建立在区域文化的基础之上的。单一的文化组织在区域内与其他文化组织相互联系、相互合作、相互竞争，这个过程既需要本地文化氛围，又需要政府的导向调控作用和间接干预体系。负面清单能够给予外资适应中国本地文化独特性的方向指导，促进区域文化产业有序集聚。因此，负面清单管理模式从政府的管理政策角度看，能够推动产业集聚，优化区域文化产业内部结构，提供良好外部环境，进而推动文化产业竞争力的发展和转型升级。

三、自贸试验区简化文化产品贸易的海关监管措施与检验检疫创新政策

根据文化产品对仓储条件的要求，海关积极拓展保税仓储功能，指导企业设立文化产品专用保税仓库，帮助企业降低仓储运营成本。在全面提升文化产品通关速度的同时，为确保安全有效监管，海关通过完善保税仓库管理，将进出口数据与海关监管数据进行对比印证，并结合文化商品特点，加强对重点要素的审核，在"管得住"的前提下让通关更加顺畅。具体措施如下所述。

（1）采用"简化担保"等艺术品新型监管模式。海关就美术品批文事宜与文化管理部门进行协调，共同监管绘画、工艺品、雕塑等艺术作品。

（2）一般而言，国际企业的文化产品进入中国境内参展，需要进行进口保税，缴纳关税，进口设备、物资等一般不享受免税政策。就目前来看，区外文化企业尚不能在自贸试验区内展示境外文化商品。但是，相关部门可以通过在自贸区框架内设立文化授权展等措施，充分利用自贸试验区政策优势，以通关、物流、保险、保税仓储一揽子服务，为国内外的文化企业参展开启更多"绿灯"，包括审批流程简化，为艺术品保税仓储、展示、交易提供知识产权法律保障等。

（3）海关在出入境环节分别设立文化贸易企业专窗，提供专人专办、预约通关等服务，还可为一些特殊商品提供上门查验服务。

（4）自贸试验区推出文化产品"先入区，后报关"等创新政策，明显加快了文化产品的流通速度。在自贸试验区成立之前，境外产品在入境时，必须在到港码头报关，随后才能运送至区内，且只能在区内指定区域展示。但是，海关的"先入区，后报关"等政策出台后，文化产品不需要在码头等待报关，可以先入库再进行报关，节省了在码头等待的时间。

（5）2013年8月，国内首个专业艺术品保税仓库——上海国际艺术品交易中心及保税仓库在基地建成并投入运营，总面积约3 000平方米。艺术品贸易成为自贸试验区文化方面主要的贸易品种，境外艺术品在国内展览可以采用保税的方式，将相关艺术品存放在库内，再联系国内展会。国内首个艺术品保税仓储交易中心在上海自贸试验区内建立并投入使用，使艺术品通关流程从7天缩短到1天，提高了安全系数，而且艺术品进境缴纳的保证金由交易中心代缴，节省了客户的运作成本。同时，艺术品可以反复出区进行保税展示，由文化基地做担保抵押，极大地节约了企业的成本和时间。在文化基地内企业的艺术品在进行保税展示时，无论是境内艺术品到国外展览，还是国外艺术品到区内展览，艺术品都可以在展览现场直接交易。这对文化企业

而言，意味着可以节约大量的时间和成本。在交易方式上，自贸试验区内保存艺术品可以避免缴纳 24% 的税费，有利于艺术品的再次交易。正在建设中的上海国际艺术品保税服务中心，是上海自贸区国际艺术品交易中心保税仓储二期项目，也是一期项目的"大升级"。从硬件方面看，上海国际艺术品保税服务中心建筑总面积达到 6.8 万平方米，体量是一期仓库的 20 多倍，是到目前为止全球规模最大的艺术品保税仓库。二期项目最高层高 8 米，最大可承重 5 吨，几乎可以接纳全球任何体积和重量的艺术品，温度和湿度也按照不同区域的需求调整。从功能上说，二期除了艺术仓库，还叠加了更多功能，包括艺术品交易拍卖、艺术品评估鉴定、艺术品修复、艺术品现场查验、艺术品培训等，甚至计划引入海关、检验检疫、文广文物等监管部门现场办公。

（6）文化产品在上海自贸试验区内实现了分拨中转。不采用 ATA 单证方式，而是通过暂时进出境展示的方式实现。

（7）在海关方面，实施仓储企业联网监管，批次进出、集中申报和保税展示交易 3 项政策已应用在上海自贸试验区外的上海徐汇区西岸艺术品保税仓库的建设上。

（8）为进一步促进上海自贸试验区国际艺术品保税展示和交易，保障国际艺术品便捷畅通交流，上海检验检疫局起草完成了自贸试验区进出境文化艺术品检验检疫管理办法，将推行文化艺术品监管的新模式。

（9）文化设备租赁服务。利用自贸试验区拥有的保税租赁优势，为自贸试验区乃至高端进口文化设备提供租赁服务，并以此降低自贸试验区在影视、演艺、出版、传媒等领域文化企业的技术成本，提升其产品和服务加工的能级，增强其参与国际市场竞争的能力。

四、自贸试验区制度创新带来的便利

第一，自贸试验区行政审批制度改革采取准入前国民待遇和负面清单管理、准入后监督的模式，政府从根本制度上实现了简政放权。以往企业办理工商执照注册，各类材料齐全以后经过审批，最快也要一个月才能办好，而在自贸试验区里几天就可以全部办好。以微软和百视通的合资公司为例，按照过去的行政审批制度，需要先向相关审批机构申请进行企业名称预先审核，取得批准证书后才可办理工商注册登记，不但要提供大量材料，还要跑很多部门，至少需要 3 个月时间。改为备案制以后，企业通过一口受理仅用 7 个工作日就可领到执照。透明、便捷的制度保障有利于更好地提升文化产业品质。

第二，贸易便利化管理方式不断创新。随着负面清单管理模式的建立，文化领域积极创新管理方式，由上海市文广影视局牵头构建"一站式、全天候、零时差"服务体系，率先设立文化审批受理的延伸服务窗口，集中受理自贸试验区内中外文化企业的资质审批、艺术品内容审批和演出内容审批等专项业务。自贸试验区管委会增设综合管理机构，统一承担专利、商标、版权的行政管理和文化执法工作。

第三，目前，文化产业存在资本短缺、渠道缺乏、行政协调困难、贸易人才缺乏等诸多难题。建立多层次文化产品和要素市场，鼓励金融资本、社会资本、文化资源相结合，对突破文化产业的瓶颈有重要的作用。文化企业通过和金融、投资以及其他服务业的开放政策对接，能形成很好的连带效应，推动文化企业的发展。在上海自贸试验区内的国家对外文化贸易基地提出了"引导企业利用自贸试验区在金融、教育、电信等多个与文化相关领域的试点政策，挖掘产业发展机会，探索文化产业的业务创新发展道路，扩大文化企业受惠面，释放更多的政策红利"。

五、自贸试验区对促进中国艺术品交易国际化的影响

在艺术品进行国际贸易时，对艺术品价格需要使用分类定价原则进行评估和鉴定，并对不同时期的艺术品采取不同的税率标准，如文艺复兴时期的艺术品和当代艺术品就采用不同的关税税率。但是，我国现在对艺术品依然采用固定税费，跟国际惯例存在较大的差异。另外，我国目前针对艺术品进口关税税率较高，与全世界大多数国家和地区的艺术品进口关税（美国、加拿大、新西兰、韩国等）相比，存在较大的成本差距。

中国对艺术品实施较为严格的出境限制，对从事艺术品拍卖的企业也有严格限制。例如，外资拍卖行在中国境内不能涉足古代书画与近现代书画、古董、瓷杂这三大类别，只能参与市场规模较小的当代艺术和奢侈品类别，这就造成中国艺术品拍卖市场的国际化程度较低。此外，中国人可以不受限制地从海外购回文物，但自购入一年半以后就不准再贩售境外。而且《中华人民共和国文物保护法》并没有对文物的概念做出明确的界定，而是采取举例的方式，这就容易造成艺术品与文物的区分不明晰，在一定程度上对艺术品拍卖产生抑制作用。

自由贸易试验区的设立将助推艺术品拍卖，原因如下：一是在自由贸易试验区中，商品免关税流动，只要中标者不将中标的艺术品带出自由贸易试验区之外，中标者就无须缴税，因此当艺术品交易可在自由贸易区完成时，买卖双方都无须缴税，这大大降低了跨境艺术品拍卖可能存在的高额贸易成本，为国内外艺术品拍卖企业和竞拍者提供了更加自由的交易环境；二是自由贸易试验区将简化境外艺术品在自由贸易试验区进行展

示和拍卖的相关手续；三是自由贸易试验区允许外资享受国民待遇，这将吸引国际拍卖业服务机构与投资机构入驻自由贸易试验区，促进中国艺术品市场的国际化发展。

六、自贸试验区的设立对周边地区文化产业及产业融合发展的影响

（一）自贸试验区管理制度创新造成文化资源的重新配置

沪、津、闽、粤自贸试验区的设立使四地获得了更多的制度红利。一方面，自贸试验区采用负面清单的管理模式，对外资试行准入前国民待遇，以备案制代替审批制，在自贸试验区内对外资扩大开放文化行业，而其他地区的文化产业市场难以享受同等待遇，这会削弱周边地区对国际文化资本的吸引力，使引进外资难度加大；另一方面，自贸试验区实施的一系列针对文化产业与文化贸易发展的相关促进政策（如"一线放开、二线管住"的监管模式，减免部分文化贸易产品税收及扩大退税范围，包含工商、税务、海关等方面的全方位便利化优惠政策），将会极大地吸引周边文化资本积聚到自贸试验区内，从而造成周边地区文化资本外流的现象，从长期来看，还会导致对生产要素资源的重新配置。

（二）自贸试验区文化产业与金融产业的融合发展

金融改革作为沪、津、闽、粤自贸试验区改革的重要举措，将在区内利率市场化、外汇自由兑换、金融业对民营资本和外资机构全面开放，以及金融产品创新等方面实施深化改革与开放。这一改革正契合当前中国文化产业发展瓶颈阶段的金融因素，从"文化—科技""文化—创意""文化—地产"等发展阶段提升为以"文化—金融"为基础的文化产业中心。与自贸试验区相比，其他地区的很多民营中小文化企业则面临融资困难的问题。受金融投资政策限制难以获得境外资本的投入，而且受外汇管制及对境外投资的管控，文化企业难以自由地直接对境外文化产业进行新设、合作和并购，文化产业贸易还较多地停留在低端的文化产品输出上。因此，自贸试验区"文化—金融"的发展模式将会对其周边地区的文化企业形成竞争压力，同时形成示范效应。

（三）自贸试验区文化领域开放对周边地区文化产业发展的辐射作用

自贸试验区内文化产业的深度开放，将会通过资本流动、劳动力流动以及其他服务业产生的连带效应，推动周边地区文化产业的格局调整及国际化进程，形成明显的扩散效应和示范效应。例如，上海作为长三角文化产业集群的中心城市，在文化服务领域上的开放必然会影响到与其地理上较为接近的浙江；广州作为珠三角文化产业集群的中心城市，在文化服务领域的开放必然会影响到周边的广西。上海自贸试验区成立后，园区内的房地价短期内飙涨了40%～50%，较高的土地价格和人工成本促使

区内文化企业为降低生产成本，将部分文化生产环节进行外包；毗邻的浙江则借助这一趋势，推进省内文化企业的转型升级。

第三节　文化贸易在中国自贸区建设中的发展对策

中国要迈向世界文化强国之列，必然要拥有强大的对外文化贸易能力。鉴于此，要针对近年来全球贸易规则的新变化，通过平台建设帮助我国文化企业把握国际文化贸易的新规则和竞争态势，掌握全球文化贸易的高端资源和市场制高点。要借鉴自贸试验区的经验，建立与国际接轨的文化贸易服务新机制，将非歧视、市场化、贸易便利化、投资扩大化等确立为基本原则，以制度创新探索文化贸易发展的新途径。

一、明确服务底线

明确文化服务扩大开放的"底线"，探索"文化内容服务负面清单管理"新模式。

文化服务不同于其他领域的服务，文化内容属于精神生产领域，具有鲜明的意识形态属性。与文化服务对外开放的"底线"原则相适应的，是对文化服务领域的"内容管控"，要严格管控中国法律严禁的文化品及不良社会风气借助自贸试验区进入内地，要探索使用"内容底线"原则替代"生产环节"原则。同时，要加强事中事后监管力度，监控包括如商品的外包装设计，某些网站放开后的信息、广播、电视节目内容、历史教育、相关资料的流入，歌舞娱乐场点播系统、播放曲目、屏幕画面及游艺娱乐项目电子游戏机的游戏项目，以及网吧、演出、艺术品市场开放等方面的内容。

二、借助政策优势

借助自贸试验区在行政审批、金融服务、财税支持等方面先行先试的政策优势，建立与健全文化产业与贸易相关的法律法规与促进政策，继续探索文化贸易开放作为自贸试验区的"试验区"功能。

目前，我国对外文化贸易的政策扶持在资金补助、税收减免、出口奖励等方面的力度还不够。在资金方面，文化企业的资产结构（无形资产多，实物资产少）使其很难从银行贷款，同时，文化产品"走出去"的前期宣传成本很高，这就造成了文化企业的资金困难，而近年来我国针对重点文化企业进行资金补贴的经费十分有限，不能从根本上解决问题。在政策方面，要继续深化探索自贸试验区现有的政策空间，挖掘政策潜力。例如，研究文化产品保税仓储、保税展示、保税租赁等政策，进一步推进区内试点经认定的文化企业自用进口文化设备全面享受减免税等适合文化企业的税收优惠政策，进一步落实和实施文化产品和服务出口退免税政策以及建立适应文化企业的外汇政策；建立一整套包括文化贸易的外汇管制、项目审批、商品结构调整、税收优惠、信贷优惠及金融服务等在内的法律法规，这对降低文化企业的生产运营成本、提高文化企业的国际竞争力有很大的意义；健全包括贷款贴息、投资基金、文化产权评估交易等配套机制，推动文化企业重组并购和文化体制改革；出台鼓励发展专业文化贸易企业和中介机构的政策，充分发挥它们的桥梁作用；鼓励和引导民间资本和外资进入文化产业等。待上述政策在自贸试验区内运行成熟之后，可在国内其他地区进行推广。

三、打造文化金融合作试验区

将4个自贸试验区打造成全国现代文化市场体系的"文化金融服务中心"，支持条件成熟区域探索创建文化金融合作试验区。

大力发展自贸试验区文化金融服务，形成全国文化市场体系的金融核心地位和辐射功能。除了直接投资外，还可以通过多种政策杠杆对符合条件的文化企业给予贷款贴息、保费补贴、税收优惠以及对优秀的文化企业或项目给予无偿资助和奖励。支持银行业金融机构有效衔接信贷业务与结兑业务、国际业务、投行业务，满足文化"走出去"的金融需求；支持符合条件的文化出口企业通过发行企业债券、公司债券、非金融企业债务融资工具等方式融资；推动在信用保险保单下的无抵押融资和借助出口信用保险业务进行再融资；研究文化出口企业出口信用保险保费支持政策，引导企业积极投保；鼓励信保机构为文化出口企业提供海外提单报告、买家资信报告等资信服务和风险控制管理咨询服务；引导和促进银行业、证券业、保险业、金融机构等各类资本创新金融产品，改进服务模式，搭建服务平台，为文化企业提供融资支持和金融服务；推动文化金融中介组织建设，鼓励建设一批专业从事文化金融服务的中介组织（如担保机构、小额贷款公司、版权托管机构、评估机构、信用管理机构、版权代理机构等），成为文化金融创新的重要支撑平台。

四、在自贸试验区内支持文化企业和科技的融合发展

鼓励文化企业开展技术创新，增加对文化出口产品和服务的研发投入，开发具有自主知识产权的关键技术和核心技术；鼓励舞台剧目、影视动画、音乐、美术、文化

遗产的数字化转化，支持开发适用于互联网、移动终端的数字文化产品；支持文化企业充分运用高新技术手段提升文化出口产品和服务的质量；支持文化企业引进数字和网络信息等国际先进技术，提升消化、吸收和再创新能力。

五、支持在自贸试验区内实施"电子商务＋文化贸易"的发展模式

文化产品和服务通过电子商务进行国际贸易是大势所趋，随着数字技术的成熟和应用，电子商务为文化产品和文化服务的国际贸易提供了条件，有很大市场空间。"电子商务＋文化贸易"的融合将对原有的国际贸易方式进行颠覆式创新，会创造更多的市场机会。传统的国际贸易流程要经过 19 个环节，而电子商务使国际贸易的环节减少到 7 个，节省了约 10% 的成本。但目前"电商＋文化"这种贸易模式还没有被广泛应用。文化产品的生产者与电子商务领域信息不对称，相互认知度不高，需要增强相互了解和互通。同时，文化产品和服务与电子商务的结合，还存在亟待解决的一系列问题（如知识产权保护、政策壁垒、支付结算方式等），这些都需要在将来予以解决。因此，相关部门可以在自贸试验区内试行对跨境电商更为优惠的文化产品贸易税率，或创新文化贸易发展模式，鼓励文化企业借助电子商务等新型交易模式拓展国际业务。另外，相关部门可充分运用大数据提升跨境文化电商企业竞争力。使用大数据，能有效解决文化产品供需脱节的矛盾，有益于解决我国原创文化内容水平不高的问题。通过大数据技术，对大规模人群的喜好数据进行分析，能够明确目标受众的品位和需求，创造出适销对路的文化产品。跨境电商企业通过大数据应用，可以个人化、个性化、精确化和智能化地进行广告推送和推广服务，创立比现有广告和产品推广形式性价比更高的全新商业模式。同时，跨境电商企业可以通过对大数据的把握，开发新产品和新服务，降低运营成本的方法和途径。

六、积极打造国内文化企业跨区域合作平台与跨自贸试验区的合作机制

中国的文化产业资源分布广泛，环渤海、泛长三角、泛珠三角、沿边以及内陆地区的文化资源优势各不相同，但区域内的联动效应并不明显，区域间的合作亦缺乏。自贸试验区的建立为打通各个区域文化企业的合作提供了一种模式，如在各自贸试验区文化产品进出口信息共享、跨自贸试验区的文化产品展示合作等方面。另外，中国文化产业往往分属不同系统进行管理。鉴于此，政府及有关部门应为文化部门之间与文化企业之间搭建合作平台，尽快起草制定相关合作方案，促进各部门的交流和合作，以发挥各自的文化资源优势，激发市场活力。

七、以自贸试验区战略布局定位拓展在双边和多边自由贸易协定之下的文化区域合作

中国（上海）自由贸易试验区作为中国开设的第一个自贸试验区，在改革过程中需要尝试推行与目前国际贸易规则相符合或者更具前瞻性的改革措施，因此上海自贸试验区的使命并非政策洼地，而属先行先试的"全球性、综合性"压力测试平台，其文化贸易发展的定位应是针对性地建立全球文化商品交流和交易中心。从另外几个自贸试验区战略布局看，广东侧重港澳，天津重点面向东北亚并统筹京津冀协同发展，区域化特征与目标指向明确。再加上新设的多个自贸区，众多自贸区可以在原先签订双边贸易协定的基础上加入推进文化贸易的新条款，或者以建立双边文化贸易合作城市（创意产业共建、合办展会、文化贸易资源共建共享）、建立"平行文化创意园区"等方式，加快提升发展全国文化贸易竞争力。

八、培育外向型文化企业和机构入驻自贸试验区

依托自贸试验区内的文化贸易基地、文化创意产业园区、影视创作基地、数字出版基地、网游动漫产业基地，鼓励和支持国有、民营、外资等各种所有制文化企业入驻自贸试验区，鼓励和引导具有一定国际影响、行业带动力强的外向型文化企业和机构入驻自贸试验区，从事国家法律法规允许经营的对外文化贸易业务，并享有同等待遇，在此基础上培育一批具有一定出口规模、具有国际竞争力的本土跨国文化企业。

九、以自贸试验区的区域定位为着眼点，开拓与我国文化有较多相似性的东亚和东南亚地区市场

这些地区历史上受中国文化（汉文化）影响较深，同时有着庞大的华人华侨消费群体，对中国文化产品和服务存在需求偏好。另外，应加强对欧美文化市场的调研，深入了解其文化商品生产和消费习惯；加强中国文化的推介宣传，让欧美文化企业和消费者认识、理解并喜爱中国文化，降低文化隔阂，以利于今后扩大文化商品出口。

十、依托自由贸易试验区和海关特殊监管区域，支持对外文化贸易创新，开展文化服务领域改革试点

建立健全外资文化市场准入机制，创新文化服务对外开放新形式，开辟"文化贸易服务"新领域，如文化产品仓储服务、文化设备租赁服务、文化产品展示服务、文

化服务外包服务、文化衍生后期服务，以及吸引国内外著名文化服务中介机构入驻等。大力发展国际文化会展、保税文化交往、文化进出口仓储物流、国际文化市场信息服务等业态，打造文化进出口高端服务平台；大力发展文化衍生产业，提供后期制作服务功能，可以作为自贸试验区文化服务扩大开放的优先发展途径；可利用保税、免税的优势，吸引国际影视动漫游戏制作企业和设备供应商在自贸试验区集聚，增强自贸区在国际影视动漫游戏制作方面的服务功能，并以此加快文化科技的国际产业转移。

十一、进一步创新自由贸易试验区内针对文化贸易的海关监管与管理制度

完善文化产品和服务出口的通关管理措施，提升通关效率。支持将自由贸易试验区内文化贸易重点企业培育成为海关高信用企业，享受海关便捷通关措施；对图书、报纸、期刊等品种多、时效性强、出口次数频繁的文化产品，经海关批准后实行集中申报管理；为文化产品出口提供 24 小时预约通关服务等便利措施；对文化企业出境演出、展览、进行影视节目摄制和后期加工等需要的进出境货物，可实施加速验放；对使用暂准免税进口单证册（ATA）向海关申报的暂时出境货物，免于向海关提供其他担保；对自由贸易试验区内从事文化出口业务的编创、演职、营销人员，进一步简化其出国（境）手续。

十二、加强自由贸易试验区内文化贸易知识产权的保护工作

加快推进知识产权快速维权中心建设，在自由贸易试验区之间推广复制知识产权快速维权经验。研究开展文化知识产权价值评估，及时提供海外知识产权法律咨询，支持自由贸易试验区内文化企业开展涉外知识产权维权工作。加强版权保护工作，积极开展著作权法律法规宣传，打击和查处侵权盗版案件。另外，对文化企业开展国际管理体系认证、产品认证、境外专利申请、境外广告宣传和商标注册、境外收购技术和品牌等予以扶持。

十三、推进自由贸易试验区文化贸易投资外汇管理便利化

以建设自由贸易试验区为契机，推进文化贸易投资的外汇管理便利化，确保文化出口跨境收付与汇兑顺畅，满足文化企业进出口和跨境投资的用汇需求。支持文化企业采用出口收入存放境外等方式提高外汇资金使用效率；鼓励支持文化企业开展跨境

人民币结算业务；鼓励境内金融机构开展境外项目人民币贷款业务，支持文化企业从事境外投资及开展境外放款业务。

十四、加大财税支持力度

对国家重点鼓励的文化产品出口实行增值税零税率，对纳入增值税征收范围的文化服务出口实行增值税零税率或免税。在自贸试验区内从事服务外包业务的文化企业，符合现行税收优惠政策规定的技术先进型服务企业相关条件的，经认定可享受按15%的税率征收企业所得税。

十五、推动文化企业"走出去"

目前，中国对外文化贸易存在严重的贸易逆差，而自由贸易试验区是一个可以较好地促进文化企业对外投资的平台。相关部门可以试行在自由贸易试验区内鼓励各类企业通过新设、收购、合作等方式，在境外开展文化领域投资合作；支持对文化企业境外参展、商业演出等活动；通过财政扶持政策，扩大对内容原创版权输出的扶持，支持影视、动漫、网游、艺术品、音乐及出版等多行业的版权输出，建立版权输出奖励制度；充分发挥海外文化中心、驻境外经贸代表机构等平台作用，积极推广具有中国文化特色的产品和服务；发挥地缘人缘优势，支持企业积极参与国家"一带一路"文化项目工程；加快影视音像、网络动漫、出版物、文艺演出等国际营销网络建设；推动海派文化、广府文化、客家文化、潮汕文化等特色文化企业对外投资与出口。另外，文化服务外包也是国内文化企业"走出去"的重要形式之一。在中国文化产业发展水平相对较低的状态下，国内的文化企业可通过文化服务外包提高创意能力和制作水平，可试点在自贸试验区内建设影视动漫游戏制作服务外包分发平台，推动国内优秀制作力量与国际创意、国际资本接轨。

十六、积极打造与拓展自贸试验区文化贸易平台功能

推动现有文化产品和服务出口交易平台建设，积极利用现有上海国家文化贸易基地、深圳国家文化贸易基地、中国（深圳）国际文化产业博览交易会、中国国际影视动漫版权保护和贸易博览会、中国（广州）国际纪录片节等平台与大型展会，拓展境内外文化市场信息与交易的渠道，支持文化企业参加境内外重要国际性展会。对现有文化贸易平台进行"大数据、云计算、平台化、移动性"平台建设创新，为进一步扩大对外文化开放提供全方位的配套服务创新机制。

十七、进一步推动在自由贸易试验区内进行艺术品拍卖

在自由贸易试验区内进一步放开外资拍卖公司的限制，允许在自由贸易试验区内设立中外合资、中外合作和外商独资的艺术品拍卖企业和咨询公司，引进国际化经营模式，加强艺术品拍卖企业间的竞争，促进市场多元化发展。建立、健全艺术品拍卖监管法规，在引入外资拍卖企业的同时，对这些企业进行多渠道监管。严格执行《中华人民共和国文物保护法》，引导自由贸易试验区艺术品拍卖以当现代艺术、珠宝、手表等奢侈品为主的差异化发展方向。实现政府部门的监管信息共享，加强对这些机构的监管，将日常监管、规范核查、调查研究和指导服务结合起来，实行动态监管和全过程监督。

十八、加大自贸试验区负面清单中印刷业政策突破的推进力度

要加快境外印刷品电子审读和备案统一管理平台、多语种境外出版物关键字电子审读平台、境外印刷品印刷和境外图书进口统一管理平台、出版物进出口按需印刷管理平台四大平台建设。

十九、大力发展文化服务中介机构

吸引境内外著名文化服务中介机构入驻，引导其加强与海内外文化企业的对接合作，形成以自贸试验区为中心的贸易代理、金融服务、推介宣传、法律服务等各类国际文化贸易中介服务机构群，提升自贸试验区面向国际国内文化企业的贸易配套服务能力。例如，自贸试验区可以积极依托商务部和上海市人民政府共同主办的中国（上海）国际跨国采购大会，积极发展一批有助于促进我国国际文化贸易的专业文化贸易公司和海外代理机构。

二十、有重点、有针对性地开拓国外市场，扩大中国对外文化产品的贸易联系

首先，要充分利用中国与部分国家文化社会相近的"地缘文化"优势，特别是针对中华文化圈内国家和地区的出口贸易，继续巩固原有文化产品出口市场份额；其次，要深度融入"一带一路"。"一带一路"倡议倡导的互联互通中，既包含了基础设施的互联互通，又包含了制度文化和人员交流的互联互通。有关国家在承接中国工业和资本输出的过程中，必然会对中国文化产生更多的兴趣，文化贸易企业要充分利用这个重大机遇。

二十一、利用上海特有的"海派文化"资源，发展"海派文化"相关产业，提高文化产业竞争软实力

上海自贸试验区可利用自身独有的"海派文化"发展文化产业，为其他地区因地制宜发挥特色提供指导作用，同时利用上海自贸试验区拥有的保税仓储物流、离岸保税功能、保税租赁等优势，开辟诸如文化产品仓储服务、文化设备租赁服务、文化产品展示服务，以及中介、外包服务等一系列文化服务对外开放的新形式，开辟"海派文化"对外文化贸易新领域。

二十二、拓展自贸试验区内文化保税产业链条

文化保税业务不仅包含艺术品交易、拍卖、展示等文化产业交易环节，还覆盖艺术品的鉴定、评估、修复、保险、仓储、物流等配套业务，涵盖文化产业链中的文化创意、离岸生产制作、版权交易、文化科技交流、文化信息传播服务、文化艺术培训与教育等有增值业务的高端环节。完整的产业链条布局与高附加值的业态集聚对文化保税产业的深入发展和市场竞争力的提升至关重要。例如，瑞士凭借其自由港地位，提供复原、装帧、认证、估价以及专业运输等系列特色服务，吸引了世界各地的买家和藏家，从而跻身世界艺术品交易中心的行列。

二十三、减免自贸试验区内艺术品交易的相关税收

例如，厦门文化保税区内，完成交易后入关的文化产品要缴纳交易价 30% 以上的税费（超过 100 年的古物除外）、15% 的拍卖佣金，进口商因此要承担 45% 以上的税费。从整个贸易链条看，保税区虽然节省了中间费用、物流成本和关税押金等，但文化商品一旦成交入关，保税区就没有了任何意义，只是延迟了税负缴纳时间。相比香港的零税率，保税区保税优势并不明显。同时，对于一些当代艺术品，文化保税区目前还提供不了减免关税等服务，导致交易不活跃。因此，有关部门可进一步考虑减免在自贸试验区内艺术品交易的相关税收，以吸引国际艺术品交易商家并形成艺术品交易规模市场。

二十四、避免中国法律严禁流通商品、危害文化品、不良思想和社会风气借自贸试验区进入内地

在加强双边文化、娱乐交流的同时，相关部门要加强事中、事后监管力度。以文

化市场安全为中心，以治安防控体系建设为抓手，以网吧、演出、艺术品市场为整治重点，采取有力措施，加强事中事后控制，保证文化市场繁荣。例如，对网站放开后的信息、广播、电视节目内容和历史教育、相关资料的流入，商品的外包装设计，往来人员的集会活动，歌舞场所点播系统与境外的曲库连接，歌舞娱乐场所播放的曲目、屏幕画面及游艺娱乐项目电子游戏机的游戏项目含有《娱乐场所管理条例》第13条禁止内容，以及未成年人进入歌舞厅等情形，相关部门要加强事中、事后监管力度。

二十五、在已有的负面清单条件下，重点提高文化产业规模化、集约化、专业化水平，利用外资促进文化贸易发展

在调整缩减涉及文化服务业的负面清单的同时，相关部门要引进有国际营销渠道、品牌影响力和产业竞争力的外资文化企业、商会协会和总部基地等，搭建境内外文化产业、企业、产品和服务交流合作平台，创新文化服务开放的管理体制和机制。拓宽文化"走出去"渠道，培养和认定一批在文化贸易领域具有代表性和引领性、具有一定出口规模或出口潜力较大的对外文化贸易示范基地和交易平台，并鼓励文化企业通过新设、收购、合作等方式，在境外收购文化企业、演出剧场和文化项目实体，在境外设立演艺经纪公司、艺术品经营机构、文化经营机构，将本土文化产品和服务逐步拓展至新兴市场和"一带一路"沿线国家和地区市场。此外，还应充分利用现有政策优势，将自贸区打造成全国现代文化市场体系的"文化金融服务中心"。一方面，利用自贸区现有的政策和服务空间，挖掘政策潜力；另一方面，大力发展文化金融服务，形成自贸区之于所属城市乃至全国的文化市场体系的核心地位和辐射功能。

第八章　开放型经济体背景下中国自贸区海关制度的创新

第一节　中国自贸区建设与海关的内在联系

从国际惯例看，自由贸易区是从海关管制区划分出来的特殊区域。我国自由贸易试验区（以下简称"自贸区"）建设和海关监管有不可分割的联系。海关特殊监管区域是我国深化改革开放、加快外向型经济发展的产物，是承接国际产业转移、连接国内国际两个市场，由海关为主实施封闭监管的特定经济功能区域。我国自贸区也是从海关管制区划分出来的特殊区域，如中国（上海）自由贸易试验区就是在4个海关特殊监管区域的基础上整合设立而成的，是原有海关特殊监管区域的整合，而非重新圈地。但从功能上看，我国自贸区又有别于一般的自由贸易区（海关特殊监管区），是多领域改革创新的试验，其中海关创新监管服务模式是不可或缺的内容。

一、自贸区建设与海关监管创新互为促进

作为自贸区建设中的重要承担部门之一，海关与自贸区的贸易监管制度创新直接相关。在自贸区建设中，海关的改革创新对推进自贸区整体建设具有积极意义。

海关以自贸区建设为契机，积极应对国际贸易和投资新规则，推动海关职能逐步从传统领域向全面执法转变。海关通过深化行政体制改革，推进简政放权，由注重事先审批转为注重事中、事后监管，激发市场活力和社会活力。海关主动适应经济发展要求，以企业为导向，通过创新管理制度和手段，切实解决企业最希望解决的问题，满足企业生产经营需要，积极打造公开、透明、可预见、可信赖的口岸执法环境。海关在上述执法理念和实践上的探索本身就是自贸区改革发展的重要内容之一，同时有助于推动自贸区整体建设的不断深入。

自贸区的核心任务是制度创新，自贸区改革是制度模式层面的深度改革。以上海

自贸区为例，海关在上海自贸区建设中，以制度创新为抓手，以"可复制、可推广"为目标，在监管高效便捷、促进贸易便利、优化营商环境等方面先行先试，推出一系列自贸区海关监管服务创新举措，形成了一批有分量、有突破、有效能的改革成果。上海海关在制度创新的同时，注重对改革成果的复制推广工作，尽快实现从自贸区"苗圃"到区外"试验田"，再到全面推广的"三步走"，发挥示范带动、服务全国的效应。上海海关在制度创新方面的积极实践及由此释放的改革红利为下一步上海自贸区深化改革奠定了良好基础。

二、自贸区设立及自贸区海关监管创新的重大意义

自贸区的设立及自贸区海关监管服务改革创新的时代背景和重大意义，应当从全球经济贸易格局深刻调整的趋势及国家发展的战略高度理解和认识。

（一）适应新一轮世界经济贸易格局重大变化的迫切需要

国际金融危机发生以后，国际产业分工面临新变化，一批新兴经济体快速崛起，中高端制造业向发达国家回流，抢占产业制高点的竞争日趋激烈。世界各国围绕国际市场与资本开展新一轮争夺，致力制定新的国际贸易规则，以占领未来国际竞争制高点。特别是一些国家绕开世界贸易组织，开展跨太平洋伙伴关系（TPP）、跨大西洋伙伴关系（TTIP）等新一轮规则谈判，对国际经济贸易环境影响深远。因此，我国以自贸区为"突破口"，探索建立与国际相接轨的贸易和投资规则体系，推动国家主动参与国际合作交流，在新一轮规则竞争和经济贸易格局重组中抢占先机。

（二）更好地服务于国家经济体制改革的客观要求

当前，我国经济进入增速换挡期和结构调整期，人口结构与劳动力供求关系发生变化，用工成本上升，资源、能源和环境约束日益加剧，粗放型增长方式已经难以为继。在复杂的新形势下，迫切需要破除利益固化的束缚，以更大的勇气和智慧全面深化改革开放，从"数量、价格优势"向"质量、效益优势"转化，形成新的竞争优势。为此，以自贸区为"助推器"，推动改革破局，探索建立适应新形势的开放型经济体制，推动市场在资源配置中更好地发挥决定性作用，推进创新驱动发展和产业转型升级，推动"引进来"和"走出去"更好地结合，促进国际国内要素有序自由流动，提升开放型经济发展的内生动力，以开放促改革。

（三）切实转变海关职能，提升管理效能的必由之路

伴随全球经济一体化趋势和我国改革开放的不断深入，海关越来越多地面临维护贸易安全与便利、服务国家发展战略等新型职能的考验，传统的海关管理模式越来越

不适应快速增长的贸易业务量和迅猛发展的新型贸易业态需求。在我国进入改革"深水区"的关键时期，党的十八届三中全会提出了"切实转变政府职能，深化行政体制改革，创新行政管理方式"的迫切要求，以实现科学的宏观调控和有效的政府治理，充分发挥社会主义市场经济体制的优势。面对新形势、新要求，海关以自贸区为"试验田"，重新审视、调整海关和市场主体的关系，突破发展瓶颈，解决在外贸活动中海关干预过多或监管不到位的问题，积极创新监管模式、增强海关治理能力，全面提升海关监管效能和贸易便利化水平。

第二节　中国自贸区海关新政的推广与实践

本节以广东、天津自贸区海关为例，分析两地海关结合各自贸区发展目标及禀赋特点等推出的一系列监管新政及其实践。

一、广东、天津自贸区海关新政特色比较

（一）广东、天津自贸区禀赋优势

1.广东自贸区

广东地区与港澳地区相比具有先天的地理位置优势，与港澳两地经济、文化、交通等方面的联系非常紧密，对外贸易金额大，粤港澳合作前景非常广阔。广东自贸区的建立，能有效提升粤港澳地区经济深度合作。

2003年，中央政府分别与香港特区政府、澳门特区政府签署了《内地与香港关于建立更紧密经贸关系的安排》《内地与澳门关于建立更紧密经贸关系的安排》，即CEPA（Closer Economic Partnership Arrangement）。CEPA的基本目标：逐步取消货物贸易的关税和非关税壁垒，逐步实现服务贸易自由化，促进贸易投资便利化，提高内地与香港、澳门之间的经贸合作水平。2004年以来，双方在CEPA框架下陆续签署了多个补充协议。在CEPA及其补充协议框架下，广东自贸区将在广度上拓宽粤港澳合作领域，进一步取消和放宽港澳投资者准入限制；在深度上创新粤港澳合作机制，在规则标准对接、项目资金互通、要素便捷流动等方面先行先试，打造粤港澳联手参与国际竞争的合作新载体。

2.天津自贸区

随着京津冀一体化战略的推进，京津冀产业结构正逐步调整完善。天津市作为华

北地区航运中心、物流中心，在发挥传统贸易优势、港口物流优势的同时，先进制造业和现代服务业的发展、以空客等大项目为代表聚集形成的航空航天产业链发展、融资租赁等新兴贸易业态和新型商业模式的健康发展，为京津冀发展提供持续动力。作为目前北方唯一的自贸区，天津自贸区的设立能够有效带动京津冀协同发展，全面提高资源配置效率。

（二）广东、天津自贸区海关新政简介

建设自贸区是我国在新形势下推进改革开放的重大战略举措，海关是参与自贸区建设发展的重要部门。为确保广东、天津自贸区能够服务地方经济，提供外贸经济增长新引擎，促进贸易和投资便利化，根据国务院印发的《中国（天津）自由贸易试验区总体方案》《中国（广东）自由贸易试验区总体方案》，海关总署出台了《海关总署关于支持和促进中国（天津）自由贸易试验区建设发展的若干措施》《海关总署关于支持和促进中国（广东）自由贸易试验区建设发展的若干措施》。

针对广东、天津新建自贸区建设发展出台的若干措施分别为 5 大项、25 小项内容，具体共通的大项：创新海关监管制度，促进自贸区贸易便利化；拓展海关特殊监管区域功能，促进自贸区稳增长、调结构；支持新兴贸易业态发展，促进自贸区改革创新；培育法制化营商环境，维护自贸区贸易秩序公平公正等。

（三）广东、天津自贸区海关新政比较

1. 广东自贸区：粤港澳深度合作

广东自贸区的功能定位是依托港澳，服务内地，面向世界，建设成为粤港澳深度合作示范区、"21 世纪海上丝绸之路"重要枢纽和改革开放先行地。

针对广东自贸区，海关提出的支持发挥区域产业优势，促进粤港澳深度合作的措施如下：支持加工贸易转型升级，支持发展航运物流业，支持发展现代服务业，创新粤港澳快速通关模式，支持横琴继续探索创新分线管理模式，推进粤港澳海关合作。

（1）支持加工贸易转型升级方面：我国加工贸易始于 20 世纪 70 年代末。1978年 8 月，广东省签订第一份来料加工协议，在珠海创办我国第一家加工贸易企业，从此开始了我国加工贸易的先河。经过多年的发展，加工贸易在我国对外贸易中的地位越来越重要，已经成为我国外贸进出口、利用外资和对外开放的重要组成部分。广东地区可以说是全国加工贸易重镇，提升加工贸易水平，向高端制造、研发、检测、维修等方向转型升级，是未来经济发展的重要方向。

（2）支持发展现代服务业方面：服务业在港澳地区发展水平较高，积极吸引港澳资金到广东自贸区投资，可以有效提升企业服务外包、软件设计、软件研发水平。

支持跨国公司设立研发中心、销售中心、物流中心、结算中心、运营中心，不仅是转变经济发展方式的重要抓手，还是产业链由低端到高端的必然过程。

2.天津自贸区：京津冀发展开放新引擎

天津自贸区的战略定位是以制度创新为核心任务，以"可复制、可推广"为基本要求，努力成为京津冀协同发展高水平对外开放平台、全国改革开放先行区和制度创新试验田、面向世界的高水平自由贸易园区。

针对天津自贸区，海关提出的支持优势产业发展、促进自贸区发挥辐射带动作用的措施如下：支持航空产业发展，支持拓展国际航运服务功能，支持产业转型升级，支持完善通关服务功能，支持对外贸易平衡发展，支持发挥口岸服务辐射功能。

（1）支持航空产业发展方面：支持天津自贸区探索开展适合航空产业特点的检测、维修等业务试点，遵循航空维修业务国际惯例，按照航空维修业务的操作模式，支持天津自贸区航空产业发展，鼓励航空维修向多元化发展，延长航空检测、维修产业链。

（2）支持产业转型升级方面：京津冀地区具备产业转型升级的基础，支持天津自贸区通过高端产业集聚，促进京津冀地区优化现代服务业、先进制造业和新兴产业布局；鼓励先进制造业由低端向高端转型升级，延伸产业链、价值链。

二、自贸区海关监管创新发展的趋势

自贸区海关监管创新发展将呈现以下趋势和特点。

（一）建设尊重经济运行规律、开放程度更高、与国际海关监管接轨的模式

自贸区的建设和发展是一项长期的系统性工程，需要进行顶层设计、统筹规划、创新发展和稳步推进。在推进自贸区建设发展的过程中，应该进一步对各自环境、条件做出深入的比较研究，充分发挥各自优势并运用禀赋优势，逐步推进适合各自贸区发展的监管模式。

海关监管创新路径和趋势都是要以解决好市场与政府的关系为出发点，既要使市场在资源配置中起决定性作用，又要更好地发挥政府作用，使两者有机统一。相关部门要充分尊重经济运行规律，充分尊重企业运行规律，加快转变职能，坚持先行先试，积极探索海关与市场、企业共赢的管理模式和管理制度创新，促进贸易和投资便利化，建设法制化营商环境，推动自贸区建设成为面向世界的高水平自由贸易园区。

（二）形成综合性海关监管模式

通过实施"信息化、智能化、便利化、法治化、安全化"的海关监管机制改革，形成以信息化为基础、智能化为关键、便利化为方向、法治化为保障、安全化为要求，实现制度完善、智能完备、风险可控、安全便利的自贸区海关监管模式。

1. 信息化

当前，科技创新正在引领社会生产和生活方式发生深刻变革，既给海关管理带来了巨大挑战，又为海关改进管理提供了新手段。依托大数据、云计算、物联网等现代信息技术，建立统一的海关信息化监管平台，实现系统统一、互联互通，为智能化处理、便利化运作、规范化执法、安全化保障奠定了基础。通过打造"智慧海关"，不断提高监管效能，让企业获得更多的便利。

2. 智能化

在信息化基础上建立自贸区海关监管从数据采集到风险分析、执行处置到动态反馈的闭合管理回路，对各类监管数据进行筛选整理、综合运算、分析加工，并做出精准的风险判别和准确的处置指令，形成涵盖各业务条块，贯穿事前、事中、事后作业全流程的风险捕捉、实时处置的智能化管理模式，确保海关监管的安全高效。

3. 便利化

以信息化和智能化为支撑，通过实施流程再造、创新海关监管模式、支持功能拓展，实现自贸区海关管理流程更优化、监管更高效、服务夏优质，在高水平管理前提下，便利企业、便利海关。通过加快货物通关流转速度，降低企业成本，营造便利化的投资和贸易环境。

4. 法治化

完善符合自贸区发展需要的海关管理制度和规则体系，突出制度创新和管理创新，推动执法统一性建设，在规范企业行为的同时，既维护了贸易安全，又促进了贸易便利，为信息化、智能化、便利化的规范有序运行完善法制保障。

5. 安全化

加强自贸区海关监管，全面履行海关打击走私等管理职能，通过基础建设、风险防控、权力规制、企业自律、社会共管等措施，实现既加强监管又有效支持，大力促进开放，最大限度地实现管理的安全化。

第三节　中国当前自贸区海关制度的创新评估

本节以上海自由贸易试验区为例，探究自贸区海关制度的创新与评估。

一、上海自贸区海关制度创新

上海自贸区获批后，海关总署紧跟着出台实施了《海关总署关于安全有效监管支持和促进中国（上海）自由贸易试验区建设的若干措施》（以下简称《支持和促进上海自贸试验区若干措施》）。2014 年 5 月 11 日，海关总署结合《支持和促进上海自贸试验区若干措施》和海关工作实际，研究制定了《中国（上海）自由贸易试验区海关监管服务模式改革方案》，要求上海海关按照该方案明确的时间进度和改革项目要求迅速组织实施，抓好推进落实。下面便根据制度属性分别对它们的核心要点予以简单介绍。需要说明的是，除特别指出的外，本节所涉的海关创新制度实施范围仅限于上海自贸区扩区前的 4 个海关特殊监管区域。

（一）通关便利类

1. 先进区、后报关

对于一线进境货物，海关允许企业根据进境货物的舱单信息先行运入区内，之后在规定期限内再向海关正式提交进境备案清单申报。如果是传统做法，企业必须先向海关申报提交货物的进境备案清单，获批后再根据放行单据将货物运入区内。看上去只不过是程序阶段的转换，但由于节约了进境货物等待入区的时间与费用，给企业带来了实实在在的好处。

2. 区内企业货物流转自行运输

以往上海自贸区内 4 个海关特殊监管区域之间调拨货物采取的是转关运输模式，需要有经营资质的海关监管车辆运输，实施车辆 GPS 全程定位，进出卡口时必须人工施加、解锁海关封志。改革后，允许企业使用自用车辆或者委托取得相关运输资质的境内运输企业车辆，在区内不同的特殊监管区域间自主运输货物，无须使用海关监管车辆。海关通过信息化系统进行后台数据比对、监管。

3. 批次进出、集中申报

海关改变在通关申报环节逐票申报为主、集中申报为辅的传统做法，在二线进出区环节，从"一票一报"改为"多票一报"，允许企业货物分批次进出，在规定期限内集中办理海关报关手续，从而扩大企业申报自主权，大幅度减少了企业申报次数，加快了企业物流速度，有效降低了通关成本，也为企业开展保税展示、保税维修及外发加工等业务提供了便利。

4. 简化无纸通关随附单证

海关对一线进出境货物采用备案清单，对二线不涉税的进出口采用报关单，取消了以往企业需要提交的随附单证（包括提单、合同、发票、装箱单等），但是海关保留在必要的时候要求企业提供随附单证的权力。

5. 简化统一进出境备案清单

上海自贸区内 4 个海关特殊监管区域的进出境备案清单申报要素数目原先并不相同，外高桥保税区、保税物流园区为 36 项，洋山保税港区和浦东机场综合保税区是 42 项。备案清单申报要素数目的不统一，客观上增加了企业负担，降低了企业在不同海关特殊监管区域之间的通关效率，现在统一简化进出境备案清单格式，申报要素数目明确为 30 项。

6. 智能化卡口验放

海关利用物联网新技术，升级改造进出自贸区的卡口设施，改变车辆、货物进出人工办理手续的低效率模式，实现车辆与货物信息由系统自动识别、卡口自动验放，从而大幅度地缩短每次货物过卡口时间并显著提升了企业物流运转效能。

7. 自动审放、重点复核

海关以企业信用为前提条件，对于低风险单证实施计算机自动验放为主，纸质单证人工重点审核，明显提高了报关单自动验放比率。

8. "一站式"申报查验作业

改革前在通关过程中，船运企业或代理需要分别向海关、检验检疫、海事、边检进行船舶申报。海关与检验检疫分别选派查验人员，在不同的场地上实施查验，双方均要查验的货物需要拉到不同场地进行两次开箱查验。改革后企业只需要通过"单一窗口"进行一次录入，就可以一次性完成向海关的申报。海关与检验检疫成立联合查验组，在同一个符合条件的场地上共同实施查验，关检均需要查验的货物只实施 1 次开箱查验。在确保完成各自查验要求的前提下，按就高原则对没有特殊要求的查验比例进行融合，减轻企业负担。

9. 美术品便利通关

传统美术品通关时一线进境环节海关需要验核上海市文广局签发的监管证件。美术品批准文件需要一证一批。分批出区参加同一展览会的多批展览品通关，企业每次都需要提供展会批文及相关审批材料，海关进行多次、重复审核。改革后在4个海关特殊监管区域与境外之间开展美术品保税仓储的企业，在进出境备案环节，上海市文广影视局不再核发批准文件，主管海关不再验核相关核准文件，转为二线实际进出口或区内外展览展示时验核。美术品批准文件改为一证多批，文广局签发的美术品批准文件在有效期内可以一证多批使用，但最多不超过6次。对于分批出区参加同一展览会的展览品通关允许企业只提供一次展览会批文，海关一次审核即可，不再重复审核。

10.商品易归类服务

由于归类环节专业性、技术性强，企业缺少集中简明、通俗易懂的归类指引与服务渠道，企业归类难度大。改革后海关通过搭建电子信息化平台，整合归类化验政务公开信息，增加税号税率查询、归类争议解决途径等功能，主动推送商品归类指引，提高贸易可预知性。

（二）保税监管类

1.加工贸易工单式核销

改革前该制度仅在区内个别生产企业进行试点，其他一般生产企业实施单耗管理核销模式。改革后，取消加工企业单耗审核与备案，海关与企业资源计划系统联网，以系统每日自动发送的工单数据为基础进行核销，企业库存差异认定时间从1～2个月减少为1～2天，大幅减少企业报关、核销业务量和时间，特别是那些在区内开展保税维修业务的企业，过去由于维修材料品类繁多、备件换件时效要求高，长期受申报难度大、通关时间长、运营成本高等问题困扰。采用工单式核销，使用保税维修材料后，企业只需要将相关工单数据传输至海关，系统就会自动核扣，核销手续便捷，一年可节省大量报关费用。

2.保税展示交易

海关在企业向其提供包括保证金或银行保函在内的足额税款担保后，将允许后者在上海自贸区外或区内指定的场所进行保税货物的展示及交易，改变了以往仅允许企业在区内开展保税展示业务的做法。企业可以按照经营需要进行物流配送，已经销售的货物在规定时限内进行集中申报并完税，从而有助于企业降低物流成本和终端售价，加快了物流运作速度。

3.境内外维修

海关参照保税加工的监管模式，支持上海自贸区内企业开展高技术、高附加值、无污染的境内外维修业务，推动加工制造向研发及检测、维修等生产链高附加值的前后两端延伸，促进加工贸易转型升级。

4.期货保税交割

海关允许企业在上海自贸区内以保税监管状态的货物作为期货交割标的物，实施期货实物交割，改变了以前仅在上海洋山保税港区内针对铜、铝两种商品开展期货保税交割试点的做法，业务品种扩大到上海期货交易所全部上市的商品品种，进一步促进我国期货贸易的发展，有利于形成我国大宗商品定价机制，推动上海国际金融中心和航运中心建设。

5.引入中介机构辅助开展保税核查

海关引入中介机构辅助开展海关保税监管和企业稽查工作，拓宽中介机构参与海关监管的业务领域、作业环节和工作范围，引导企业自律，形成第三方社会中介对海关与企业之间公平公正关系的有效保障，将进一步推进国家治理体系参与主体的多元性，致力于改变以往企业在海关与企业关系中相对弱势的局面，为建立海关与企业之间公平公正的新型关系提供有效的保障。

6.离岸服务外包全程保税监管

改革前只有经过相关部门认证的技术先进型服务企业才可以享受海关保税政策，享受保税政策的企业范围较小。改革后海关对设计研发、制造装配、封装测试等企业组成的产业链实施全程保税监管，吸引产业链高端的研发设计业向国内转移聚集，改变服务外包"国外研发、国内加工"的低端产业模式，向完整的产业价值链转变，打破原有离岸服务外包保税监管政策企业资质限定，降低企业准入门槛，创业门槛更低。

7.大宗商品现货市场保税交易

海关允许大宗商品现货以保税方式进行多次交易、实施交割，推进大宗商品的协同监管和抵押融资业务，支持上海自贸区建成具有国际竞争力的重点商品和产业交易中心。

（三）税收征管类

1.融资租赁

上海自贸区获批前仅在浦东机场综合保税区开展过融资租赁制度试点，现在拓展制度实施范围，允许承租企业分期缴纳租金，对融资租赁货物按照海关审查确定的租金分期征收关税和增值税。此举将上海航运服务与金融服务的资源优势、创新优势、环境优势，以及海关特殊监管区域保税功能优势相互结合，推动上海自贸区建设成为国内一流的融资租赁特别功能区与金融创新实践区。

2.内销选择性征税

上海自贸区内原先除外高桥保税区外，其他3个海关特殊监管区域实施的是内销货物按照实际状态征税。改革后对设在自贸区内的企业生产、加工并经二线销往国内市场的货物，企业根据需要自主决定按照进口料件或者按照实际成品状态选择较低的税率缴纳进口关税，从而减少企业税负，降低企业成本，有利于企业扩大内销、提升自贸区内生产企业的竞争力，吸引更多的生产性企业入区。

3. 集中汇总纳税

海关征税一直以来采取传统的逐票审核、征税放行的形式。改革以后，传统的海关主导型税收征管模式转变为企业主动型的征管模式。企业在规定的纳税周期内，对于已经放行的货物向海关自主集中缴付税款，推进征缴电子化，海关由实时性审核转化为集约化后续审核和税收稽核。在有效担保的前提下，企业实现了货物的高速通关，缓解了资金压力，降低了企业纳税成本，明显节省了应税货物的通关时间。

4. 仓储企业联网监管

改革前，海关对区内保税仓库采取传统的定期盘库管理模式，仓储企业管理系统没有与海关联网。改革后，对使用仓储管理系统的企业，海关实施"系统联网＋库位管理＋实时核注"的管理模式，不仅实现了对物流仓储货物的实时掌控与动态核查，还方便企业对不同状态货物实施同库仓储经营，适应企业内外贸一体化运作需求。有些企业在实施仓储联网监管的基础上，参与了货物状态分类监管试点业务，实现内外贸货物同库经营运作，不同类型货物可以统一分拣、包装并交付客户，订单货物交付时间大幅度缩短，节约了物流成本。这一模式帮助企业从单一的第三方物流服务，向集物流分拨中心、贸易结算中心等多功能为一体的业务类型转变。

5. 自主报税、自助通关、自动审放、重点稽核

"自主报税、自助通关、自动审放、重点稽核"作业模式是指，企业登录关企共用平台预录入客户端，自主如实申报报关单数据，并主动申报税款，海关信息系统对于企业申报数据进行自动审放一体作业。试点初期，该作业模式仅适用于试验区"分送集报"进口业务。

（四）企业管理类

1. 企业注册登记改革

海关取消上海自贸区内报关企业注册登记行政许可，实施报关企业注册登记备案。在区内取消双重身份企业注册登记行政许可，实施双重身份企业注册登记备案；取消区内部分报关企业、双重身份企业异地分支机构备案。这对于自贸区跨国公司地区营运中心进一步整合物流营销是一个利好，将有力促进自贸区总部经济的发展。

2.国际海关 AEO（Authorized Economic Operator）互认

随着我国与有关国家双边 AEO 互认谈判的不断进展，企业获取便利的国别范围也越来越广。海关将优先选取上海自贸区内企业作为中国与其他国家（地区）海关 AEO 互认的试点企业，建立与海关总署 AEO 国际互认联络员直通式联系渠道，协调解决互认企业在异国的通关疑难问题。此项制度让 AA 类企业同时享受国内、货物出口国海关的最高等级通关便利措施。

3.企业信用信息公示

海关定期编制并公布《中国（上海）自由贸易试验区海关企业信用信息公开目录》，采用主动公开和依申请公开两种途径，对外公布经海关注册登记的区内企业信用信息，拓宽海关信息公开范畴，丰富信用信息公开手段，促进全社会诚信体系建设，也满足了企业上市、商务招投标等事务对信用状况的需求。

4.企业自律管理

进出口货物海关放行后，区内企业自主或委托中介机构开展自律管理，发现货物可能存在涉嫌违法违规事情并主动出面报告海关，海关依法予以从轻、减轻或不予行政处罚。海关对企业的行政处罚及相关贸易便利措施给予不同程度的减轻或保留，从而强化企业主体责任意识，引导企业诚信经营。

5.企业协调员试点

通过构建"上海海关企业协调员信息化平台"，指定专人担任企业协调员，协助企业提升管理水平。海关总署于 2013 年年底在上海海关开始全面试行这项工作，面向 AA 类高资信企业给予特别优惠服务的措施。目前，自贸区中拓展到 B 类以上且有实际需求的企业，除了少数部分低资信企业外，绝大多数企业都能享受到这项制度带来的好处。企业可以从通关线上汇总提交疑难问题，海关协调专人督办有关事项，并反馈处理结果。

6.一次备案、多次使用

区内企业经过一次账册备案后，不再需要向海关重复备案，就可以开展"批次进出、集中申报""保税展示交易""境内外维修""期货保税交割""融资租赁"等需要海关核准开展的业务。这项制度能够较好地满足区内企业保税加工、保税物流、保税服务贸易等多元化业务需求，避免不同业务的重复备案。

7.一区注册、四区经营

上海自贸区内的海关注册企业原先仅可以在其注册的海关特殊监管区域内办理海关业务，跨区运作的企业就需要在不同区域内设立独立企业法人，使用不同的海关注册企业编码。改革后，上海自贸区内任意一个特殊区域注册企业，可使用同一个注册编码在其他三个区域内开展海关业务，不再需要重新设立独立企业法人，从而满足企业一体化的运作需求。

（五）执法规范类

1.海关执法清单式管理

以前，海关仅在海关总署清权确权的基础上，完成上海海关层面的清权确权工作，没有特别针对自贸区改革特点梳理形成专门的自贸区海关权力清单。改革后，按照"权责对等"原则，在上海自贸区范围内编制、公布自贸区海关行政权力和行政责任"两张清单"，实现海关行政执法制度化、透明化、规范化。

2.归类行政裁定全国适用

《中华人民共和国海关行政裁定管理暂行办法》颁布实施以来，海关尚未针对进出口货物制发过归类行政裁定，主要是缺少归类行政裁定操作规程。在上海自贸区率先启动实施海关归类行政裁定制度，对于归类疑难商品制发归类裁定，将具体商品归类判例化，实现"一次裁定、全国适用"，对于全国关境内的企业和海关具有同等约束力，与"预裁定""同等适用"等国际海关通行规则相接轨，有助于解决归类争议，提高通关效率，防控贸易风险，促进执法统一。

二、上海自贸区海关创新制度的评估与分析

（一）海关制度评估的比较

2014年8月，上海市分别委托国务院发展研究中心、普华永道管理咨询公司及上海对外经贸大学、上海财经大学、上海交通大学、华东政法大学等高校课题组作为第三方机构，对上海自贸区一周年开展外部评估。各评估机构认为，上海自贸区的改革实践是一次突破性的政府管理制度创新，是从管制型向服务型政府转制的重大思维方式转变，企业对制度创新和政策措施的综合满意度较高。普华永道管理咨询公司不仅调查了各类企业125家，其中包括20家世界500强企业及不同领域的中小型企业工作人员，还与美中商会、欧盟商会等经济组织进行沟通，并对国内外自贸区做了详尽的对比分析，报告显示市场主体对自贸区建设取得的成果表示满意，对自贸区的未来充满信心，同时有更多期待。

2014年10月27日，习近平主持召开中央全面深化改革领导小组第六次会议并发表重要讲话，强调上海自贸区以制度创新为核心，以形成"可复制、可推广"经验为要求，在简政放权、放管结合、加快政府职能转变、体制机制创新、促进贸易投资

便利化及营造市场化、国际化、法治化营商环境等方面，进行了积极探索和大胆尝试，取得了一系列新成果，为在全国范围内深化改革和扩大开放探索了新途径、积累了新经验。《进一步深化中国（上海）自由贸易试验区改革开放方案》指出，上海自贸区运行以来，围绕加快政府职能转变，推动体制机制创新，营造国际化、市场化、法治化营商环境等积极探索，取得了重要阶段性成果。这意味着国家已经对上海自贸区制度创新工作做出了正式评价。

除此之外，学者们围绕上海自贸区不同创新制度与领域展开评估。例如，杨开忠表示，在评估自贸区制度创新时，要注意评估的定位、影响力评价和适用性评估。也就是说，评估各项制度时，不仅要看其是否具有全球竞争力，能否有效推动"21世纪海上丝绸之路"建设，对长江经济带发展有何影响等，并做好新政策法规的预评估和后评估，还要关注这些制度创新对全国乃至世界是否具有适用性。魏后凯建议，要分层次进行评估，明确目标层、领域层和项目层，从高到低，从宏观到微观，采取等级评估、效果评估、国际比较等方法，研究可推广、可借鉴的意义。孙元欣等评估了中国（上海）自贸区外商投资准入负面清单（2014修订版），提出有待改进方向及负面清单管理的若干问题。贺小勇认为，上海自贸区法治建设成绩斐然，但从进一步开放的角度和国际规则标准的法治建设要求看，上海自贸区法治建设还需进一步深入。

谭娜等采用我国31个省市的工业增加值增长率、进出口总额增长率的月度数据测度上海自贸区成立促进工业增加值增长、进出口总额增长的经济增长效应。结果表明，上海自贸区的成立显著促进了上海市之后一年多的经济增长，提升的工业增加值月同比增长率为2.69%，进出口总额月同比增长率达6.73%。实证结果支持贸易自由化程度促进经济增长的理论推断，肯定建立上海自贸区政策、大力发展与国际市场接轨特殊区域对经济增长的正面效果。裴长洪等在对照总体方案中提出的贸易便利化目标及对照贸易便利化的评价标准进行评估后，认为上海自贸区挂牌两年来，贸易便利化水平提升工作按照总体方案设计目标稳步推进，取得较为丰硕的成果。江若尘等也认为，总体来看，上海自贸区贸易便利化的创新措施比较到位，基本对接国际自贸园区高标准制度。上海自贸区现阶段制度创新集中体现在简政放权、简化监管程序等浅层次领域，在深层次领域仍然受到我国现有行政管理体制的制约。

上海市人民政府官方智囊机构——国务院发展研究中心课题组研究认为，上海自贸区扩区建设以来，坚持以制度创新为核心，发挥浦东新区作为一个完整行政区域进行试点改革的优势，在加快政府职能转变，探索体制机制创新，促进投资贸易便利化，营造国际化、市场化、法治化营商环境等方面深化改革创新拓展，着力在3个方面加大改革力度：一是瞄准国际最高水准，着眼于建设全球开放度最高的自贸区；二是促进上海自贸试验区与浦东新区一体化建设，加快政府职能转变；三是探索上海自贸试验区金融开放与上海国际金融中心建设联动发展，取得了积极进展，改革效应进一步显现。该中心主任据此提出，上海自贸区已形成了以开放倒逼改革的发展态势，成为全国深化改革的新高地；形成了与国际接轨的制度框架，为我国加入更高标准的国际投资贸易协定积累了经验；形成了一批可复制、可推广的制度创新经验，成为全国新一轮改革开放的试验田；营商环境得到企业认可。

显然，上海自贸区制度创新得到了相当正面的评价，而具体到已经实施的31项海关创新制度层面，目前还没有一个科学、合理的评估。

通过流程改造和手续简化，自贸区从账册备案到核销企业操作环节由34项减为10项；海关特殊监管区域的进出口平均通关时间分别较区外减少41.3%和36.8%。改革红利吸引越来越多的企业参与改革，市场主体的活力和创造力进一步释放。其中，"统一备案清单""简化通关作业随附单证"在区内100%推广，通关效率成倍提升。然而，上述评论更多是对上海自贸区海关制度创新后效果的描述，并不属于制度评估。人们清楚地意识到，对上海自贸区海关创新制度展开全面评估是一件非常困难的事情，更不用说它本身还在不断发展。然而，没有评估或很难评估不代表评估没有必要。上海自贸区海关创新制度的评估对海关下一步探索如何继续推动制度创新，增强制度的有效性与预见性，不断形成可复制、可推广的经验进而从根本上构建国际先进的海关监管机制具有重要的现实意义。

（二）上海自贸区海关创新制度的评估

在管理科学领域，无论多么前沿、多么高深的理论，如果要变成促进社会进步的"行动性"工具，就需要开发出一套具有可操作性的技术与工具。海关制度评估主要涉及评估指标设定与评估方法两个关键性问题，上海自贸区海关创新制度评估自然也不能例外。当前，国家尚未制定上海自贸区基本法律，《中国（上海）自由贸易试验区总体方案》（下称《上海自贸区总体方案》）与《进一步深化中国（上海）自由贸易试验区改革开放方案》（下称《深化上海自贸区方案》）无疑是自贸区制度创新的根本依据，也是人们筛选评估指标的主要来源。具体来说，它们主要集中在"创新监管服务模式"与"积极推进贸易监管制度创新"两个模块。《上海自贸区总体方案》主要包括"推进实施一线放开""坚决实施二线安全高效管住"及"进一步强化监管协作"三项内容。《深化上海自贸区方案》包括"在自贸试验区内的海关特殊监管区域深化贸易便利化改革""推进国际贸易单一窗口建设""统筹研究推进货物状态分类监管试点""推动贸易转型升级"及"完善具有国际竞争力的航运发展制度和运作模式"五项内容。前者基本上已经被后者覆盖，毕竟《深化上海自贸区方案》的出台要晚上一年半的时间，广东、天津及福建自贸试验区也获准设立，国家对上海自贸区的认识与理解更深，要求自然也就更加全面。因此，笔者以《深化上海自贸区方案》为主体，兼采《上海自贸区总体方案》，设定5个一级指标与23个二级指标，详细论述如下。

（1）海关特殊监管区域内的贸易便利化改革：①允许企业凭进口舱单将货物直接入区，再凭进境货物备案清单向主管海关办理申报手续；②探索简化进出境备案清单；③在严格执行货物进出口税收政策的前提下，允许在特定区域设立保税展示交易平台；④推进海关特殊监管区域整合优化；⑤加快形成贸易便利化创新举措的制度规范，覆盖到所有符合条件的企业；⑥加强口岸监管部门联动，规范并公布通关作业时限；⑦鼓励企业参与"自主报税、自助通关、自动审放、重点稽核"等监管制度创新试点。

（2）国际贸易"单一窗口"建设：①完善国际贸易"单一窗口"的货物进出口和运输工具进出境的应用功能；②进一步优化口岸监管执法流程和通关流程，实现贸易许可、支付结算、资质等级等平台功能；③将涉及贸易监管的部门逐步纳入"单一窗口"管理平台；④探索长三角区域国际贸易"单一窗口"建设，推动长江经济带通关一体化。

（3）推进货物状态分类监管：按照管得住、成本和风险可控原则，规范政策，创新监管模式，在自贸试验区内的海关特殊监管区域统筹研究推进货物状态分类监管试点。

（4）推动贸易转型升级：①推进亚太示范电子口岸网络建设；②加快推进大宗商品现货市场和资源配置平台建设；③深化贸易平台功能，依法、合规开展文化版权交易、艺术品交易、印刷品对外加工等贸易，大力发展知识产权专业服务业；④推动生物医药、软件信息等新兴服务贸易和技术贸易发展；⑤按照公平竞争原则，开展跨境电子商务业务，促进上海跨境电子商务公共服务平台与境内外各类企业直接对接；⑥统一内外资融资租赁企业准入标准、审批流程和事中、事后监管制度；⑦探索融资租赁物登记制度，在符合国家规定前提下开展租赁资产交易。

（5）完善航运发展制度和运作模式：①扩大国际中转集拼业务，拓展海运国际中转集拼业务试点范围，打造具有国际竞争力的拆、拼箱运作环境，实现洋山保税港区、外高桥保税物流园区集装箱国际中转集拼业务规模化运作；②拓展浦东机场货邮中转业务，增加国际中转集拼航线和试点企业，在完善总运单拆分国际中转业务基础上，拓展分运单集拼国际中转业务；③优化沿海捎带业务监管模式，提高中资非五星旗船沿海捎带业务通关效率；④推动与旅游业相关的邮轮、游艇等旅游运输工具出行便利化。

在评估方法上，笔者将主要借鉴美国经验，采用先定量后定性的评估方式（表8-1），将31项海关创新制度划入相应指标，根据制度与指标之间的匹配程度与执行状态设定"完全达标""部分达标"与"不达标"三个结果。"完全达标"是指海关出台的创新制度完全匹配指标，且落地实施，执行情况良好；"部分达标"则是海关出台的创新制度与指标之间并不完全匹配，只是部分涉及；"不达标"是指海关还没有出台与指标相匹配的创新制度，自然也谈不上落实执行情况。

表8-1　上海自贸区海关创新制度评估一览表

核心指标	二级指标	海关创新制度	评估结果
海关特殊监管区域内的贸易便利化改革	允许企业凭进口舱单将货物直接入区，再凭进境货物备案清单向主管海关办理申报手续	先进区，后报关	完全达标
	探索简化进出境备案清单	统一备案清单	完全达标
	在严格执行货物进出口税收政策的前提下，允许在特定区域设立保税展示交易平台	保税展示交易	完全达标
	推进海关特殊监管区域整合优化	一区注册，四区经营；区内企业货物流转自行运输；统一备案清单	部分达标
	加快形成贸易便利化创新举措的制度规范，覆盖所有符合条件的企业	区内企业货物流转自行运输；加工贸易工单式核销；境内外维修；批次进出、集中申报；简化通关作业随附单证；内销选择性征税；集中汇总纳税；保税物流联网监管；智能化卡口验放管理；企业信用信息公开；企业自律管理；企业协调员试点；企业注册登记；推进海关AEO互认；海关执法清单式管理；一次备案、多次使用；自动审放、重点复核；引入社会中介机构；辅助开展海关保税监管和企业稽查；美术品便利通关；归类行政裁定全国适用；商品易归类服务	完全达标

核心指标	二级指标	海关创新制度	评估结果
海关特殊监管区域内的贸易便利化改革	加强口岸监管部门联动，规范并公布通关作业时限	海关执法清单式管理	部分达标
	鼓励企业参与"自主报税、自助通关、自动审放、重点稽核"等监管制度创新试点	自主报税、自助通关、自动审放、重点稽核	完全达标
国际贸易"单一窗口"建设	完善国际贸易"单一窗口"的货物进出口和运输工具进出境的应用功能	一站式申报查验作业	部分达标
	进一步优化口岸监管执法流程和通关流程，实现贸易许可、支付结算、资质等级等平台功能	一站式申报查验作业	部分达标
	将涉及贸易监管的部门逐步纳入"单一窗口"管理平台	一站式申报查验作业	部分达标
	探索长三角区域国际贸易"单一窗口"建设，推动长江经济带通关一体化		不达标
推进货物状态分类监管	在自贸试验区内的海关特殊监管区域统筹研究推进货物状态分类监管试点		不达标
推动贸易转型升级	推进亚太示范电子口岸网络建设		不达标
	加快推进大宗商品现货市场和资源配置平台建设	大宗商品现货市场保税交易	完全达标

核心指标	二级指标	海关创新制度	评估结果
推动贸易转型升级	深化贸易平台功能,依法、合规开展文化版权交易、艺术品交易、印刷品对外加工等贸易,大力发展知识产权专业服务业	美术品便利通关;保税物流联网监管;离岸服务外包全程保税监管	部分达标
	推动生物医药、软件信息等新兴服务贸易和技术贸易发展	保税物流联网监管;离岸服务外包全程保税监管	部分达标
	按照公平竞争原则,开展跨境电子商务业务,促进上海跨境电子商务公共服务平台与境内外各类企业直接对接		不达标
	统一内外资融资租赁企业准入标准、审批流程和事中、事后监管制度	企业信用信息公开;企业自律管理;企业注册登记	部分达标
	探索融资租赁物登记制度,在符合国家规定的前提下开展租赁资产交易	融资租赁	部分达标
完善航运发展制度和运作模式	扩大国际中转集拼业务,拓展海运国际中转集拼业务试点范围,打造具有国际竞争力的拆、拼箱运作环境,实现洋山保税港区、外高桥保税物流园区集装箱国际中转集拼业务规模化运作	统一备案清单	部分达标
	拓展浦东机场货邮中转业务,增加国际中转集拼航线和试点企业,在完善总运单拆分国际中转业务基础上,拓展分运单集拼国际中转业务	统一备案清单	部分达标

核心指标	二级指标	海关创新制度	评估结果
完善航运发展制度和运作模式	优化沿海捎带业务监管模式，提高中资非五星旗船沿海捎带业务通关效率	统一备案清单	部分达标
	推动与旅游业相关的邮轮、游艇等旅游运输工具出行便利化		不达标

　　由此可见，上海自贸区 31 项海关创新制度大部分能够与对应的二级指标相匹配，完全达标的有 6 项，占全部 23 项二级指标的 26%。部分达标的最多，有 12 项，占比超过 50%，这主要是因为各项创新制度相互之间有溢出效应，导致或多或少覆盖了二级指标的部分内容。例如，统一备案清单创新制度本来匹配的是"探索简化进出境备案清单"二级指标，但实施后有利于在自贸试验区内开展中转集拼业务。一些开展中转集拼业务的物流企业在申报货物进口时，仅能根据舱单信息掌握货物的大致情况，不能精确填报货物的具体 HS 编码和数量。简化申报手续无疑将给这些物流企业带来利好。不达标的有 5 项，初看下来比例也是不小，但实际上有不少指标海关已经做了相关的准备。以货物分类状态监管试点为例，上海市委、市政府把"实施货物状态分类监管先行先试"作为上海自贸试验区贸易监管制度创新的一项重点任务。

　　上海海关按针对面向国内配送、入区与进口货物集拼的国内货物，通过实行货物和存放库位完全电子化、企业电子账册纳入海关监管信息系统等措施，形成了《货物状态分类监管非保税货物入区先行先试操作规程》，公布了《联网监管公告》。2014 年 8 月 15 日，上海市口岸办、上海海关、上海自贸区管委会制定公布《自贸试验区货物状态分类监管工作方案》，但是货物状态分类监管一直未能形成一项成熟的改革制度推广实践。笔者在评估时并没有考虑设定各项指标之间的权重，也没有测算海关制度创新过程中的成本投入，评估主要是围绕上海自贸区海关创新制度是否匹配两个方案要求及落实执行情况设计的。此外，笔者也必须考虑海关制度创新后的效果，"结果"只是政府各种活动的一种直接输出，它是否有效果才是更重要的。没有"效果"的政府管理，只能是政府的"独角戏"，并不能满足人民、企业的需求。这种效果不仅局限于对上海自贸区的影响即市场主体的获得感、企业综合成本是否下降等，更重要的是，它是否形成可复制、可推广的经验。在上海自贸区 31 项海关创新制度中，已经有不少向其他 3 个自贸区、其他海关特殊监管区域甚至全国推广。因此，上海自贸区 31 项海关创新制度总体上符合《上海自贸区总体方案》和《深化上海自贸区方案》的规定，但在执行情况方面还有较大的提升空间。

（三）上海自贸区海关制度创新的关键问题

1. 制度创新的法律依据

制度创新是人们为了获取在现存制度结构内无法实现的潜在收益而对现存制度采取的突破性改革。从法律角度看，任何突破性质的改革必须在现有的法治框架下进行，即应当有自己的法律依据，否则就可能违法。这既是依法治国原则在上海自贸区制度创新过程中的体现，也是海关制度创新所必须遵循的底线原则。

在上海自贸区获批前，我国海关根据《中华人民共和国海关法》（以下简称海关法）第 34 条、部门规章及公告等对上海外高桥保税区等 4 个海关特殊监管区域实施监管。上海自贸区获批后，全国人大常委会通过《关于授权国务院在中国（上海）自由贸易试验区暂时调整有关法律规定的行政审批的决定》（以下简称《授权决定》），明确规定："授权国务院在上海外高桥保税区、上海外高桥保税物流园区、洋山保税港区和上海浦东机场综合保税区基础上设立的中国（上海）自由贸易试验区内，对国家规定实施准入特别管理措施之外的外商投资，暂时调整《中华人民共和国外资企业法》《中华人民共和国中外合资经营企业法》《中华人民共和国中外合作经营企业法》规定的有关行政审批。上述行政审批的调整在三年内试行，对实践证明可行的，应当修改完善有关法律；对实践证明不宜调整的，恢复施行有关法律规定。"上海市人大常委会随后明确："在中国（上海）自由贸易试验区内，对国家规定实施准入特别管理措施之外的外商投资，停止实施《上海市外商投资企业审批条例》。凡法律、行政法规在中国（上海）自由贸易试验区调整实施有关内容的，本市有关地方性法规作相应调整实施。本市其他有关地方性法规中的规定，凡与《中国（上海）自由贸易试验区总体方案》不一致的，调整实施。"上海市政府也于 2013 年 9 月 22 日公布《中国（上海）自由贸易试验区管理办法》，并从同年 10 月 1 日起施行，而作为地方性法规的《中国（上海）自由贸易试验区条例》（以下简称《上海自贸区条例》）也于 2014 年 8 月 1 日起正式实施。

由于《中华人民共和国立法法》（以下简称《立法法》）明确海关基本制度只能由法律规定，加之全国人大常委会并没有暂停《海关法》在上海自贸区内的实施，因此上海自贸区海关制度创新的法律依据只能是《海关法》及其第 34 条中所指的"国家有关规定"。该有关规定至少涵盖了针对上海自贸区中 4 个海关特殊监管区域所制定的海关部门规章，所以它们也在一定程度上构成了上海自贸区海关制度创新的法律依据，只不过相对于《海关法》所确立的基本制度来说，法律位阶与效力层级要低一些，而《上海自贸区条例》等地方性法规及地方规章无疑都不能作为海关创新制度的法律依据。

那么，《上海自贸区总体方案》与《深化上海自贸区方案》是否可以共同构成海关制度创新的法律依据呢？这取决于两个方案究竟具有什么样的法律地位。有专家提出，国务院发布的《上海自贸区总体方案》被认为不仅是先行先试的法律界限，还是自贸试验区相关立法活动的法律基础与各项配套政策措施的依据。包括海关总署在内的国务院各有关部委确实先后出台了相当数量的支持上海自贸区的规范性文件。因此，人们可以断言，这两个方案是上海自贸区法治框架中最主要的基础性法律文件，但是否能够共同构成海关制度创新的法律依据，这将取决于它们在《立法法》中的法律位阶。国务院批准《上海自贸区总体方案》并不等同于国务院制定《上海自贸区总体方案》，亦不改变《上海自贸区总体方案》系商务部、地方政府联合拟定的事实。因此，单纯从规范性文件的制发主体考量，《上海自贸区总体方案》的位阶属部门规章或地方政府规章。然而，从规定性文件的法律效力考量，《上海自贸区总体方案》是经国务院批准才生效的，其法律效力似乎高于通常意义上的部门规章或地方政府规章。至于其效力是否高于省、自治区、直辖市人大常委会制定的地方性法规，这在理论上是存疑的。这种观点看上去似乎有一定道理，但制发主体的判断标准不能根据文件的起草者是谁，而应当取决于文件的发布者是谁。《上海自贸区总体方案》与《深化上海自贸区方案》毕竟最后都是由国务院批准印发的，文件的制发主体自然都是国务院，因此将两个方案视为部门规章或地方政府规章是比较牵强的。

既然不是行政法规，也非部门规章或地方性政府规章，那两个方案似乎只能冠以行政规范性文件的身份。行政规范性文件是我国行政法体系的有机构成，它应以规范名称和制定主体相结合确定其等效，具有次级强制力性。行政规范性文件在实践中往往成为行政行为最直接的依据，而且其效力甚至可能超过行政法规和行政规章，如国务院发布的行政规范性文件就在实践中具有高于行政规章的效力，不是法而高于法。但是，《立法法》中并未对行政规范性文件做出任何具体规定或导向性规定。笔者认为，两个方案在法律性质上应该属于行政规定，即除行政法规和规章之外的行政文件。行政规定作为无名规范虽然不具有行政法规或规章（有名规范）的外形，但是绝不能断言行政规定之中不存在法律规范。行政机关依据行政法规范制定行政规定的过程就是对行政法规范的理解与解释过程，是以行政机关在相应领域积累的经验、形成的惯例、拥有的物质和技术及持有的观念等为前提，结合当下的情形和面对未来达成行政目的的想象、创设规范的过程，绝不是对作为依据的行政法规范的简单重复，也不能还原为原有规范，而是一种新的规范——以不与依据规范相抵触为限度。从这个意义上说，《上海自贸区总体方案》与《深化上海自贸区方案》法律上的约束力源自行政规定的法律地位。

依据《中华人民共和国宪法》规定，国务院有权领导和管理经济工作和城乡建设，自然也包含上海自贸区的设立与发展。因此，国务院采用行政规定的方式决定上海自贸区的有关政策与措施具有形式上的合法性，即《上海自贸区总体方案》与《深化上海自贸区方案》在形式上合乎《中华人民共和国宪法》规定。但从内容上看，两个方案构成了对《海关法》及有关国家规定所确定制度的重大调整。例如，《海关法》第17条规定："运输工具装卸进出境货物、物品或者上下进出境旅客，应当接受海关监管。"《保税区海关监管办法》第9条规定："海关对保税区与境外之间进出的货物，实施简便、有效的监管。"它表明海关对运输工具装卸进出境货物必须实施监管，而对保税区一线货物实施监管的标准是简便与有效，无疑两个方案对上海自贸区海关监管的要求均是"一线放开"，不仅明显超出了"简便"与"有效"的标准，还是对实施监管的一种策略性的退让。所以，从海关监管制度的本质改变将以上改革视为海关"基本制度"范畴的改变并不为过。

如果说《海关法》第34条中"由海关按照国家有关规定实施监管"的表述为两个方案的突破留出了可能性，那么是否可以将方案纳入国家有关规定的范围内呢？毕竟条文中"有关规定"的表述确实给人一种想象的可操作空间。但是依照《立法法》，行政规定的具体法律位阶并不明确，它只是实施宪法和法律、履行行政机关职责的具体形式，而海关基本制度只能由法律规定，行政规定性质的两个方案不能改变属于法律位阶的《海关法》，这种可能性也不复存在。也就是说，《上海自贸区总体方案》与《深化上海自贸区方案》在法律上很难作为上海自贸区海关制度创新的法律依据，上海自贸区海关制度创新的空间因为两个方案的法律位阶问题受到了极大的压缩，越是强调创新越有可能陷入下位法改变上位法的困境，从而使海关制度创新的合法性面临严峻的挑战。

2.海关监管的模式转变

《上海自贸区总体方案》与《深化上海自贸区方案》均要求上海自贸区内海关特殊监管区域海关监管模式进行创新性改革，提出"一线放开"与"二线安全高效管住"

的具体标准。这就需要确定"一线""二线"的准确内涵。目前，主要有地理界限说与行为说两种观点。例如，华顿认为，所谓"一线"是指自由贸易区与国境外的通道口，"一线放开"是指境外的货物可以自由地、不受海关监管地进入自由贸易区，自由贸易区内的货物也可以不受海关监管自由地运出境外；所谓"二线"，则是指自由贸易区与海关境内的通道口，"二线管住"是指货物从自由贸易区进入国内非自由贸易区，或货物从国内非自由贸易区进入自由贸易区时，海关必须依据本国海关法的规定征收相应的税收。孙远东提出，"一线"用来比喻货物在海关特殊监管区域和设区国境外之间的进出行为，"二线"用来比喻货物在海关特殊监管区域和设区国关境（隔离设施之间）的进出行为。笔者倾向于地理界限说的观点，即"一线"是指上海自贸区与国境间的界线，"二线"则是上海自贸区与国境之内非自由贸易区相互之间的界线。它主要根据上海自贸区这样一个相对独立的地理区域与我国国境之间的关系确定。当然，"一线"与"二线"从本质上看并非一种非常严谨的法律概念，也未见于其他国家或国际组织的文献，而只是一种为了便于理解的通俗说法。尽管如此，"一线放开"与"二线安全高效管住"已经是上海自贸区海关监管模式创新的最终目标。

从字面意义看，"一线放开"中的"放开"就是海关对上海自贸区与国境外之间进出的货物不再实施监管。有人提出，"一线放开"的内涵是指因处于"境内关外"的特殊区域，海关监管重点退至自由贸易区与国内非自由贸易区市场的通道口，这意味着在自由贸易区与境外的法定线上，境外的货物可以自由地、不受海关监管地进入自由贸易区，而自由贸易区内的货物也可以自由地、不受海关监管地运出境外。"一线"货物进出自由，通常包括以下几方面的内容：其一，从境外运入自由贸易区的货物，不受数量、途径、品质、税收、原产地、起运国或指运国等条件的限制，即海关不得以上述原因拒绝货物运往自由贸易区。其二，从境外运入自由贸易区的货物，如有必要向海关交验单证时，仅限于出示其他额外单证。其三，海关对运入自由贸易区的货物，不应要求出具担保。其四，海关如对运往自由贸易区货物实行监管，仅限于为确认单证与货物一致性和合法性并确有监管必要性。其五，海关禁止或限制从境外运入自由贸易区的货物的理由必须限于以下几种情况：维护公共道德或治安，如黄色书刊、武器等；公共保健或公共卫生需要，如旧衣服等；实行动植物检疫制度；保护专利权、商标权和版权方面，如扣留假冒名牌商品等。换言之，除上列四种情况外，海关不得以禁止或限制为由拒绝货物运入自由贸易区。

上述观点非常具有代表性，虽然它本身也是自相矛盾的，前面既然表示"自由地、不受海关监管地进入"，后面的解释却又强调海关具有监管权，但也明确了"一线放开"的意义在于负面清单式管理思路，一般情况下海关不实施监管，只有在例外情况下才进行监管，并且例外情况受到严格的法律控制。如前所述，海关在上海自贸区已经实施"先入区，后报关"的制度创新，企业可以先凭借舱单信息将货物运入上海自贸区内海关特殊监管区域，在货物入企业仓库后一段时间内，一般是运输工具进境后 14 日内进行申报。同时，海关在自贸区内海关特殊监管区域的进出境、进出区环节，对于国家禁止进出境措施以及限制类许可证件的管理要求予以管制。从流程上看，企业通过先将货物运入区内从而提高了物流效率，节约了货物储存的费用，也没有打破现有海关统计模式及国家贸易管制的要求，但企业在一段时间后仍然需要提出申报。因此，"先入区，后报关"及随后推出的"一区注册、四区经营""区内企业货物流转自行运输""统一备案清单"等制度创新是流程的优化，仍然属于正面清单管理模式，并未做出实质上的改变。

"二线安全高效管住"的重点在于既要保证安全，又要确保不能降低贸易流通效率。目前，海关制度创新尚未彻底解决如下四个方面的风险：

（1）一线进境货物查验较少带来的风险。除涉及贸易管制政策明确规定外，一线入区货物基本纳入低风险类别，多数货物自口岸运送至区内后，可以直接进入企业仓库，原则上不再实施布控查验。海关仅在物流监控系统中设置了 0.5% 的低比率无干预随机布控，就可能发生企业以蚂蚁搬家方式走私夹带货物入区或将黄赌毒等意识形态物品、固体废物等贸易管制商品违法违规夹带入区的风险。

（2）卡口软硬件配置和技术落实影响监管效能。上海自贸区不是单一以加工贸易、物流业态为主的工业区域，而是具有多元化服务消费机构的大型经济综合体。大量的人流、车流、物流频繁入区和快速流动，特别是区内服务业发展将引入大量消费人群，观光旅客与学生、病人等的出现都给海关卡口管理带来了新的压力。目前，海关各卡口的软硬件配置、智能化操控能力都有待进一步提升，多数重要区域海关没有实现视频联网监控，存在一定的监管风险。

（3）贸易业态多元化对海关监管手段提出新挑战。例如，生物医药、软件信息、管理咨询、数据服务外包这类行业集中涉及高科技信息载体货物，具有体积小、易携带、附加值高甚至不以实物状态为载体的特点。又如，自贸区内允许设立外商独资的娱乐场所、医疗机构等，海关对相关企业的管理必将给海关货物监管、税收政策、防控风险等带来新的问题。

（4）区内企业信息化建设及相关企业信息共享水平较低。目前，海关在区域内的管理仍然依靠卡口查验、下场盘库、企业稽核等常规方法，在信息化管理方面还不能完全满足自贸区快速发展的需求。很多企业还没有实现其内部运营管理系统与海关监管系统的对接，由于资金、设备等问题，许多中小企业尚无国际标准化的管理系统，海关不能掌握企业实时业务数据，无法实现同步管理，这是海关实现有效监管的一大障碍。

因此，笔者认为，尽管已经实施的31项海关创新制度在很大程度上拓展了"一线放开"与"二线安全高效管住"的内涵，朝着最终目标迈出了一大步，但至今没有形成质的突破，海关监管模式在过度监管与监管不足的跷跷板中摇摆不定。

3. 贸易转型升级

在众多目标中，让自贸试验区服务于中国外贸转型升级应该是一马当先的功能。国际上贸易功能转型最显著的特征就是服务贸易和离岸贸易的加快发展。上海自贸区就是要实现贸易业态创新和离岸型功能创新。从贸易业态创新看，转型升级的路径就是加快服务业的开放，促进服务贸易发展。一般认为，服务产品与其他产业产品相比，具有非实物性、不可储存性、生产与消费同时性等特点，特别是服务产品的非实物性，基本上不存在可观测的、有形的商品货物流入或者流出，导致海关传统的以贸易过程和贸易行为为主要对象的监管方式难以有效实施。实际上，国际服务贸易统计分类将国际收支账户中的服务贸易分成两种类型：一是同资本项目相关，成为要素服务贸易，一般表现为与国际收支的资产项目直接相关的金融资产收益流量，不存在通常意义上的"实物"跨境移动，如股息、利息、国外再投资的收益、其他资本净收益等；二是同经常项目相关，称为非要素服务贸易，主要包括运输、旅游（旅馆与餐饮）、金融服务、非要素项目的保险服务、专业服务（管理、咨询、技术服务等）、特许使用项目（许可证等）及其他私人服务等。

海关是进出关境的监督管理机关，凡是实物，即货物、运输工具和物品的跨境移动，均要接受海关监管。因此，对于大部分的"非要素服务贸易"而言，海关都具有直接的管理与促进作用。上海自贸区实施的31项海关创新制度主要针对货物贸易监管，很少涉及服务贸易。如何实施对"服务"的有效监管，从而实现从单纯货物贸易监管转向货物贸易与服务贸易监管并重的突破是上海自贸区海关制度创新的难点所在。虽然有一些制度创新针对服务贸易监管（如融资租赁、期货保税交割、保税展示交易、离岸服务外包全程保税监管等），但上海服务贸易的先行先试落地情况不佳，直到现在好多政策都无法落地。

离岸贸易与传统的进出口贸易和转口贸易最大的区别在于，处理货品数量的多少不受本地资源或地域的限制，因此可以无限制增强一个地区控制整合全球贸易资源的能力。同时，离岸贸易的高端性还表现在它与一个地区进行交易的企业和贸易商的能力关系最为密切，需要集聚大量具有贸易资源控制能力的总部。上海自贸区扩区后，其区域范围不再局限于海关特殊监管区域，还包括更大面积的非海关特殊监管区域，从原来的纯围网管理向围网管理与开放管理混合的模式转变，加之上海自贸区除了承担服务"四个中心"的目标外，又新增服务"上海科创中心"的目标，扩区发展带来了管理区域、服务目标的扩大化，海关制度创新功能拓展需要随之进行改革突破。以跨境电子商务为例，2014 年海关总署公布第 56 号公告《关于跨境贸易电子商务进出境货物、物品有关监管事宜的公告》，对跨境电子商务的监管进行了进一步明确。接踵而至的 57 号公告增设了跨境电商海关监管代码"1210"，全称"保税跨境贸易电子商务"，简称"保税电商"；之后又增列了海关监管代码"9610"，全称"跨境贸易电子商务"，简称"电子商务"，适用于境内个人或电子商务企业通过电子商务交易平台实现交易，并采用"清单核放、汇总申报"模式办理通关手续的电子商务零售进出口商品，以"9610"海关监管方式开展电子商务零售进出口业务的电子商务企业、物流企业、监管场所经营企业应当按照规定向海关备案，并通过电子商务通关服务平台实时向电子商务通关管理平台传送交易、支付、仓储和物流等数据。

根据 2018 年海关总署第 194 号公告，跨境电子商务综合试验区内符合条件的跨境电子商务零售出口商品，可采取"清单核放，汇总统计"的方式办理报关手续。

上海已于 2019 年 7 月正式完成"9610"出口简化申报工作。在上海开展"9610"出口业务的企业，可采取"清单核放，汇总统计"（或称"简化申报"）的方式办理报关手续。

上海是全国首批获准跨境电子商务试点的 5 个城市之一，上海自贸区也开通了跨境通服务。该平台上的"进口商品"以一般货物的形式进入自贸区，并且暂缓征收进口税，待商品出区时海关按个人物品征收行邮税。新的电商政策相比一般贸易进口的关税、增值税、消费税相加有近 30% 的优惠幅度，在政策设计上造成了税负不公平。上海发展离岸贸易与口岸贸易之间是一种互为促进的联动关系，因此贸易便利化程度的提升，特别是依托信息技术的新型通关模式的完善，将有效提高通关效率和信息化水平，并有利于上海离岸贸易的规模扩大和能级提升。因此，贸易便利化也是上海发展离岸贸易需要考虑的一项重要政策与制度安排。

4. 协同制度创新

上海自贸区获批时的地域范围全部是 4 个海关特殊监管区域，它们仍然基本维持原来特殊区域的运作管理模式，有些新推出的海关创新制度与实际操作流程在这 4 个海关特殊监管区域还没有得到完全统一，这主要是因为早期对上海自贸区的认识不够充分，制度创新缺乏系统设计，碎片化现象比较突出，设计的创新制度呈现拼盘化。虽然后来边实践边完善，但先天性的不足造成总体上缺乏整合效应，或仅实现了表面的联通，难以最终形成合力，与企业的实际需求还有差距。随后上海自贸区又迎来了扩区，增加的区域都不是海关特殊监管区域，这直接导致上海自贸区构成区域之间海关监管制度存在较大差异性的缺陷。虽然近年来建立了一系列区域通关合作机制，但对按行政区域划分关区的各直属海关来讲，由于互不隶属，并受制于地方政府不同的政治、经济等利益诉求，难以完全实现一体化的作业模式。现行转关、过境通关模式难以适应国际物流快捷、高效流动及多式联运发展的需求，海关监管货物在多个海关之间流转时需要办理多次转关（过境）申报手续，环节多、手续繁、成本高、时效低，而且实际执行中存在操作流程不统一、不规范的现象。

从海关外部协调配合看，上海自贸区成立后，各部门积极推出自己的改革措施。2014年11月6日，海关总署发布《海关全面深化改革总体方案》（署发文〔2014〕035号），提出坚持开放合作，加强海关内外部协调配合，推动构建与管理活动中不同主体的新型合作伙伴关系。但是，由于各项改革措施由不同部门实施，单一部门的创新无法实现"1+1>2"的协同效应。例如，贸易便利化不仅涉及海关制度创新，还需要工商、税务、检验检疫、外汇等部门协同联动创新。在统一的征信体系建设方面，海关、商检、税务等部门都有自己的征信标准，难以实现信息共享。

从改革责任和风险看，海关独力承担改革责任和风险较多，其他主体和社会力量共担改革责任和风险较少。在守法便利上，管理相对人以守法换便利的共赢机制缺乏，企业享受贸易便利和改革红利的同时未同步加大其通关监管责任，不时出现改革力度越大，基层关员承担的执法责任和管理风险也越大的情况。例如，海关实行无纸通关，简化通关作业随附单证，但是税务部门仍然要求提交纸质单据，企业并没有得到实质性的便利。另外，海关、检验检疫、外汇管理局、运输部门、银行和保险等部门执行的数据标准格式不一致，未能与国际接轨，这不仅造成跨部门合作便利化程度大打折扣，还增加了开展贸易便利化国际合作的难度。各自推出的创新举措缺乏整合效应，或仅实现了表面的联通，难以形成合力，与企业的实际需求还有差距。问卷调查显示43.9%的被访企业认为"制度创新出自多个部门，制度间协调性差"。

以加工贸易海关监管为例，地方商务部门在出具《加工贸易企业生产能力证明》《加工贸易批准证》时，内容由企业自行填报，地方商务部门往往只进行形式审查，而这种形式审查对加工贸易监管意义不大，只会徒增审核环节，不能充分发挥地方商务部门在加工贸易监管中所应有的作用。报关企业代理加工贸易企业进行进出口报关、手册设立、变更、报核的过程中，其作用仅限于协助企业整理资料，有时因企业滞交代理费用等原因，报关企业甚至会将本可以及时报核的手册推迟报核，这样不仅没有充分发挥其桥梁作用，还会影响海关加工贸易监管。会计师事务所等中介机构在查账方面有着专业优势，利用其注册会计师、税务师查账的能力和技巧，可以为海关保税核查提供技术支持。当前，中介机构协助海关保税核查工作仍处于探索和试点阶段，并未全面展开。对于单耗核定等海关监管专业化程度较高的事项，现阶段仍以海关管理为主，而这些专业化工作可以移交给行业协会或各专业机构管理，以充分发挥社会组织的治理能力。

结　语

开放型经济是当前全球经济发展的重要特征。习近平在十九大报告中指出，中国坚持对外开放的基本国策，坚持打开国门搞建设，促进贸易和投资自由化便利化。中国开放的大门不会关闭，只会越开越大。在这一大环境背景下，建立中国自由贸易试验区是必然的选择，而自贸区也在很大程度上推动了开放型经济的发展与转型。

开放型经济体制建设与自贸区建设与发展是相互影响的。第一，以开放倒逼改革，体制改革与扩大开放协同发展，这主要通过四个方面体现出来：①在战略取向上，以开放倒逼改革，而不是单纯扩大开放；②在发展动力上，需要重视制度创新，而不是靠特殊政策；③在开放主题上，要推进投资自由化，而不是单纯贸易自由化；④在体制定位上，人们要建设的是试验园区，而不是经济特区。第二，建设开放型经济体制是国内制度与国际规范兼容的重要体现，包括三个方面：①就开放模式而言，要制定负面清单，而不是扩大正面清单；②就政府转型而言，要探索监管改革，而不是管理弱化；③就风险防范而言，需要做的是维护国家经济安全，而不是单纯强调开放度。第三，提升结构创新优势主要通过发展战略对成功实践的超越性来体现，主要有四个方面：①在产业取向方面，注重现代服务业，而不是扩大加工制造业；②在发展主题方面，注重提升贸易功能，而不是削减关税提升贸易量；③在双向开放方面，从单纯引进来到引进来与走出去并举；④在创新探索方面，从小区域实践为国家高水平开放寻找路径，从本书中讲述的金融创新、负面清单、管理体制等方面体现。

自贸区切实启动中国开放型经济"第二季"，关键在于自贸区要与中国经济高端发展之间形成良性互动。因此，中国需要转换政府职能，完善自贸区软硬件基础，扎实稳步推进更多自贸区发展。

参考文献

[1] 王宇辰 . 浅析我国自贸区的发展与影响 [J]. 中国商论 ,2017(2):1–2.

[2] 吴国杰 . 开放经济条件下中国创新驱动研究 [D]. 杭州 : 浙江大学 ,2017.

[3] 杨圣志 , 张鹏飞 . 上海自贸区的发展现状与问题分析 [J]. 经济 , 2017(1): 299.

[4] 王伟婧 , 曹红梅 . "一带一路" 背景下我国自贸区发展战略研究 [J]. 改革与战略 , 2017(9): 63–66.

[5] 郑明海 . 开放经济下中国金融发展的生产率效应研究 [D]. 杭州 : 浙江大学 ,2008.

[6] 江涛 . 技术性贸易壁垒的技术效应研究 [D]. 杭州 : 浙江大学 ,2014.

[7] 刘英 , 范黎波 , 金祖本 . 中国开放经济空心化倾向——基于人民币汇率变动视角 [J]. 数量经济技术经济研究 ,2016,33(7):77–95.

[8] 张建 . 中国–中亚自贸区建设问题研究 [J]. 经济研究导刊 , 2017(2): 127–130.

[9] 黄武俊 . 开放经济下中国货币政策有效性研究 [D]. 天津 : 南开大学 ,2010.

[10] 李玉梅 . 开放经济下金融结构对产业结构升级的影响研究 [D]. 石河子市 : 石河子大学 ,2019.

[11] 吴宁 , 吴瑞临 , 许慧 . 习近平关于对外开放经济的重要论述及其意义 [J]. 管理学刊 ,2019,32(1):1–7.

[12] 于欣欣 . "一带一路" 倡议下中国自贸区战略 [J]. 人力资源管理 , 2017(8): 11–12.

[13] 孙畅 . "一带一路" 倡议下中国自贸区的建设路径探析 [J]. 人民论坛 , 2016(35):78–79.

[14] 张国军 , 庄芮 , 刘金兰 . "一带一路" 背景下中国推进自贸区战略的机遇及策略 [J]. 国际经济合作 , 2016(10): 25–30.

[15] 罗素梅 , 周光友 . 上海自贸区金融开放、资本流动与利率市场化 [J]. 上海经济研究 ,2015(1):29–36.

[16] 赵亮 , 陈淑梅 . 经济增长的 "自贸区驱动" ——基于中韩自贸区、中日韩自贸区与 RCEP 的比较研究 [J]. 经济评论 ,2015(1):92–102.

[17] 盛斌 . 天津自贸区 : 制度创新的综合试验田 [J]. 国际贸易 ,2015(1):4–10.

[18] 朱福林 . 中国自由贸易区的现状、趋势与战略思路 [J]. 全球化 , 2015(10): 16–28.

[19] 张祥建 , 涂永前 . "一带一路" : 中国大战略与全球新未来 [M]. 上海 : 格致出版社 , 2017.

[20] 宋旭晨 . 上海自贸区金融自由化模式研究 [D]. 大连 : 大连海事大学 ,2014.

[21] 刘轶锴 . 上海自贸区金融创新与开放研究 [D]. 杭州 : 浙江大学 ,2015.

[22] 任学武 . 一本书读懂自贸区 [M]. 北京 : 人民邮电出版社 , 2017.

[23] 孟庆伟 , 方辉 , 郝红波 . 直击自贸区从投资贸易便利到共享金融创新红利步步为赢 [M]. 北京 : 中国海关出版社 , 2016.

[24] 蔡春林 . 广东自贸区建设的基本思路和建议 [J]. 国际贸易 ,2015(1):15–21.

[25] 王利辉 , 刘志红 . 上海自贸区对地区经济的影响效应研究——基于 "反事实" 思维视角 [J]. 国际贸易问题 ,2017(2):3–15.

[26] 裴长洪 . 中国 (上海) 自由贸易试验区试验思路研究 [M]. 北京 : 社会科学文献出版社 , 2015.

[27] 王轶南 , 韩爽 . 我国自贸区发展路径选择 [J]. 学术交流 , 2017(7): 137–143.

[28] 杨春雨 . 中国 – 东盟自由贸易区建设的现状、效应和趋势研究 [D]. 合肥 : 安徽大学 ,2014.

[29] 徐明棋 . 上海自由贸易试验区金融改革开放与人民币国际化 [J]. 世界经济研究 ,2016(5):3–10+134.

[30] 张幼文 . 自贸区试验的战略内涵与理论意义 [J]. 世界经济研究 ,2016(7):3–12+50+135.

[31] 张淑芳 . 负面清单管理模式的法治精神解读 [J]. 政治与法律 ,2014(2):11–18.

[32] 王孝松 , 张国旺 , 周爱农 . 上海自贸区的运行基础、比较分析与发展前景 [J]. 经济与管理研究 ,2014(7):52–64.

[33] 林轶凡 . 上海自贸区外资准入 "负面清单" 研究 [D]. 重庆 : 西南政法大学 ,2015.

[34] 林晓伟 , 李非 . 福建自贸区建设现状及战略思考 [J]. 国际贸易 ,2015(1):11–14+35.

[35] 汉兹 . 开放的经济学方法论 [M]. 武汉 : 武汉大学出版社 , 2009.

[36] 张玉杰 . 开放型经济 [M]. 北京 : 新华出版社 , 2016.

[37] 黄烨菁 , 金芳 , 周大鹏 , 等 . "一带一路" 建设与中国开放型经济新阶段 [M]. 上海 : 上海社会科学院出版社 , 2018.

[38] 殷阿娜 . 中国开放型经济转型升级的战略、路径与对策研究 [M]. 北京 : 新华出版社 , 2015.

[39] 上海社会科学院世界经济研究所 . 开放型经济的战略选择 [M]. 上海 : 上海社会科学院出版社 , 2008.

[40] 关白主 . 开放型经济理论与实务 [M]. 北京 : 北京理工大学出版社 , 2000.

[41] 周汉民 , 王其明 . 上海自贸区解读 [M]. 上海 : 复旦大学出版社 , 2014.

[42] 上海市金融服务办公室 , 上海金融业联合会自贸区分会 . 上海自贸区金融政策解读[M].

上海：上海交通大学出版社，2014.

[43] 高增安，姚毅，廖民超.内陆自贸区研究理论、经验与借鉴 [M].成都：四川大学出版社，2018.

[44] 欧阳卫民，邱亿通，许涤龙.自贸区金融创新探索 [M].北京：中国金融出版社，2016.

[45] 林雄.中国自贸区建设与国际经验 [M].广州：中山大学出版社，2016.